转化率

108招

拼多多精准引流与活动推广

刘朝林 沈乙军◎编著

中国铁道出版社有限公司

CHINA RAILWAY PUBLISHING HOUSE CO., LTD.

内 容 简 介

百万营业额的老手、拼多多官方特邀合作讲师，分享 108 个精准引流与推广优化技巧，帮助商家流量倍增、转化率提升，轻松玩"赚"拼多多。

本书共 10 章，介绍了多多搜索、多多场景、明星店铺、聚焦展位、多多进宝 5 个拼多多平台的付费推广工具，能够帮助商家解决店铺宣传推广、销售策略等棘手的问题；也介绍了大促活动、营销活动、社交活动、店铺活动和竞价活动的方法，帮助商家快速提高产品销量，赚取"真金白银"。

本书实用性较强，是拼多多店主（特别是引流困难、知名度低、转化率差的店主）运营推广的教程，同时适合拼多多的品牌商家、创业者、电子商务从业者等参考学习，可作为企业电商岗位培训教材。

图书在版编目（CIP）数据

转化率：拼多多精准引流与活动推广108招 / 刘朝林，沈乙军编著 . —北京：中国铁道出版社有限公司, 2020.11
ISBN 978-7-113-27213-5

I. ①转… Ⅱ. ①刘…②沈… Ⅲ. ①网络营销 Ⅳ . ① F713. 365. 2

中国版本图书馆 CIP 数据核字（2020）第 163831 号

书　　名：转化率：拼多多精准引流与活动推广 108 招
作　　者：刘朝林　沈乙军

责任编辑：张亚慧　　　编辑部电话：（010）51873035　　　邮箱：lampard@vip.163.com
编辑助理：张秀文
封面设计：宿　萌
责任校对：焦桂荣
责任印制：赵星辰

出版发行：中国铁道出版社有限公司（100054，北京市西城区右安门西街 8 号）
印　　刷：三河市宏盛印务有限公司
版　　次：2020 年 11 月第 1 版　2020 年 11 月第 1 次印刷
开　　本：700 mm×1 000 mm　1/16　印张：17　字数：278 千
书　　号：ISBN 978-7-113-27213-5
定　　价：59.00 元

根据拼多多2019财年年报，拼多多2019年全年成交额达到10 066亿元，平台年活跃买家达5.852亿人次，年活跃商家数超510万家，年营收达到301.4亿元。

拼多多如此成功，全在于一个字，那就是"狠"。

在消费者端，不管是真金白银的百亿补贴，花大价钱买客户，还是"用生命去打假"，创设"假一赔十"的赔付金制度，拼多多都在积极维护消费者的利益。

在商家端，拼多多对商家始终坚持"0佣金"和"0平台服务年费"的政策，帮助商家降低运营成本。同时，拼多多还通过入股国美零售来打通物流环节，弥补自身在物流和家电售后方面的短板。

这些决定都非常"狠"，而且义无反顾，拼多多坚持做自己认为对的事情。由此可见，成功的捷径其实就是"走正确的路"。对于广大的拼多多创业者来说，道理其实是相通的。

在电商行业创业，很多人注重谈战略，但是会发现很多战略无法落地，这是因为战术上的缺失，所以商家不仅要重视战略的规划，更要注重运营技术。

笔者认为："未来企业的成功，核心在于人才的培养，企业的竞争力是基于人才的迭代更新。"

十年电商，笔者经过很多风雨，历经过各种电商的红利期，见证了整个电商从崛起到稳定的过程。从淘宝的强势崛起开始，到天猫商城的疯狂发展，到独立网站的浪潮，再到团购网站的拼杀，笔者感受过微商的红利，看过阿里巴巴的上市，随后又迎接了拼多多的疯狂崛起。同时，笔者也看到过很多电商平台的没落，从这些点点滴滴的事迹中，深刻体验到了电商一线从业人员最真切的感受。笔者并没有像很多起点很高的"大佬"那样，一开始就因大量资金的支持而"狂奔"，而是从一个一线从业人员，慢慢地一步一步做起来的，笔者的电商创业经历可以说是一部不断成长的励志史。

因此，笔者不想看到那些即将进入电商行业或者一直在电商路上坚持的一线从业人员和创业者再次陷入迷茫，走上我曾经那么坎坷的电商之路。因此专门编写了这本适合拼多多一线从业人员的书籍。

回忆起刚开始做拼多多的时候，遇到了很多挫折，那时候拼多多几乎没有付费推广，都是靠对接"小二"报名活动，然后不断地生产产品和发货。

不过，那段"疯狂的岁月"早已远去，现在开始慢慢地进入精细化运营阶段，编写本书的目的是让更多的拼多多一线人员能够快速掌握拼多多运营技巧，少走弯路。

在拼多多平台上开店，最大的难题莫过于引流和转化。本书针对拼多多商家面临的痛点、难点，重点讲解拼多多赚钱的几个关键甚至决定性环节，如多多搜索、多多场景、明星店铺、聚焦展位、多多进宝、大促活动、营销活动、社交活动、店铺活动、竞价活动等，让大家的店铺能够快速在竞争者中脱颖而出，赢得消费者和市场，最终走向成功。

本书的主要特色如下。

（1）重点突出，干货满满。从精准引流与活动推广等重点内容出发，通过10个专题、108个技巧，表述循序渐进，通俗易懂，让商家的店铺更有吸引力、竞争力，帮助商家打造爆款，提升店铺的销售业绩。

（2）实战丰富，经验分享。作为一名在电商行业奋战多年的从业人员，带领大量拼多多卖家走向成功，希望通过这本书给准备踏上或者已经踏上拼多多创业之路的朋友们带来更多实用的、有效的操作方法和经验。

（3）全程图解，实操性强。本书通过500多张实操图片展示拼多多引流推广的运营操作，给店铺运营人员提供丰富的营销策略，让他们可以在实操中去学习借鉴，帮助商家一步步按照拼多多的全新工具和规则，引爆流量、提高转化率。

这些年，我不仅在电商行业一线上操作，还指导过上百家拼多多企业店铺转型成功并盈利，很多都已经做到了类目第一。

同时为很多企业建立了制度和文化，组织建立了电商企业的阿米巴系统，从而让企业从以前投资店铺的观念，转变为投资人才的梦想，由此分享到了企业增长的红利。所以，书中内容都是结合自己多年的操作经验，以及上百家企业店铺的运营心得总结出来的技术精髓。

本书在编写过程中得到了广州汇学电商培训机构创始人兼校长倪林峰，特别是YINGU茵古品牌联合创始人、听茶沐风服装旗舰店创始人、服饰品牌运营管理规划师、服装零售管理导师聂小婷的大力帮助，在此特别表示感谢！

编　者

2020年8月

目　录

第 1 章　多多搜索，引爆流量

1.1　推广账户：进行付费推广的前提要求 / 2

1.2　多多搜索：助商家高效获取精准流量 / 4

1.3　商品推广：低成本吸引流量的"利器" / 6

1.4　爆款标题：标题选词优化的有效途径 / 10

1.5　智能词包：保证优质流量的竞争能力 / 12

1.6　推荐选词：让推广如鱼得水，事半功倍 / 14

1.7　直播推广：给店铺直播带来更多流量 / 16

1.8　人群定向：获得精准的搜索推广流量 / 20

1.9　智能创意：支持自定义上传创意图片 / 24

1.10　DMP 营销工具：实现流量精细化运营 / 26

1.11　人群洞悉工具：对访客画像进行分析 / 30

1.12　商品诊断工具：展示推广的详细问题 / 32

第 2 章　多多场景，转化神器

2.1　多多场景：涵盖全网站内优质资源位 / 36

2.2　商品推广：一网打尽拼多多全站用户 / 37

2.3　店铺推广：跟进私域流量积累和运营 / 41

2.4　直播间推广：强化粉丝运营培养私域流量 / 43

2.5　精选人群：拉新、获取流量和提升转化 / 46

2.6　oCPX 出价：精准触达高转化消费人群 / 48

2.7　场景搭配：高效搭配人群定向与资源位组合 / 51

2.8　创意优化：轻松设计出高点击率的主图 / 55

2.9　地域定向：实现精准投放广告的绝佳利器 / 64

2.10　兴趣定向：找出精准的兴趣点标签投放 / 65

2.11　测图测款：分析测款数据并针对性优化 / 66

2.12　商家自诊：测试场景推广问题出在哪里 / 67

第 3 章　明星店铺，闪亮名片

3.1　明星店铺：三大优势助力品牌商家推广 / 72

3.2　申请品牌：从零开始打造专属品牌词 / 73

3.3　店铺升级：打造明星店铺的必备资格 / 75

3.4　产品介绍：推广展示位置与排名规则 / 76

3.5　必备要素：增加品牌资质及广告资质 / 78

3.6　创建计划：手把手教你开通明星店铺 / 81

3.7　创意设计：创意 banner 提升点击转化 / 84

3.8　展示单品：优化产品结构提升投产比 / 86

3.9　计划管理：查看明星店铺的推广数据 / 88

第 4 章　聚焦展位，突破瓶颈

4.1　聚焦展位：引爆拼多多的首页流量 / 90

4.2　店铺推广：提高店铺整体生意水平 / 91

4.3　直播间推广：轻松斩获亿量级曝光 / 94

4.4　营销活动页：打造爆款商品集合页 / 98

4.5　商品推广：促进商品的流量和转化 / 105

4.6　神笔马良：一键制作优秀 banner 图 / 107

4.7　拼图模式：高效制作首焦创意广告 / 110

4.8　合约推广：合约形式售卖品牌广告 / 113

4.9　创意管理：添加创意图与制作规范 / 114

第 5 章　多多进宝，优质推手

5.1　认识推手：运营平台 / 118

5.2　单品推广：瞬间破零 / 119

5.3　引流渠道：全网曝光 / 120

5.4　通用推广：持续爆量 / 125

5.5　专属推广：迅速起量 / 129

5.6　招商推广：打破困局 / 130

5.7　全店推广：增加曝光 / 132

5.8　助力推广：招商活动 / 134

5.9　绿色通道：优先排期 / 138

5.10　用折扣券：提高效率 / 140

5.11　组合推广：提升销量 / 142

5.12　数据分析：把控效果 / 144

第 6 章　大促活动，巨量曝光

6.1　注意事项：把握好大促活动的节奏 / 148

6.2　"百亿补贴"：助你获得更大加权权重 / 150

6.3　"618"大促：转化率大幅上涨的活动 / 153

6.4　"双 10"大促：获取平台顶级资源支持 / 154

6.5　"双 11"大促：打造爆款的良好时期 / 155

6.6　"双 12"大促：店铺再创新高的机会 / 157

6.7　"出游季"大促：增加流量并提升转化 / 159

6.8　"健康节"大促：轻松聚焦千万级流量 / 160

6.9　"男人节"大促：男性用户的专属活动 / 162

6.10　"亲子节"大促：获取精准的人群曝光 / 162

6.11　"美好生活"大促：平台级综合型大促 / 164

6.12　"女神节"大促：享受流量的集中倾斜 / 167

第 7 章　营销活动，千万流量

7.1 "9 块 9 特卖"：获得源源不断的长尾流量支持 / 170

7.2 "爱逛街"：测新品，清库存，精选商品池继续曝光 / 172

7.3 "领券中心"：减少购买决策时长，刺激消费者尽快下单 / 173

7.4 "限时秒杀"：拥有千万级流量，提升流量和转化率 / 178

7.5 "断码清仓"：品牌生意的第一站，冲刺品牌最高 GMV / 181

7.6 "每日好店"：老客沉淀，形成商家的私域流量循环 / 184

7.7 "电器城"：品牌电器商家的聚集地，提高商品辨识度 / 186

7.8 "新衣馆"：活动营销玩法多样，助商家迅速传播商品 / 188

7.9 "品牌秒杀"：打造品牌好货，为店铺多维度引流曝光 / 190

7.10 "省钱月卡"：百万曝光，引流作用非凡的资源位活动 / 192

第 8 章　社交活动，裂变传播

8.1 "砍价免费拿"：高曝光、高流量、享补贴 / 196

8.2 "多多鱼塘"：参与好友越多，越容易成功 / 198

8.3 "多多果园"：拼多多首页的趣味社交活动 / 200

8.4 "多多牧场"：抓取个性化场景流量的渠道 / 203

8.5 "多多农场"：借助高曝光，轻松拉动销量 / 205

8.6 "多多大赚钱"：提供高额流量和商品曝光量 / 207

8.7 "多多梦工厂"：免费流量快速积累基础销量 / 210

8.8 "多多爱消除"：边玩边买的娱乐化消费体验 / 212

8.9 "天天领现金"：让商品获得千万级流量曝光 / 213

8.10 "推文"活动：迅速传播让商品"爆上加爆" / 215

8.11 "平台招标"：形成社交裂变高效触达用户 / 217

第 9 章　店铺活动，拉伸 GMV

9.1 优惠券：预热活动，获取新粉丝 / 222

9.2 拼单返现：获得新增消费者和订单 / 224

9.3 多件优惠：增加原消费者复购机会 / 225

9.4 限时限量购：快速提升商品转化率 / 227

9.5 限时免单：迅速为店铺积累人气 / 228

9.6 分享店铺：让主站经营更具优势 / 229

9.7 评价有礼：安全快速提升商品销量 / 230

9.8 累计全网销量：增加商品的曝光量 / 232

9.9 花呗分期：降低消费者的购买门槛 / 233

9.10 多多直播：直播带货，转化神器 / 234

9.11 短信营销：让潜在买家不再流失 / 238

9.12 先用后付：促进高转化的新工具 / 239

第 10 章　竞价活动，首页捷径

10.1 首页竞价：解决小商家的运营难题 / 242

10.2 报名竞价：零销量也能轻松上首页 / 243

10.3 竞价日历：关注活动收藏参考商品 / 248

10.4 竞价寄样：别让你的寄样石沉大海 / 250

10.5 样品审核：清楚流程和注意的事项 / 254

10.6 品质竞价：继承百千万级流量曝光 / 257

10.7 商品守擂：牢牢守住你的流量宝座 / 258

10.8 申请下架：取消竞价活动报名操作 / 260

10.9 竞价结果：查看报名竞价后的结果 / 260

第1章

多多搜索，引爆流量

在拼多多平台上开店，"多多搜索"是大家必须要用到的付费推广工具，但很多新手商家对于搜索推广的运营思路并不清晰，从而导致推广效率低下，同时容易出现方向性的操作错误。本章就针对这些问题，介绍"多多搜索"的详细操作方法，帮助商家引爆自然搜索流量。

要点展示：

多多搜索商品推广、直播间推广的创建方法

多多搜索推广的商品标题和关键词优化技巧

多多搜索推广的创意图片和人群溢价设置技巧

DMP、人群洞悉和商品诊断等推广工具的应用

1.1 推广账户：进行付费推广的前提要求

要使用多多搜索和多多场景等付费推广工具，商家首先要往推广账户中充入一定的金额。商家可以进入拼多多管理后台的"推广中心→推广概况"界面，在右侧即可看到"我的账户"余额情况，如图1-1所示。此处的余额是指"现金余额+红包余额+奖励金余额+品牌推广锁定金额"的总和。

图1-1　快速查看"我的账户"余额

当账户余额不足时，商家可以点击"充值"按钮，弹出"推广账户充值"对话框，其中会显示店铺的可用现金账户余额，如图1-2所示。商家可以在"充值金额"文本框中输入相应的充值金额，点击"确认充值"按钮即可完成推广账户的充值操作。

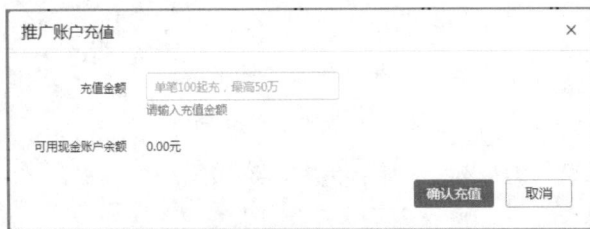

图1-2　"推广账户充值"对话框

> **提醒：**
>
> 可用现金账户是推广营销的总资金账户，可用于推广中心、短信营销等推广营销工具的费用支付。注意：
> 商家需要先在可用现金账户中充值，然后将资金转入推广账户。当推广账户的可用余额大于0时，即可
> 创建推广计划。

为了避免因推广账户余额不足而出现推广中断的情况，商家可以开启"自动充值"功能，让推广效果得到充分保障。另外，商家也可以设置"账户余额提醒"和"计划预算提醒"等功能，来提醒自己及时给推广账户充值。

点击"账户余额提醒"选项右侧的"设置"按钮，商家可以在弹出的窗口中开启"账户余额提醒"功能，并设置"账户余额小于×元时提醒"选项，以及手机短信、拼多多管理后台消息盒子和拼多多商家版App消息等提醒方式，如图1-3所示。

点击"计划预算提醒"右侧的"设置"按钮，弹出"计划预算提醒设置"对话框，商家可以设置相应的提醒条件和提醒方式，这样当推广计划预算降到一定比例时，会通过设置的提醒方式及时通知商家，如图1-4所示。

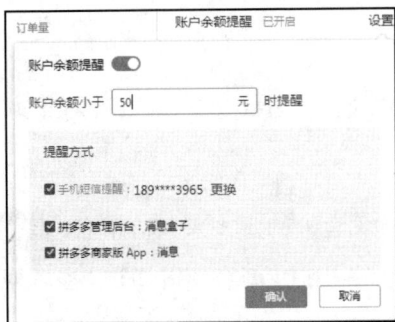

图1-3 开启"账户余额提醒"等功能　　图1-4 "计划预算提醒设置"对话框

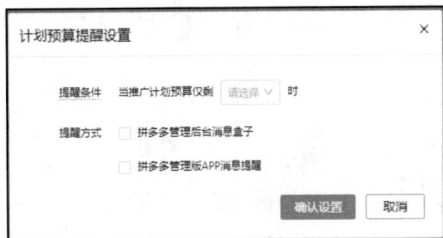

点击"账户管理"按钮，可以进入"推广账户"功能界面。在拼多多平台上，店铺的推广账户包括"财务管理"和"资质管理"两个部分。在"财务管理"模块中，商家可以查看现金余额、红包余额、奖励金余额、消耗等详细情况，从而了解每天的推广费用，来更好地控制店铺推广成本，如图1-5所示。

商家可以点击"下载明细"按钮，下载保存相应的推广账户使用情况报表。需要注意的是，推广账户中的现金明细、红包明细和奖励金明细只会保留3个月内的交易信息，因此商家应及时下载保存。

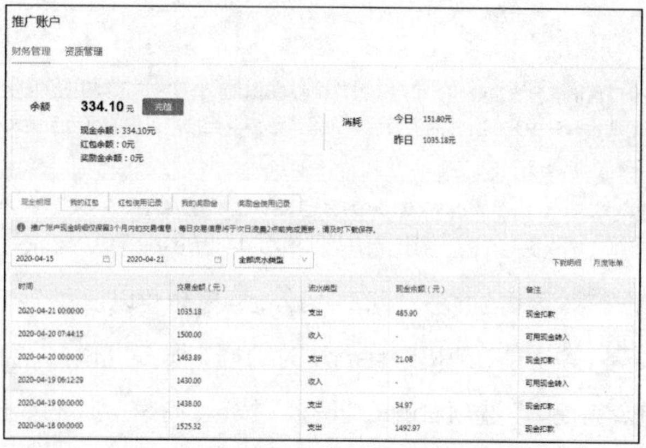

图1-5　"财务管理"模块的具体功能

　　另外，红包会优先于现金使用，而且可以直接冲抵广告花费。奖励金与现金则是1∶1花费，当推广账户中没有现金余额时，奖励金也无法使用。如果推广账户中同时有红包和奖励金，则优先花费红包。商家可以关注平台的活动通知，通过积极参与平台活动的方式来获取奖励金，降低自己的推广成本。

1.2 多多搜索：助商家高效获取精准流量

　　"多多搜索"（原搜索推广）是指通过关键词竞价的方式来获得排名，是一种按点击扣费的CPC（Cost Per Click）广告计费模式。商家可以通过"多多搜索"工具创建搜索推广计划，让推广主体（商品、直播间）在用户搜索关键词的结果页面的排名位置更靠前，从而获得更多曝光展现机会和优质流量，最终实现商品销量和店铺交易额的大幅提升。

1. "多多搜索"的排名与扣费规则

　　"多多搜索"推广的排名与扣费规则如下。

　　（1）排名规则：排名机制为$1+6n$（n可以为任意整数），计算公式如下。

综合排名＝关键词质量分×关键词出价

　　（2）扣费规则：按单次点击扣费，计算公式如下。

单次点击扣费＝（下一名出价×下一名质量分）÷自己的质量分＋0.01元

　　其中，质量分可以是各维度相关性的综合体现，具体包括推广计划的关键词、商品信息和用户搜索意向。也就是说，这些维度的相关性越高，质量分就会越高，获得的流量也就越可观，推广效果也就更理想。商家可以在"多多搜索"推广计划单元详情界面的"关键词"列表中查看各个关键词的质量分，如图1-6所示。

图1-6　查看关键词质量分

因此，商家如果想提升"多多搜索"的推广效果，那么质量分就是关键所在。商家可以通过提升关键词相关性、类目相关性和商品质量等方式优化质量分。其中，关键词点击率是优化质量分的核心因素。

商家可以利用"关键词诊断"功能来优化关键词出价，从而提升关键词的曝光量、点击率和转化率，如图1-7所示。"关键词诊断"功能是对关键词推广效果的诊断报告，结果包含健康、待优化和待观察。健康的关键词可以保持投放，待优化的关键词可以参考平台给出的建议一键采纳，待观察的关键词可以根据实际情况来酌情优化。

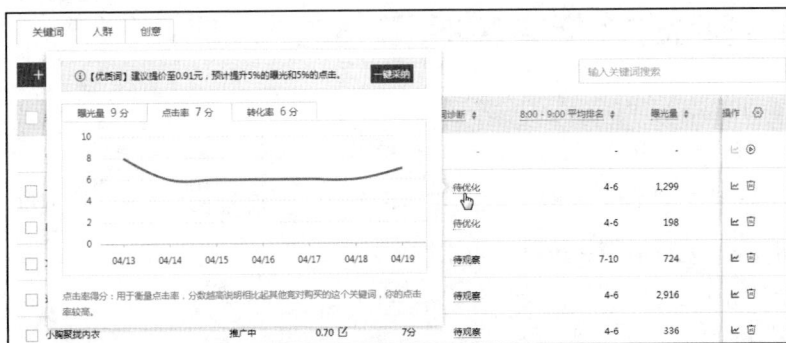

图1-7　"关键词诊断"功能

2. "多多搜索"的推广展示位置

"多多搜索"的广告位置主要包括3个渠道，分别为手机客户端、微信小程序和H5商城。例如，当用户在拼多多App中搜索某个关键词时，在搜索结果页面中，每隔6个商品中就有一个是投放了"多多搜索"的推广商品，即第1、7、13、19等位置为广告位，如图1-8所示。

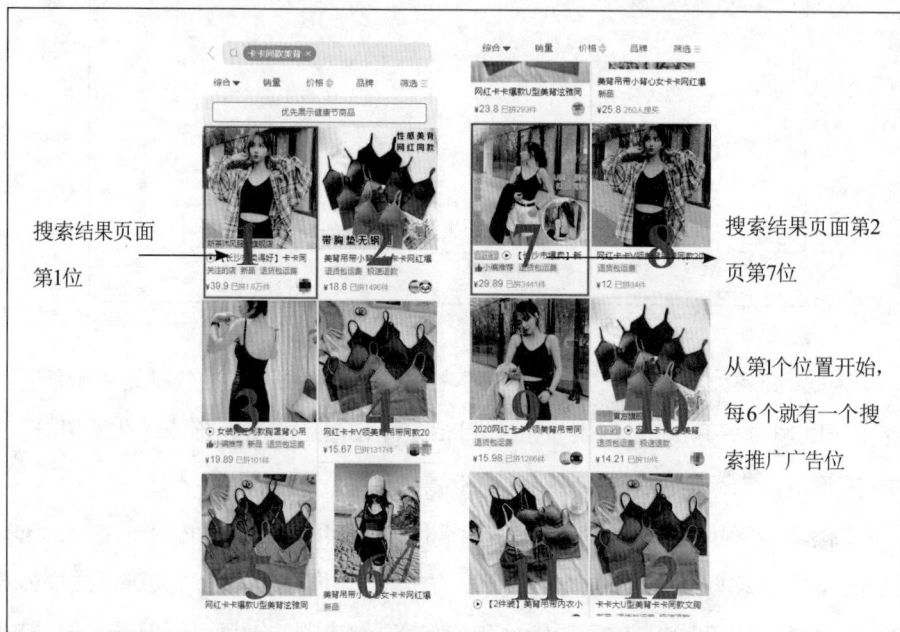

图1-8 "多多搜索"的推广展示位置

1.3 商品推广：低成本吸引流量的"利器"

"多多搜索"只按点击（0.1元起）付费，展现不扣费，推广成本比较低。同时，"多多搜索"支持相关人群定向，用户想买什么，就搜索相关关键词，抓取流量更为精准，从而为商品带来较好的转化推广效果。

下面介绍通过"多多搜索"创建商品推广计划的操作方法。

步骤 1 在"多多搜索"主界面，点击"新建推广计划"按钮，如图1-9所示。

步骤 2 进入"新建推广计划"界面，在"推广类型"中选择"商品推广"，并设置相应的计划名称、预算日限和分时折扣，点击"继续"按钮，如图1-10所示。

图1-9　点击"新建推广计划"按钮

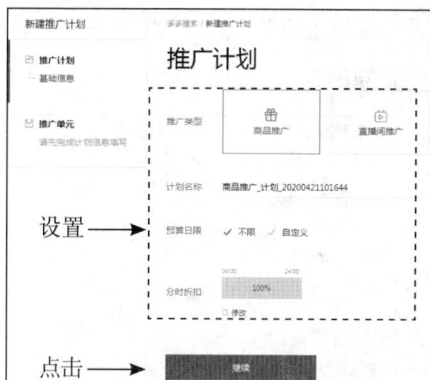

图1-10　设置推广计划的基础信息

步骤　3　进入"推广单元"设置界面，首先选择参与推广计划的商品，❶点击"推广商品"选项右侧的"添加"按钮；打开"选择推广商品"窗口，❷在商品列表中选择要推广的商品，如图1-11所示。

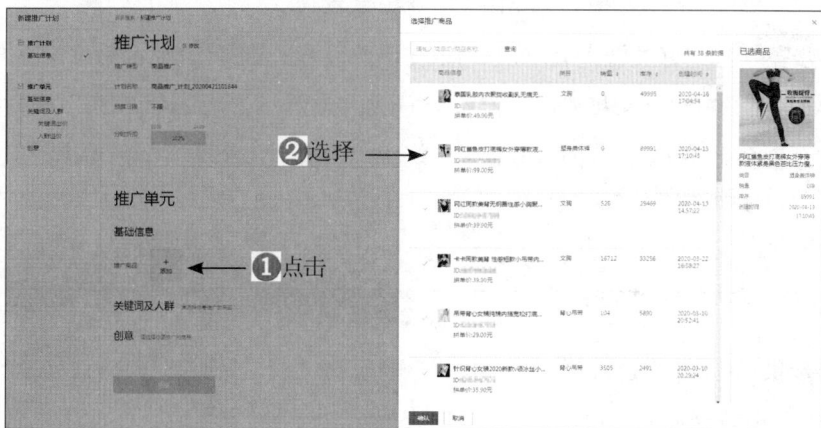

图1-11　选择要推广的商品

步骤　4　点击"确认"按钮，即可添加相应商品，同时显示推广商品的基础信息（主图、标题、ID、价格），在下方设置"单元名称"，如图1-12所示。

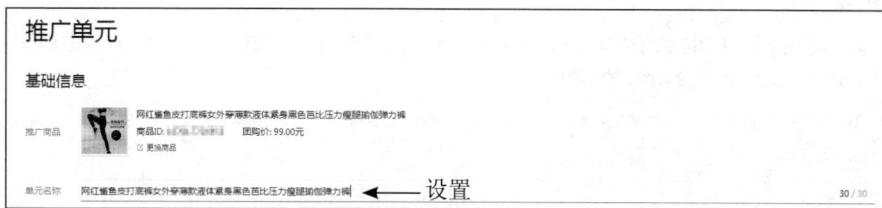

图1-12　添加要推广的商品

步骤 5 进入"关键词及人群"板块，在"关键词"选项区中，商家可以开启"智能词包"功能，自动添加关键词，或者点击"添加更多关键词"按钮添加自定义关键词，也可以在关键词列表中选择系统推荐的关键词，如图1-13所示。

图1-13 添加关键词

步骤 6 选好关键词后，商家可以在下方设置关键词出价，包括建议出价、市场平均出价、自定义和精确匹配溢价等方式，如图1-14所示。商家可以根据搜索热度添加多个关键词，同时可以参考市场平均出价给每个关键词设置出价。

图1-14 设置关键词出价

步骤 7 在"人群溢价"选项区中，商家可以根据自己的产品特点选择投放人群，并设置合适的溢价比例，如图1-15所示。新手商家可以直接使用系统提供的智能推荐人群，系统会结合商家的店铺商品特性，智能挑选转化效果较好的人群，可用于日常销售投放。

> **提醒：**
> 精确匹配溢价，是当买家搜索词与商家所设置的关键词完全相同（或是同义词）时，对这次搜索流量进行溢价，提高在这部分流量上的竞争能力。

图1-15　设置人群溢价

步骤 8　在"创意"选项区中，商家可以同时开启智能创意和静态创意。在"静态创意"选项区中，点击"添加"按钮，如图1-16所示。

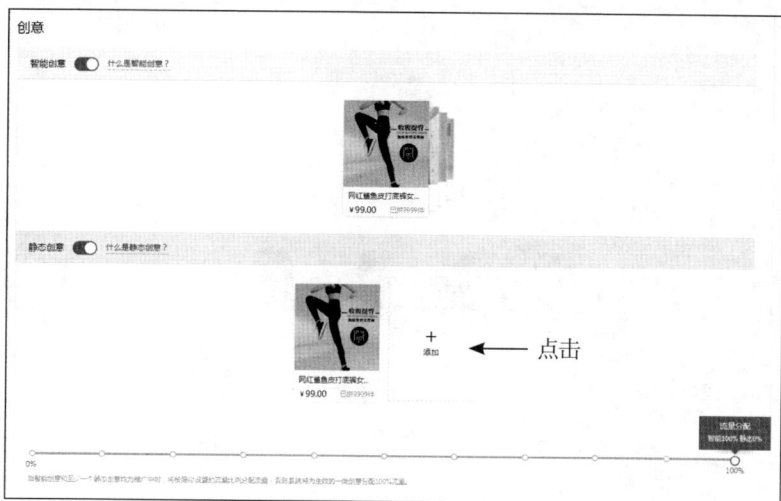

图1-16　点击"添加"按钮

步骤 9　打开"添加静态创意"窗口，在"选择创意图片"列表框中选择相应的轮播图，如图1-17所示。

步骤 10　点击"确认"按钮，即可添加静态创意，商家可以用同样的操作方法，❶添加4个静态创意，将其随机展示给消费者。❷同时商家可以调整"流量分配"圆环，调整智能创意和静态创意的流量分配比例，如图1-18所示。

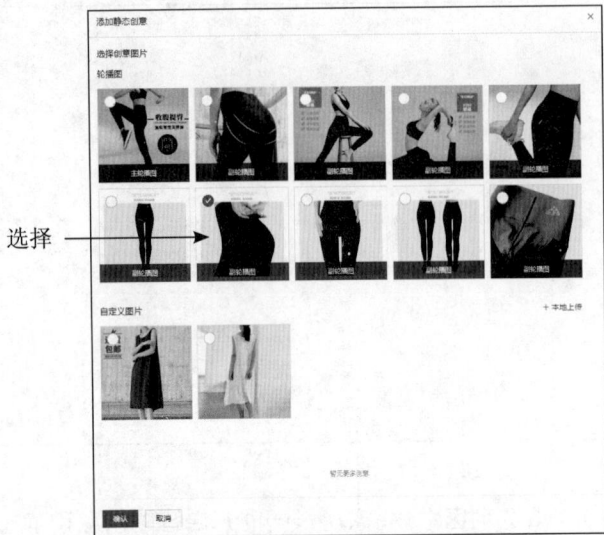

图1-17　选择相应的轮播图

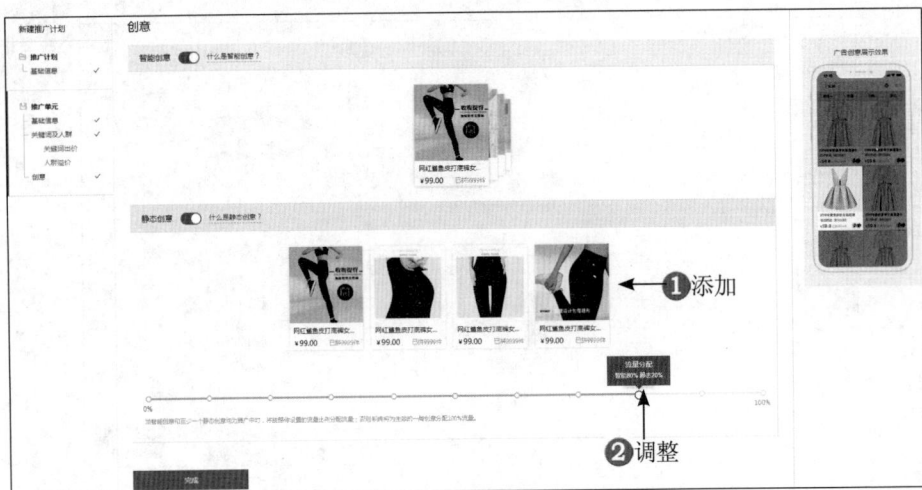

图1-18　添加多个静态创意

步骤 11　点击"完成"按钮，即可创建"多多搜索"的商品推广计划。

1.4　爆款标题：标题选词优化的有效途径

标题优化的作用是让买家能搜索到、能点击，最终进入店铺产生成交。标题优化的目的是获得更高的搜索排名、更好的客户体验和更多的免费有效点击量。

商品标题是体现商品品牌、属性、品名和规格等信息的文字。商家在创建商品时，还需要在商品标题下方填写商品的相关属性，如图1-19所示。好的商品标题可以给商品带来更大的曝光，能够准确地切中目标用户，所以商家一定要重视标题。需要注意的是，商品标题最多只能包含60个字符或者30个汉字，而且要符合商品属性的相关描述。

图1-19　设置商品标题和商品属性

系统会根据商品标题为商品贴上各种标签，当买家通过关键词搜索商品时，系统会匹配用户行为标签和商品标签，优先推荐相关度高的商品。商家在做标题优化的时候，首要工作就是"找词"，即找各种热门关键词的数据，包括商品的款式、属性、价格以及卖点等，并将这些做标题要用到的关键词都记录下来。

> **提醒：**
>
> 标题的基本编写公式如下：
>
> 标题＝商品价值关键词＋商品行业关键词＋商品属性关键词

精准关键词的爆款标题组合模式为"核心词＋衍生词＋一级词＋二级词"，然后通过推广数据来分析我们选择的词，把展现在2 000～10 000万的词进行推广，其他的词删除，选择3～5个精准关键词去推广。同时，商家也要注意选择的精准关键词要符合商品属性，这样在后期才能带动自然搜索。

例如，在拼多多搜索框中输入"弹力裤"这个关键词的时候，在下面的下拉框中可以看到很多包含"弹力裤"的关键词。其中，"弹力裤"是商品的真正名称，是买家的搜索目标，那么"弹力裤"就是商品的核心词，能够很精准地描述商品到底是什么，如图1-20所示。例如，在搜索"高弹力"的时候也能出现很多关键词，但通常买家不会直接搜索"高弹力"，因为"高弹力"这个词并不能够精准地说明产品是什么，也无法定位到买家的具体需求，所以这个词不是核心词，如图1-21所示。

图1-20　核心词示例

图1-21　非核心词示例

核心关键词（简称核心词）是新品引流最为关键的切入口，核心词就是与这个产品属性词语相关的且每天有大量买家搜索的关键词。注意：核心词不能设置得太多，通常由2~4个字构成，而且具有一定规模的稳定搜索量。商家只需把这些核心词做到拼多多的首页，即可获得源源不断的流量，同时还能为新品带来很大的成交机会。

1.5 智能词包：保证优质流量的竞争能力

当推广计划的自定义关键词曝光少，点击转化率低的时候，商家可以开启多多搜索的"智能词包"功能，这样系统会根据该搜索推广计划的商品特点及出价设置，智能匹配优质关键词，同时商家可自定义设置出价，如图1-22所示。

另外，对于已经创建的"多多搜索"推广计划，商家也可以进入推广单元的详情页面，在关键词列表页中开启"智能词包"功能，点击"操作"栏中的"启动"按钮▶即可，如图1-23所示。需要注意的是，商家在设置"智能词包"的出价时，不能低于市场平均出价，否则将无法获取曝光。

图1-22　启用"智能词包"功能

图1-23　开启已有单元的"智能词包"功能的方法

对于很多刚开店的新手商家来说，"智能词包"是一个很好的选词工具，能够帮助投放搜索推广计划的商家自动选出更多优质关键词，从而提升推广商品的点击率、转化率、ROI等数据指标。

启用"智能词包"功能后，系统根据流量预估转化率来实时下调或上浮出价，但上限不会超过商家出价的两倍，同时受分时折扣、人群溢价设置的影响，实际扣费可能会高于基础出价上限。

"智能词包"功能的基本作用如下：

（1）获取优质曝光资源。"智能词包"的主要目的是帮助推广商品获取更多的优质曝光机会，从而大幅提升点击转化率和ROI；

（2）智能实时优化出价。使用"智能词包"功能时，系统会实时监测流量数据情况自动优化出价，为推广商品带来更多的优质流量。

> **提醒：**
> 当商家发现"智能词包"的关键词推广效果非常好的时候，如果觉得自定义关键词多余将要其全部删除，那么可能会被系统判定为推广计划下线，从而无法获取曝光。

1.6 推荐选词：让推广如鱼得水，事半功倍

在创建"多多搜索"推广计划时，商家需要选择一个销量高、评价好的产品，这样转化率会更高。接下来便是选词，"多多搜索"推广计划的选词途径包括商家后台的系统推荐词、搜索词分析、搜索下拉词、第三方软件推荐以及质量分/相关性高的词，这里重点介绍前3种选词渠道。

1. 系统推荐词：热搜词、质优词、飙升词、潜力词、长尾词、同行词

商家可以在推广单元详情的关键词列表页中点击"添加关键词"按钮，即可打开"添加关键词"窗口，商家可以通过关键词推荐、关键词拓展和自定义加词3个渠道来添加系统推荐的关键词，如图1-24所示。

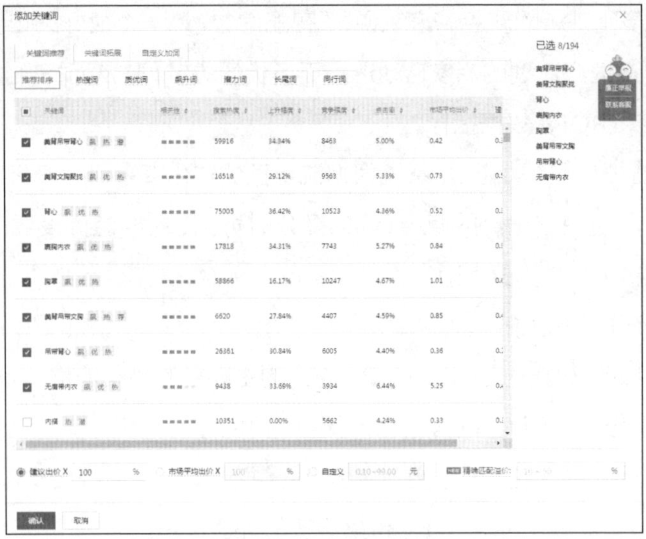

图1-24　"添加关键词"窗口

在"关键词推荐"选项卡中，商家可以点击推荐排序、热搜词、质优词、飙升词、潜力词、长尾词、同行词等标签来快速选词，也可以根据相关性、搜索热度、

上升幅度、竞争强度、点击率以及市场平均出价等指标来对所有关键词进行排序，从而筛选出优质的关键词。

> **提醒：**
>
> **其中，搜索热度是指关键词的搜索次数，数值越大，代表搜索次数越多。上升幅度是指该关键词搜索量的上升百分比，数值越大，代表搜索上升幅度越强。竞争强度是指关键词同一时间竞价的商家数量，数值越大，代表竞争越强。**

2. 搜索词分析：热搜词、热门长尾词

商家可以进入拼多多管理后台的“推广中心→推广工具”界面，在“拼多多推广工具”选项区中选择“搜索词分析”工具。进入“搜索词分析”工具主界面，在“搜索词排行榜”中可以选择热搜词或热门长尾词，如图1-25所示。

选择关键词的依据：
（1）搜索热度越高，买家群体越多。
（2）相关性越高，关键词越精准。
（3）点击率越高，关键词吸引力越大。
（4）选择竞争强度低且搜索热度高的词。

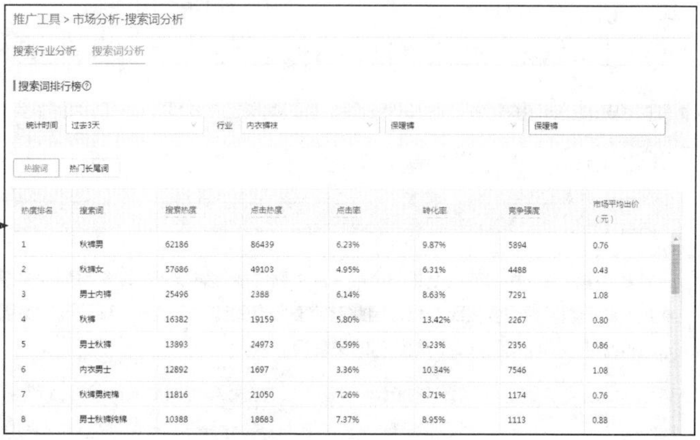

热度排名	搜索词	搜索热度	点击热度	点击率	转化率	竞争强度	市场平均出价（元）
1	秋裤男	62186	86439	6.23%	9.87%	5894	0.76
2	秋裤女	57686	49103	4.95%	6.31%	4488	0.43
3	男士内裤	25496	2388	6.14%	8.63%	7291	1.08
4	秋裤	16382	19159	5.80%	13.42%	2267	0.80
5	男士秋裤	13893	24973	6.59%	9.23%	2356	0.86
6	内衣男士	12892	1697	3.36%	10.34%	7546	1.08
7	秋裤男纯棉	11816	21050	7.26%	8.71%	1174	0.76
8	男士秋裤纯棉	10388	18683	7.37%	8.95%	1113	0.88

图1-25　使用“搜索词分析”工具选词

在“搜索词排行榜”中显示的一级行业为商家店铺下历史90天销售量最大的商品所属的一级行业。若商家在90天内未销售出去商品，则此功能将自动关闭。

3. 搜索下拉词：衍生词

通常情况下，买家在搜索商品时，并不会输入很精准的关键词，而是直接在搜索下拉框中选择其想要购买的产品关键词。例如，买家在搜索“裤裙”这个关键词的时候，下拉框中会出现很多衍生词，如果有符合买家需求的，那么买家会直接点击选择其中的衍生词来搜索商品，如图1-26所示。系统也会记录买家点击量非常大的衍生词来作为商品的索引，同时这些衍生词的热度也会在买家的推动下越来越高。

图1-26　衍生词示例

衍生词就是指用来修饰和补充核心词的关键词，能够筛选核心词获得的大量流量，使新品的流量更加精准，降低来自市场中的同行竞争。衍生词是根据用户的浏览习惯来产生的，是系统记录的买家过去购物时用到的搜索热词。

> **提醒：**
>
> 需要注意的是，搜索下拉框是一个最大的、同时能够影响用户搜索习惯的关键词入口，而且会随着季节和人群搜索习惯的变化而变化，因此商家要经常关注这个位置。建议商家每周对搜索下拉框中的关键词进行统计，从而找到更新、更热门的关键词。

1.7 直播推广：给店铺直播带来更多流量

如今，"电商＋直播"已经成为行业标配，拼多多平台也紧跟自媒体电商潮流，开启直播带货功能来帮助商家提升用户黏性和流量转化效率。

1. 直播间推广的展示位置

商家可以利用"多多搜索"推广工具创建直播间推广计划，这样当买家在搜索商品时，可以在搜索结果页中看到有直播标签的商品，如图1-27所示。点击直播标签，即可进入商品详情页，通过小窗口的方式观看商品直播内容，如图1-28所示。

直播间推广会根据用户搜索的关键词, 展示在搜索结果页中的 1+6n 个位置上。

图1-27 直播间推广的广告位

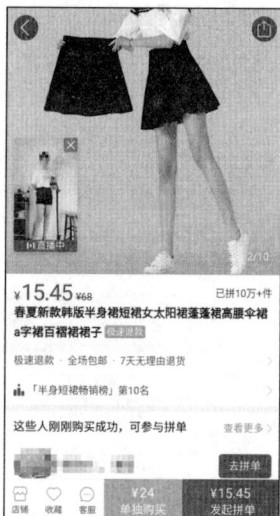

图1-28 推广商品的详情页

点击直播小窗口, 可以直接跳转至直播间界面, 通过全屏的方式观看直播, 在此可以看到店铺名称和观看人数, 同时还可以在左下角的文本框中输入相应内容, 与主播进行聊天互动, 如图1-29所示。

点击右下角的"小红盒"图案, 可以打开"全部商品"列表, 在此可以查看直播间讲解的更多商品, 点击"想看讲解"按钮可以提醒主播讲解该商品, 点击"立即拼单"按钮可以快速拼团下单, 如图1-30所示。

图1-29 全屏展示直播间

图1-30 打开"全部商品"列表

2. 上传"多多直播"广告素材

在开始投放"多多搜索"直播间推广计划前，商家需要先在拼多多商家版App中创建直播，在"店铺"界面点击"多多直播"按钮，如图1-31所示。进入"多多直播"界面，点击"创建直播"按钮进入其界面，商家需要在此上传广告素材，如图1-32所示。

图1-31　点击"多多直播"按钮　　　　　图1-32　"创建直播"界面

广告素材的图片尺寸为558×789像素，商家可以直接裁剪推广商品的图片来生成，也可以使用直播间封面作为创意图。这一步必须先完成，否则会影响推广效果。

3. 创建直播间推广计划

完成广告素材的上传并创建直播后，商家即可前往拼多多管理后台创建直播间推广计划，下面介绍具体的操作方法。

步骤 1　在"多多搜索"主界面，点击"新建推广计划"按钮，进入"新建推广计划"界面，在"推广类型"中选择"直播间推广"，并设置相应的计划名称、预算日限和分时折扣，点击"继续"按钮，如图1-33所示。

步骤 2　进入"推广单元"设置界面，设置基础信息和关键词及出价，系统会根据直播间商品为商家匹配关键词，如图1-34所示。

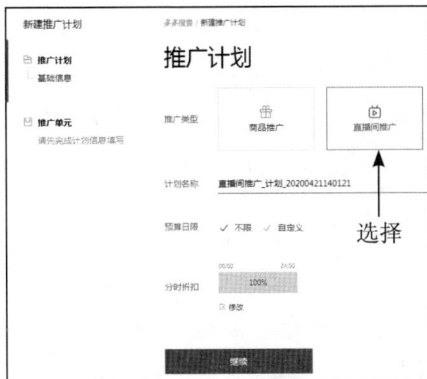

图1-33　选择"直播间推广"　　图1-34　设置基础信息和关键词及出价

步骤 3 接下来进入"创意"设置界面，创意图由系统根据直播间封面及商家在创建"多多直播"时上传的广告素材自动生成，目前不支持编辑，如图1-35所示。设置完成后，点击"完成"按钮，即可完成创建直播间推广计划。

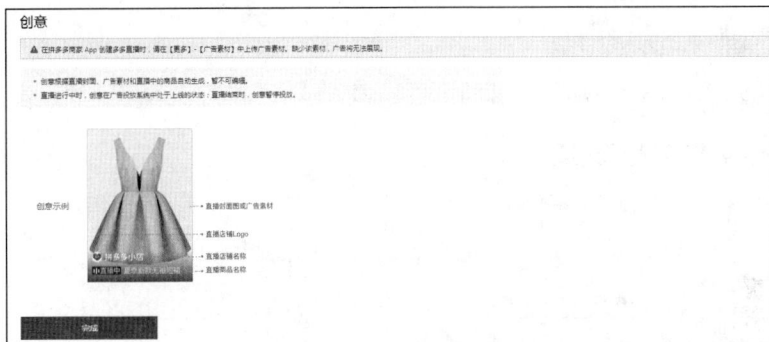

图1-35　"创意"设置界面

> **提醒：**
> 需要注意的是，如果商家没有提前在直播间上传广告素材，那么系统也会根据商家设置的直播间封面来自动生成推广创意，不会对曝光产生影响，不过会影响直播间的点击率。因此，商家最好提前上传自定义广告素材，以增加直播间点击率。

4. 直播间推广的注意事项

在创建直播间推广计划时，商家需要注意如下事项。

分时折扣不能设置为0%，否则直播间无法得到曝光。因此，商家可以结合自己的直播时段来合理设置直播间推广的分时折扣，从而避免出现在直播时没有得到推广的情况。

● 在"推广单元"的基础信息设置界面，推广直播间默认选择为"本店"，商家不用选择。

● 在"关键词及出价"选项区中，出价范围为0.1~99元，系统会根据商家设置的价格为关键词出价，从而引入更多搜索流量到直播间。

● 直播间推广的扣费模式也和"多多搜索"商品推广计划一样，都是按照CPC的方式进行计算收费。

● 若商家创建的直播间推广计划没有通过系统审核，则此时商家可以通过拼多多商家版App重新创建直播间，并重新上传广告素材。

1.8 人群定向：获得精准的搜索推广流量

定向是指在关键词的基础上，对人群进行流量精准定向。下面教大家一些圈定人群的基础逻辑和方法，帮助商家选择适合自己产品的人群来投放广告。

1. 为什么要使用人群定向

"多多搜索"的推广流程通常为，首先用户搜索关键词，然后用户在搜索结果展示页看到商家的推广商品，该推广商品可以和很多的关键词相关。商家通过对这些关键词进行出价，也就是相当于购买这些关键词来让自己的商品获得展现。

同时，商家还可以通过人群定向功能来侧重选择不同的人群进行投放，这就相当于将推广人群进行细分。商家可以选择投放适合自己商品的人群，并且增加这些人群的溢价比例来获得更多的搜索权重，如图1-36所示。这样商家选择的这些人群，即可在搜索结果页面更靠前的位置看到自己的推广商品，从而提升推广商品在定向人群上的曝光率和转化率。

以"运动内衣"这个关键词为例，如果商家没有设置定向人群，那么推广商品将会展示给所有的人群。其中，浏览、收藏或购买过商家商品的用户，会成为商品潜力人群，即对这款商品感兴趣的人，因此商家可以选择对其进行适当溢价，从而让系统在搜索"运动内衣"这个关键词的结果页更靠前的位置，定向给他们投放商家的广告，这样商品成交的概率也会更高一些。这就是要在"多多搜索"推广计划中使用定向的原因。

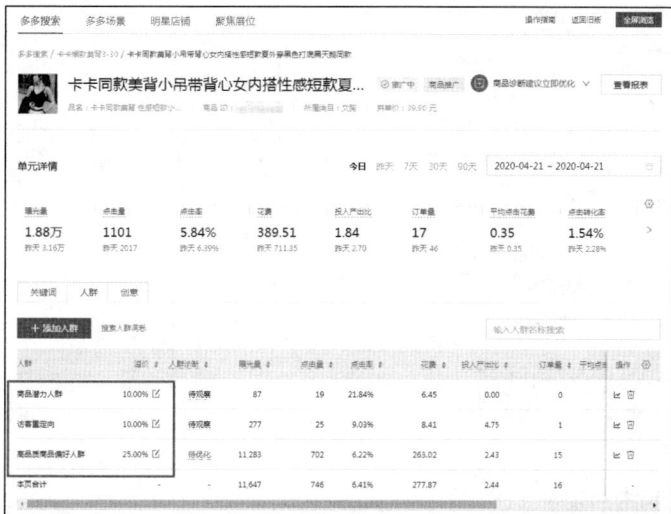

图1-36　人群定向设置示例

2. 人群定向有哪些类型

目前，"多多搜索"的定向人群可以分为四个类型，分别为商品定制人群、店铺定制人群、行业定制人群和平台定制人群，在这四个类型下面又细分了十一个详细的人群，如图1-37所示。

图1-37　详细的人群定向方式

商家在拼多多管理后台选择人群的时候，可以将鼠标指针移至相应的人群名称上，即可看到详细的解释，如图1-38所示。其中，叶子类目定向和高消费人群是商家尤其需要注意的。

图1-38　查看相关人群的具体解释

- 叶子类目是指商品所属的三级类目，叶子类目定向就是指行业定制人群，即近期在推广商品所属的叶子类目有浏览、下单、拼单或收藏等行为的用户。

- 高消费人群针对的是消费总额高，而不是消费单价高，即在拼多多平台上花费较多的用户。

3. 人群定向的投放策略

在使用"多多搜索"推广商品时，商家可以根据不同的推广阶段，对人群定向和溢价比例进行适当调整，相关策略如图1-39所示。

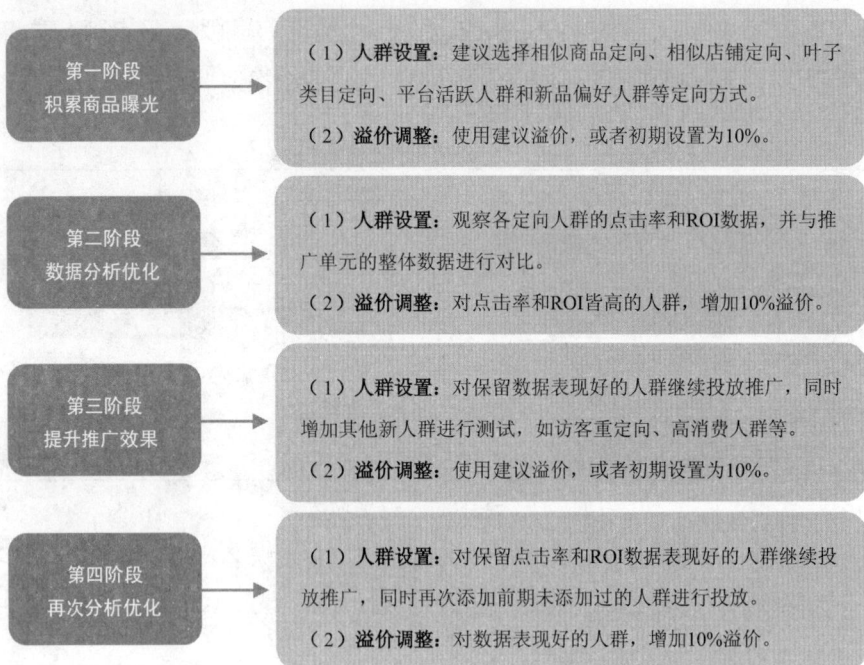

第一阶段 积累商品曝光
（1）**人群设置**：建议选择相似商品定向、相似店铺定向、叶子类目定向、平台活跃人群和新品偏好人群等定向方式。
（2）**溢价调整**：使用建议溢价，或者初期设置为10%。

第二阶段 数据分析优化
（1）**人群设置**：观察各定向人群的点击率和ROI数据，并与推广单元的整体数据进行对比。
（2）**溢价调整**：对点击率和ROI皆高的人群，增加10%溢价。

第三阶段 提升推广效果
（1）**人群设置**：对保留数据表现好的人群继续投放推广，同时增加其他新人群进行测试，如访客重定向、高消费人群等。
（2）**溢价调整**：使用建议溢价，或者初期设置为10%。

第四阶段 再次分析优化
（1）**人群设置**：对保留点击率和ROI数据表现好的人群继续投放推广，同时再次添加前期未添加过的人群进行投放。
（2）**溢价调整**：对数据表现好的人群，增加10%溢价。

图1-39　人群定向的投放策略

上面这个方法比较适合新商家或新品，当然，老商家也可以使用该方法进行投放，但在第一阶段，可以选择商品潜力人群、访客重定向、相似商品定向、相似店铺定向等人群进行投放。

这是因为老商家通常已经有了一定的基础销量和老客户群体，所以在初期可以选择访客重定向等人群。同时，在设置溢价比例时，老商家也可以直接使用系统建议的溢价比例，或者建议在此基础上上浮10%，从而快速获取更大的曝光量。

> **提醒：**
>
> ROI（Return On Investment）即投入产出比，也称投入产出率。在判断"多多搜索"推广计划的投放效果时，ROI是最直接有效的指标，ROI越高说明推广效果越好，越低说明推广效果越差。商家在分析搜索推广效果时，建议参考7天或30天的ROI数据。

4. 人群定向的案例解析

例如，下面这款吊带背心产品是一个老商家制订的推广计划，经过多层筛选后，重点投放了商品潜力人群、访客重定向人群和高品质商品偏好人群这3类人群，如图1-40所示。从该图中可以看到，这3类人群的点击率和ROI数据都高于推广单元的整体数据表现，因此定向人群的选择是非常精准的。

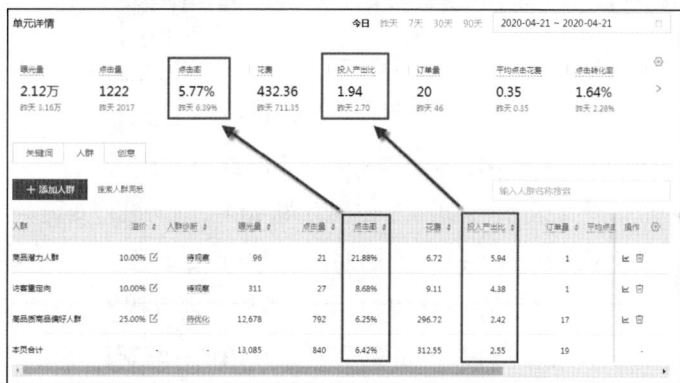

图1-40　人群定向案例截图

其中，该商家对高品质商品偏好人群的溢价更是达到了25%，获得的曝光量也远高于其他人群。另外，商家可以使用"人群诊断"工具来自动诊断和优化定向人群，实现预期的推广效果。

"人群诊断"的结果包含"健康""待优化""待观察"等状态：对于"健康"的人群，商家可以保持溢价继续投放；对于"待优化"的人群，商家可以参考平台给出的建议，并根据自己的实际情况进行酌情优化，点击"采纳建议"按钮即可一键优化，如图1-41所示。

因此，在"多多搜索"推广中找到与推广商品相匹配的人群定向，非常有利于后续的曝光量、点击率、转化率等数据的提升。商家在优化人群定向的过程中，需要不断进行对比，找出数据表现较好的人群进行重点溢价，获取更精准的流量，以提升付费推广效果。

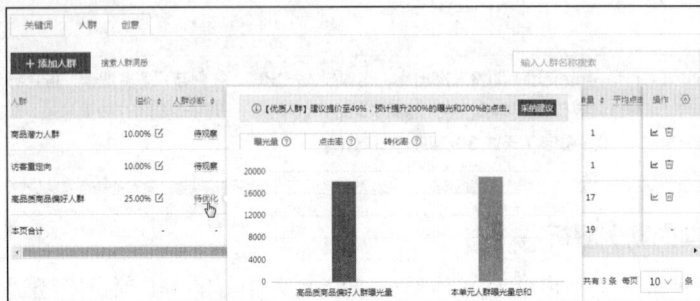

图1-41　"人群诊断"工具

1.9 智能创意：支持自定义上传创意图片

智能创意是指系统根据消费者的个性化购物偏好，展现他们喜欢的图片作为创意，同时优化标题，实现商品点击率和转化率的提升。智能创意图片与商品轮播图是实时同步的，当商品图发生变更时，创意图片也会同时进行变更。

在创建"多多搜索"商品推广计划时，将鼠标指针移至智能创意图片上，可以看到"点击修改"按钮，点击该按钮，即可打开"修改智能创意"对话框，如图1-42所示。其中，长图和主轮播图是无法修改的，商家只能选择修改副轮播图。

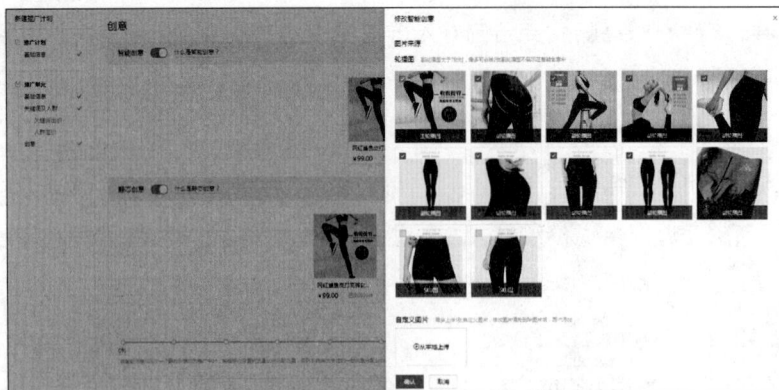

图1-42　打开"修改智能创意"对话框

另外，在"修改智能创意"对话框下方，商家可以点击"从本地上传"或"从素材库上传"按钮，上传5张自定义图片。

商家要保证上传的自定义创意图片的质量和数据，这样能够有效提升创意图片的点击率。例如，某女装商家通过自定义上传多张创意图片，展现丰富的产品利益点，其中，智能创意的点击率达到了5.69%，如图1-43所示。

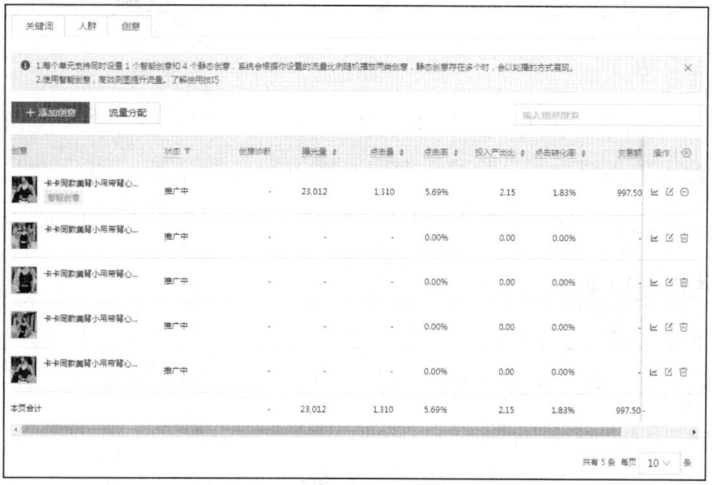

图1-43　智能创意推广示例

对于已经创建好的"多多搜索"商品推广计划，商家也可以进入推广单元详情页的"创意"列表页中，点击"智能创意"操作栏中的"编辑"按钮，在打开的"编辑智能创意"对话框中更换智能创意图片，如图1-44所示。

图1-44　"编辑智能创意"对话框

在"编辑智能创意"对话框最下方，商家可以填写自定义的创意标题。智能创意经历一个累计阶段后会达到较好的效果，不建议商家短期内进行调整、暂停或删除。同时，在标题中突出商品属性（规格、材质、功效等）和热门词，推广效果会更好。

1.10 DMP营销工具：实现流量精细化运营

DMP（Data Management Platform）是一个数据管理平台，能够充分挖掘并分析平台上的人群数据，帮助商家更好地进行人群圈定、人群洞察、人群解析等操作，从而制定出个性化的营销推广方案，有效提升商品的转化率。

1. 进入DMP营销平台的方法

拼多多的DMP工具有一定的使用门槛：要求商家近30天的广告总消耗累计达到6 000元。对于满足该条件的商家，系统会在1~3个工作日内为其开通DMP功能。开通后，有如下两种方法可以进入DMP营销平台。

● 方法一：商家可以进入拼多多管理后台的"推广中心→推广工具"，在"拼多多推广工具"选项区中选择"DMP营销平台"工具。

● 方法二：商家可以在创建"多多搜索"推广计划时，❶在"自定义人群"选项右侧点击"添加"按钮；❷打开"添加自定义人群"对话框，在其中点击"新建人群"按钮或者"前往DMP"链接，皆可进入"DMP营销平台"，如图1-45所示。

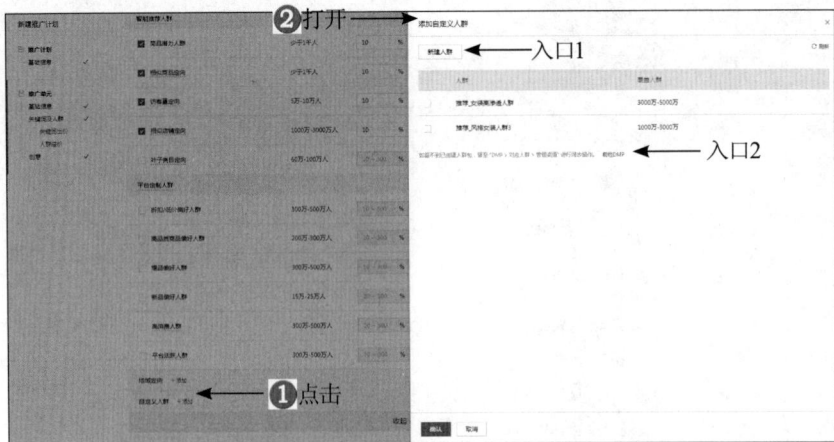

图1-45　"DMP营销平台"的多个入口

2. DMP营销平台的4个模块

进入"DMP营销平台"主界面后,从标题栏中可以看到4个功能模块,从左至右依次为"数据资产""我的人群""我的报表"和"新建营销人群",如图1-46所示。

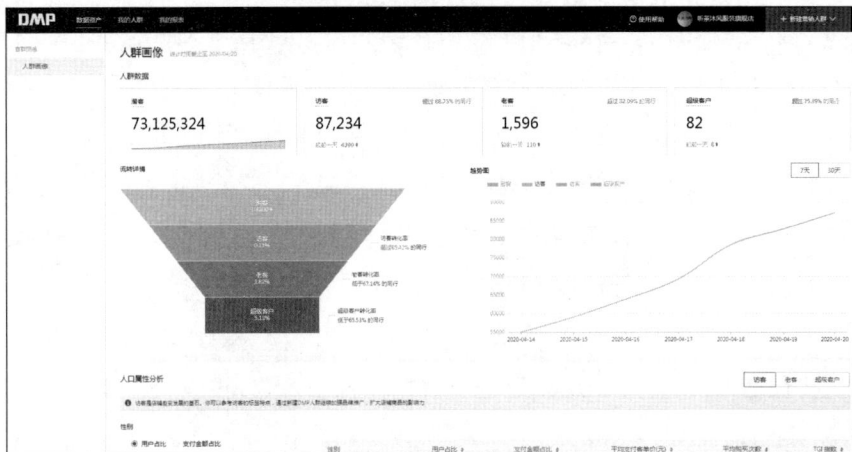

图1-46　"DMP营销平台"主界面

(1)"数据资产"模块:提供了店铺人群画像的基本分析功能。

● 人群数据:提供了商家店铺各类客户的数据及转换情况,并与同行水平进行对比,便于商家及时调整经营策略。

● 人口属性分析:包括用户的性别、年龄和地域等方面的用户占比、支付金额占比、平均支付客单价、平均购买次数以及TGI指数等数据分析功能,便于商家了解用户的分布情况,如图1-47所示。

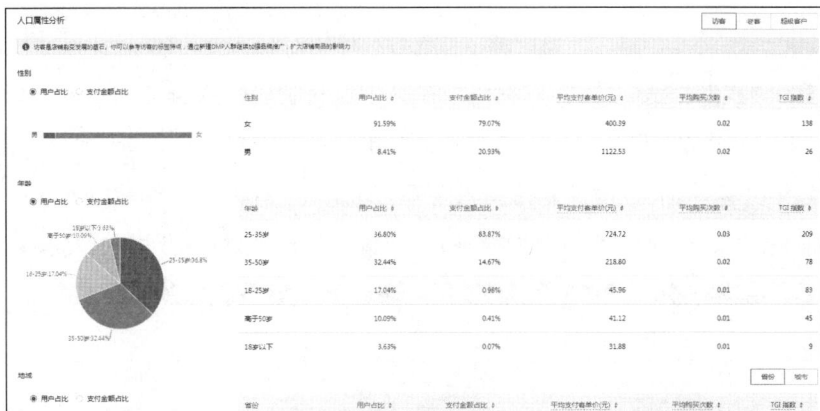

图1-47　人口属性分析

> **提醒：**
>
> TGI（Target Group Index）指数是指目标群体指数，通过比较店铺特征和行业特征计算而来。TGI 指数越大，标签在行业内越具备差异化竞争优势。

● 行为分析：包括老客类目偏好和老客热搜关键词分析功能，为商家进行跨类目营销提供了有效指导，同时能够帮助商家找到店铺老客喜欢搜索的关键词。

● 人群定向投放建议：在人群数据分析结果的基础上，为商家提供人群定向的指导建议，包括平台推荐人群包、购买类目偏好、搜索关键词偏好以及建议关注标签等功能，帮助商家高效快速地完成人群圈定。商家可以点击"去创建"按钮，通过用户标签或行为快速圈选相关人群。

（2）"我的人群"模块：商家可以在"我的人群"模块中查看并管理已建立的人群包，包括人群名称、创建类型、更新时间、预估人数、投放渠道管理、人群透视等相关操作，如图1-48所示。

图1-48　"我的人群"模块

（3）"我的报表"模块：商家可以在其中查看阶段性人群包的投放效果，如图1-49所示。同时，商家还可以选择日期范围或搜索人群名称来查看相关人群的推广效果数据。点击"报表下载"按钮，可以生成包含曝光、ROI、消耗等关键数据的报表，能够帮助商家更好地进行数据分析，以及指导推广计划的投放。

图1-49　"我的报表"模块

（4）"新建营销人群"模块：支持商家设置相应的添加条件来生成个性化的营销人群，目前支持以下3种创建人群的方式。

● 用户标签或行为：在"新建营销人群"列表框中选择"用户标签或行为"选项，进入"通过用户标签或行为新建人群"界面，点击"添加圈定条件"按钮，右侧会打开"圈定条件"窗口，商家可以在其中选择相应的标签，来定制出适合店铺经营情况的人群，如图1-50所示。选择相应的圈定条件后，系统会自动计算出预估覆盖人群。商家可以点击"排除人群"按钮，添加相应的排除条件，来排除相应特征的人群，不进行投放。

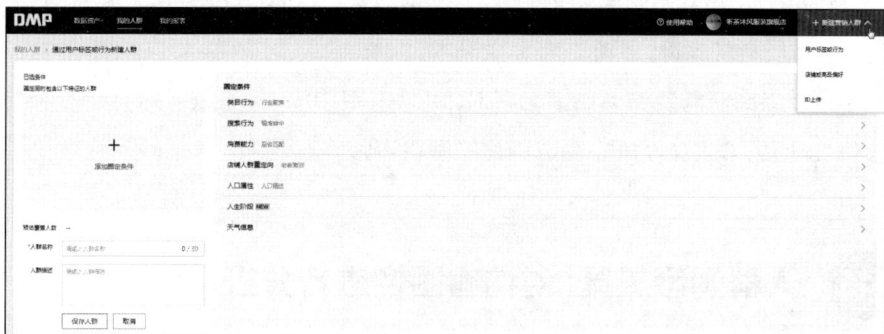

图1-50　"通过用户标签或行为新建人群"界面

● 店铺或商品偏好：在"新建营销人群"列表框中选择"店铺或商品偏好"选项，进入"通过店铺或商品偏好新建人群"界面，商家可以在"搜索店铺/商品"列表框中搜索多个目标店铺或商品，来添加到相应的定向人群中，如图1-51所示。另外，商家如果觉得预估覆盖人群数不够多，还可以点击"扩展人群"按钮，在弹出的"预计客户数"对话框中设置合适的扩展倍数，来增加覆盖人群的数量。

● ID上传：选择"ID上传"选项，进入"通过ID上传新建人群"界面，商家可以点击"点击上传"按钮，上传.xlsx格式的手机号文件，精准圈定目标人群，如图1-52所示。注意：单次上传的.xlsx文件大小不能超过128 MB。

图1-51 "通过店铺或商品偏好 | 图1-52 "通过ID上传新建人群"界面
新建人群"界面

例如，当商家需要激活店铺老客时，可以采用"用户标签或行为+店铺人群重定向+ID上传"的组合方式，圈选店铺的消费者客群。

1.11 人群洞悉工具：对访客画像进行分析

商家可以进入拼多多管理后台的"推广中心→推广工具"界面，在"拼多多推广工具"选项区中选择"人群洞悉"工具。默认进入"搜索人群洞悉"界面，选择相应的推广单元后，可以查看定制人群和用户画像数据，如图1-53所示。

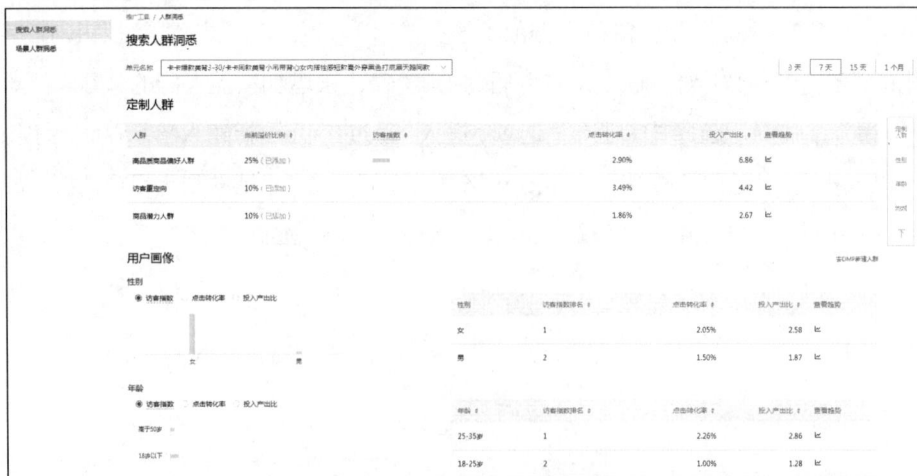

图1-53 "搜索人群洞悉"界面

在"定制人群"选项区中,可以查看相关定制人群的当前溢价比例、访客指数、点击转化率、投入产出比等数据。其中,访客指数是指在某个统计周期内,访问该广告单元进入商品详情页的去重人数,一个人在一天内访问多次只记一次。

在"用户画像"选项区中,商家可以在此查看用户的性别、年龄等属性的访客指数、点击转化率和投入产出比数据。在"查看趋势"一栏中点击相应用户类型的报表按钮⊾,打开"访客趋势"对话框,在"单元名称"列表框中选择相应的定制人群或访客画像,如图1-54所示。

图1-54 选择相应的定制人群或访客画像

执行操作后,即可查看该类型定制人群或访客画像的花费、曝光量、点击率等数据,以及与竞品均值的对比趋势,如图1-55所示。商家可以通过"人群洞悉"推广工具,解析定向人群的流量情况,以及查看竞品数据、人群基础画像,从而更加精准地投放推广人群。

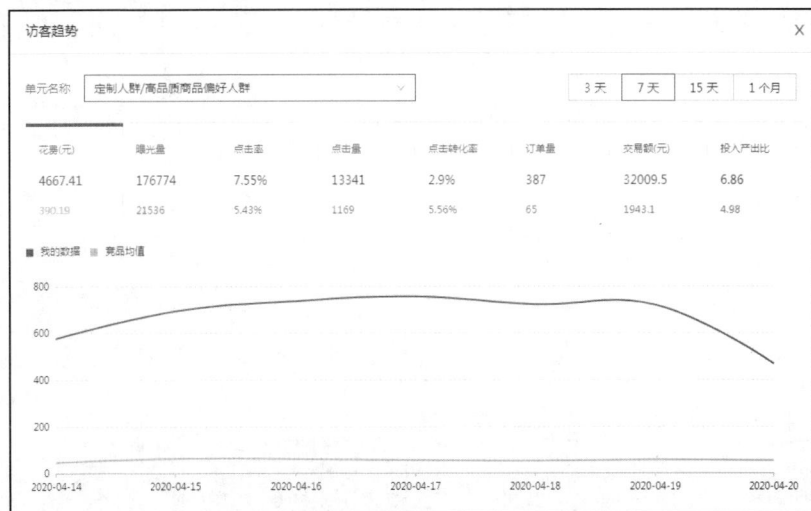

图1-55 查看访客趋势

1.12 商品诊断工具：展示推广的详细问题

商品诊断工具可以为商家提供搜索推广计划下的商品投放诊断和商品竞争分析服务，帮助商家提高行业竞争力。商家可以进入"推广中心→推广工具→商品诊断"界面，选择相应的推广计划，即可进行曝光诊断、点击率诊断和转化率诊断，并列出相关的问题及原因，如图1-56所示。

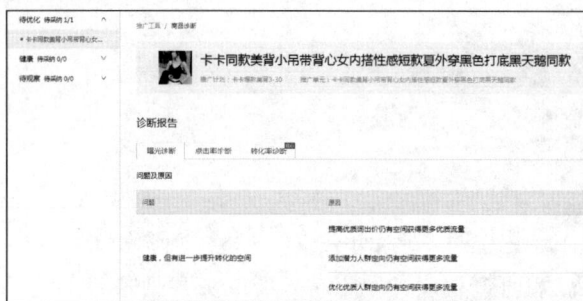

图1-56　　"商品诊断"推广工具主界面

当系统诊断推广计划存在问题时，会给出相应的优化建议，例如开启智能词包或者添加优质关键词，来提升推广商品的排名和曝光量，商家可以直接点击"一键开启"按钮或者"一键采纳"按钮，根据系统方案快速做出优化，如图1-57所示。

图1-57　　商品诊断的优化建议

另外，在"商品诊断"推广工具页面的最下方，商家可以查看近7天的竞品累计数据的对比情况，查看商品与竞品的差异，找出问题所在，进行针对性的优化调整，如图1-58所示。

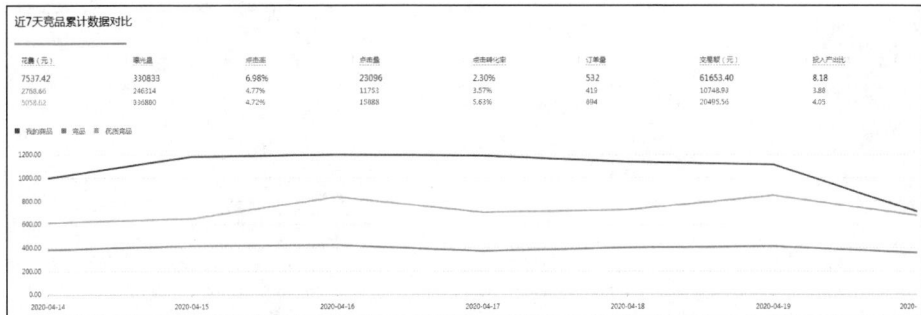

图1-58　查看近7天的竞品累计数据的对比情况

> **提醒：**
>
> 例如，当商家经过商品诊断，发现点击率低于竞品时，则可能是由于已买关键词的整体点击率低且存在优质关键词未添加等情况，此时商家可以通过添加优质关键词和高潜力关键词，获得更多优质曝光量和点击率。

第2章

多多场景，转化神器

在拼多多平台上，如何才能将广告投放给精准的特定用户？如何才能获得购买过相似店铺商品的顾客流量？如何在多多果园、现金签到页面等高流量、高点击量的页面展示自己的商品？只要商家能够学会正确使用多多场景进行推广，这些都不是问题。

要点展示：

商品推广、店铺推广和直播间推广的创建方法

掌握高效搭配人群定向与资源位组合的操作技巧

用地域定向、兴趣定向提高推广计划的曝光转化

测图测款和商家自诊，优化和调整场景推广计划

2.1 多多场景：涵盖全网站内优质资源位

在拼多多平台上，拥有丰富的购物消费场景，用户会在各个场景中边逛边玩边买，同时为这些场景带来海量流量和超高曝光。"多多场景"（原场景展示）推广就是指商家通过在这些场景中投放广告来吸引用户的目光，从而实现推广单品打造爆款或者推广店铺打造品牌的营销目标。

（1）展示位置：类目商品页、商品详情页、营销活动页和优选活动页，其相关展示位置如图2-1所示。

图2-1 "多多场景"的部分展示位置

（2）排名规则：广告位排名受到点击率和点击出价的影响。

（3）扣费规则：CPC扣费模式，按点击付费（展现不扣费），计算公式如下。

扣费＝（下一位出价×下一位点击率）÷自己的点击率＋0.01元

2.2 商品推广：一网打尽拼多多全站用户

"多多场景"商品推广的本质，就是将商家的广告商品在指定的位置展示给特定的人看。因此，"多多场景"推广计划会牵涉到人群和资源位的选择和溢价，而商家的目标就是找到精准的人群和高转化的资源位，这样推广计划才能获得较好的效果。下面介绍创建"多多场景"商品推广计划的具体操作方法。

步骤 1 进入拼多多管理后台的"推广中心→推广计划→多多场景"页面，在此可以查看已有的场景推广计划，点击"新建计划"按钮，如图2-2所示。

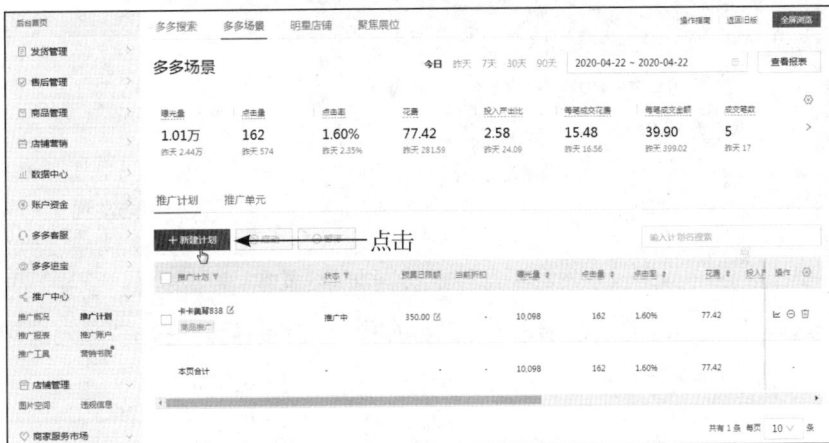

图2-2 点击"新建计划"按钮

步骤 2 进入"推广计划"基础信息设置界面，在"推广类型"中选择"商品推广"，并设置相应的计划名称和预算日限，如图2-3所示。

步骤 3 ❶在"推广方案"中选择"自定义"选项；❷点击"分时折扣"下的"修改"按钮；打开"分时投放策略"对话框，❸设置合适的分时折扣投放方案，并点击"应用"按钮保存，如图2-4所示。

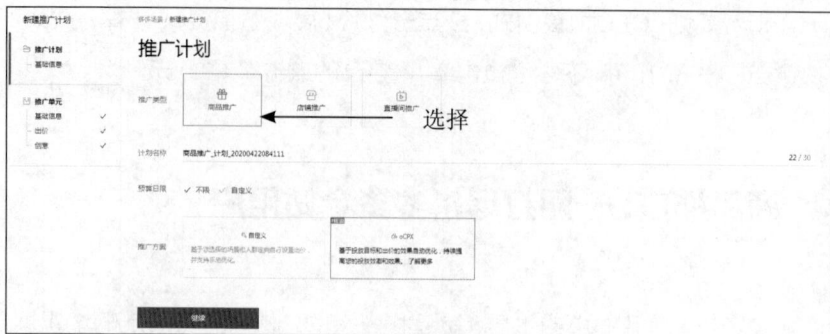

图2-3 选择"商品推广"类型

图2-4 设置"分时折扣"策略

步骤 4 点击"继续"按钮，进入"推广单元"设置界面，❶在"基础信息"选项区中添加相应的推广商品；❷设置单元名称，如图2-5所示。

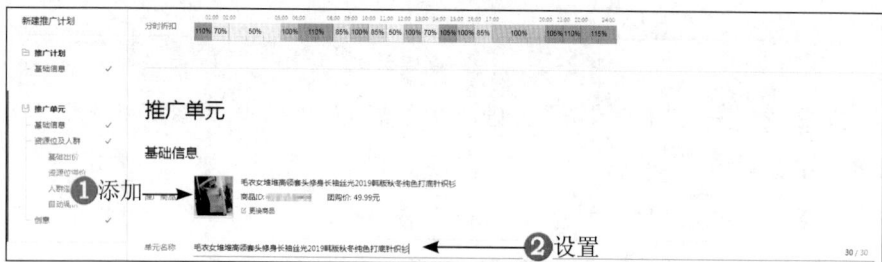

图2-5 设置"推广单元"的基础信息

步骤 5 进入"资源位及人群"选项区，设置商品推广计划的"基础出价"选项，对全体人群及全部资源位出价，如图2-6所示。

图2-6　设置"基础出价"选项

步骤　6　进入"溢价"选项区，首先设置资源位溢价，商家可以选择合适的资源位进行溢价，如图2-7所示。例如，营销活动页的流量大，但竞争也非常激烈；优选活动页的流量更优质和精准；类目商品页的曝光不多，但会影响商品的类目排名；商品详情页的流量非常精准，因此转化率也比较高。

图2-7　设置资源位溢价

步骤　7　设置"人群溢价"选项，商家需要找到合适的人群和资源位进行组合，如图2-8所示。通常情况下，普通人群出价范围可以控制在0.1~99元之间，而定向人群的溢价比例则可以控制在10%~300%。

图2-8　设置"人群溢价"选项

步骤 8 设置"自动调价"选项，开启"自动调价"功能后，系统会根据商家设置的推广对象和基础出价，通过机器算法来预测每一次曝光的转化价值，从而实现自动出价、按点击扣费的行为，如图2-9所示。

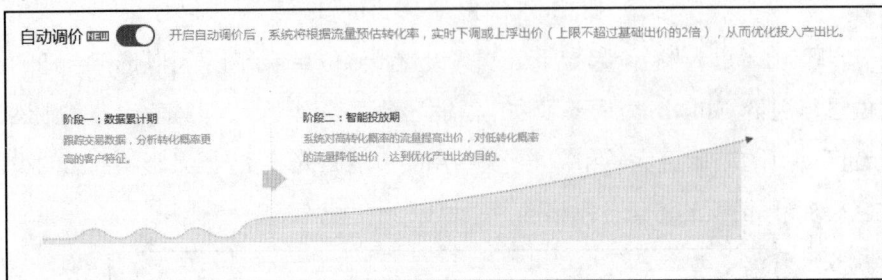

图2-9 开启"自动调价"功能

步骤 9 添加创意，商家可以在此修改智能创意和添加4个静态创意，并调整合适的流量分配比例，如图2-10所示。高质量的创意图，能够有效提升推广单元的点击率和转化率，进而提升广告投放的整体效果。

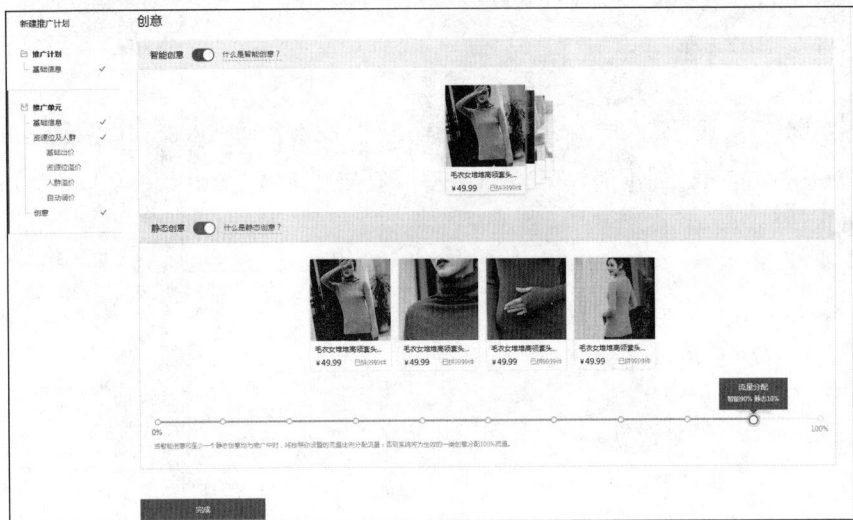

图2-10 添加创意

步骤 10 点击"完成"按钮，即可创建"多多场景"商品推广计划。如图2-11所示为"多多场景"商品推广计划的详情页面，商家也可以在此点击"新建单元"按钮，添加新的推广商品。

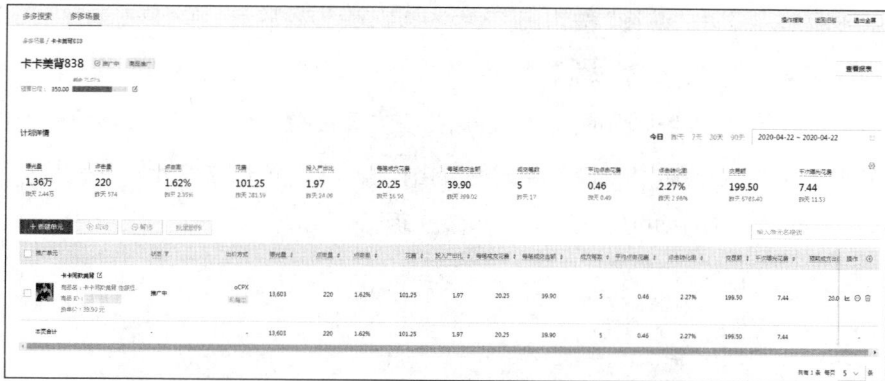

图2-11 "多多场景"商品推广计划的详情页面

2.3 店铺推广：跟进私域流量积累和运营

"多多场景"店铺推广功能主要是通过在各个优质活动资源位上展示商家的店铺，如多多果园、现金签到、省钱月卡等千万流量级别的广告位，为商家的店铺快速积累优质客户，让店铺的关注和转化得到有效提升。

下面介绍创建"多多场景"商品推广计划的具体操作方法。

步骤 1 新建一个"多多场景"推广计划，进入"基础信息"设置界面，❶在"推广类型"中选择"店铺推广"；❷设置相应的计划名称、预算日限和分时折扣选项，如图2-12所示。

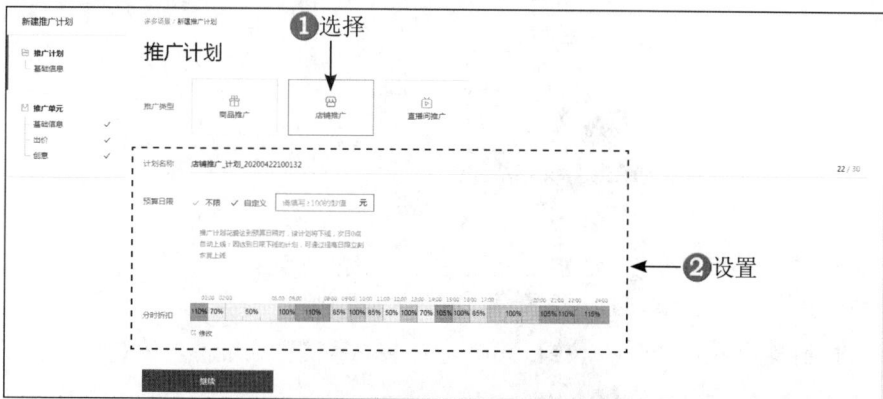

图2-12 选择"店铺推广"类型

步骤 2 点击"继续"按钮，进入"推广单元"设置界面。在"基础信息"选项区中，"推广店铺"默认为"本店"，商家无须进行设置，❶只需设置单元名称即可；在"资源位及人群"选项区中，❷商家首先要设置"基础出价"，该价格为投放到全体人群、资源位基础流量包时的价格；❸设置"资源位溢价"，店铺推广目前只有一个"优选活动页"资源位，如图2-13所示。

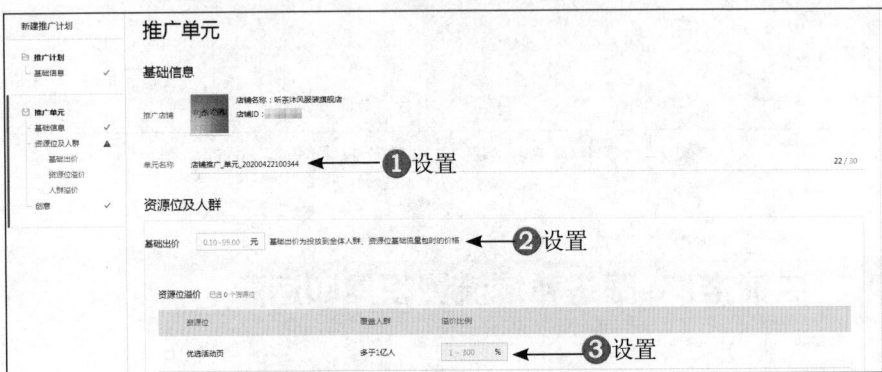

图2-13 设置"推广单元"基础信息和资源位溢价

步骤 3 设置"人群溢价"，常用人群包括访客重定向、叶子类目定向和相似店铺定向3个，同时商家可以添加DMP定向人群。最后为店铺创意，系统会自动生成创意图片和标题，商家不能进行自定义编辑，如图2-14所示。

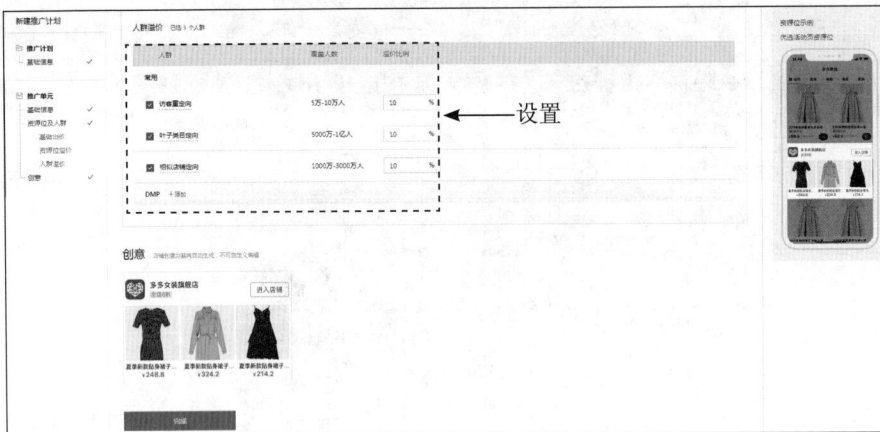

图2-14 设置"推广单元"人群溢价和创意

步骤 4 点击"完成"按钮，即可创建"多多场景"店铺推广计划，店铺广告会根据商家的设置自动进行投放。投放店铺推广计划后，店铺可以进入优选活动页获得展现机会，如图2-15所示为多多果园场景中的店铺推广广告。

提醒：

商家需要针对店铺推广的资源位和人群设置相应的溢价，同时要确保出价能够让店铺获得展现。"多多场景"推广的溢价计算方式如下。

最终出价＝基础出价 × 分时折扣 ×（100%＋人群溢价）×（100%＋资源位溢价）

广告位展现内容：
（1）店铺名称、销量以及优惠券信息。
（2）官方旗舰店将展示品牌自营标签。
（3）吸引用户的"关注店铺"按钮。
（4）针对不同用户，个性化展现店铺商品。

广告位优势：
（1）为店铺带来更多高质量的关注人群。
（2）将精准用户转化为粉丝，为店铺带来长期转化效果。
（3）紧跟平台发展方向，让商家更好地积累和运营自己的专属私域流量。

图2-15　多多果园场景中的店铺推广广告

在广告位上展现店铺时，用户不仅可以看到店铺名、优惠信息、品牌标签等信息，同时还可以点击"关注店铺"按钮，一键成为店铺粉丝。因此，商家需要利用"多多场景"的广告位展现足够精准的利益点，吸引用户关注和进店消费，从而让店铺关注量得到有效提升。

2.4 直播间推广：强化粉丝运营培养私域流量

除了商品推广和店铺推广功能，"多多场景"还支持直播间推广。因此，商家在直播的同时，也可以通过"多多场景"的资源位渠道来推广自己的直播间，从而增加直播间的曝光，让店铺主播更好地吸粉引流，打造自己专属的私域流量。

下面介绍创建"多多场景"直播间推广计划的具体操作方法。

步骤 1 新建一个"多多场景"推广计划，进入"基础信息"设置界面，❶在"推广类型"中选择"直播间推广"；❷设置相应的计划名称、预算日限和分时折扣选项，如图2-16所示。

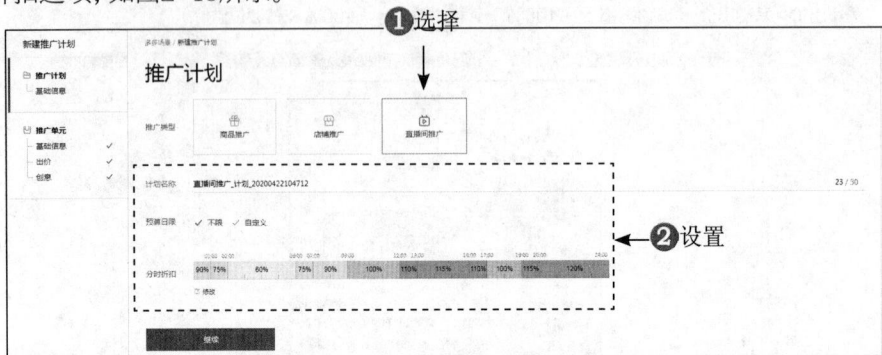

图2-16 设置"推广计划"基础信息

步骤 2 点击"继续"按钮，进入"推广单元"设置界面。在"基础信息"选项区中，"推广直播间"默认为"本店"，商家无须进行设置，只需设置单元名称即可，如图2-17所示。

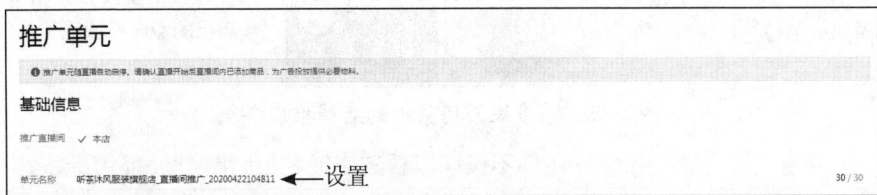

图2-17 设置"推广单元"基础信息

步骤 3 在"资源位及人群"选项区中，商家需要设置相应的基础出价、资源位溢价和人群溢价选项，商家可以选中所需资源位和人群，并填写合适的溢价比例，如图2-18所示。"多多场景"的直播间推广目前只有一个营销活动页资源位，人群则包括访客重定向、叶子类目定向、相似店铺定向和自定义创建的人群包。

步骤 4 在"创意"选项区中，系统会根据直播封面和直播商品自动为商家生成创意，暂时不可编辑，如图2-19所示。

步骤 5 点击"完成"按钮，即可创建"多多场景"直播间推广计划，商家的直播间广告将展示在营销活动页的资源位上，如图2-20所示。

图2-18　设置资源位及人群溢价

图2-19　创意设置界面

图2-20　营销活动页的资源位

　　例如，图2-20所示为"多多果园——观看直播一分钟"界面，商家可以利用进入渠道的高转化人群，获得更多的直播流量和更高的转化效率。需要注意的是，商家必须在直播间标题中突出产品卖点信息，同时保证直播间的"小红盒"（商品列表）中有商品，这样才能获得更多的曝光量、点击率和转化率。

　　创建直播间推广计划后，商家可以进入拼多多管理后台的"推广中心→推广计划→多多场景"界面，查看自己的直播间推广计划，如图2-21所示。同时，商家还可以进入计划详情页中，查看直播间推广的资源位、人群定向等各维度的运营数据。

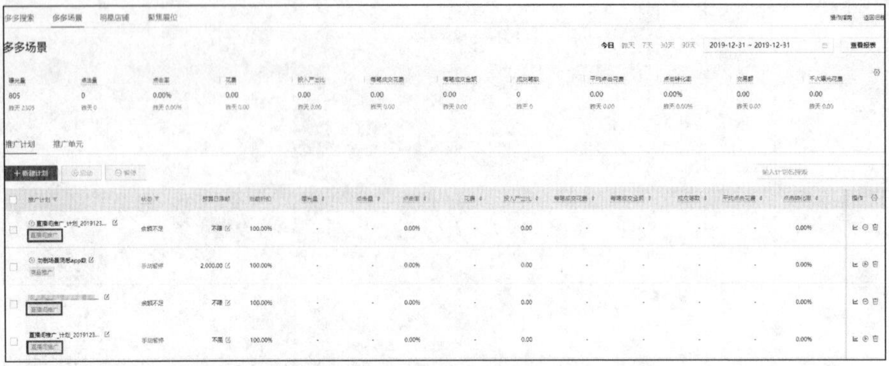

图2-21　查看已创建的直播间推广计划

提醒：

当商家在进行直播时，创意也会在广告投放系统中处于上线的状态；当商家结束直播时，创意也会同时暂停投放，如图 2-22 所示。

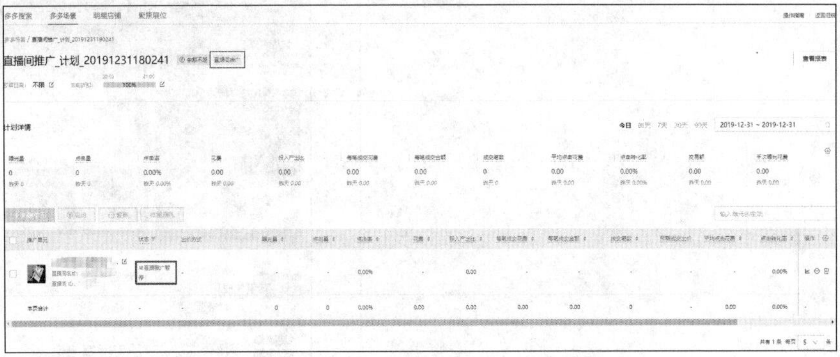

图2-22　暂停直播间推广计划的投放

2.5 精选人群：拉新、获取流量和提升转化

通过"多多场景"推广的定向人群设置，可以帮助商家更全面地触达平台的潜在客户，圈定更多的店外精准人群，从而快速引爆店铺的销量和热度。

在"多多场景"推广计划中，精准设置人群是非常重要的一步，商家需要重点考虑人群质量问题，筛选出与商品相关的重点人群来进行投放。

商家在创建"多多场景"推广计划前，需要对投放人群进行筛选，让人群更精准，达到提升点击率和ROI的目的。同时，商家可以通过调整溢价来进一步控制曝光，让商品在合适的位置被合适的人群看到。另外，商家还可以利用地域、平台定制人群、DMP和兴趣点等工具，调整出精准的投放人群。

"多多场景"推广计划的人群定向大致可以分为如下几类：访客重定向、商品潜力人群、相似商品定向、相似店铺定向、叶子类目定向、高品质商品偏好人群、大促敏感人群和爱分享人群。

（1）访客重定向：浏览或购买过商家的店内商品的用户。访客重定向主要针对有一定客户人群的老店铺，适合消耗品等消费频次较高的品类。同时，访客重定向可以有效提升老客复购率，这也是平台判断商品品质高低的重要标准。访客重定向的人群精准度比较高，因为每一个重定向的用户都是访问过商品的人，他们对商家的商品都会有兴趣或者有购买的欲望。

（2）商品潜力人群：浏览、收藏或直接购买过商家商品的用户。

（3）相似商品定向：相似商品定向针对的是竞品流量，包括浏览或购买过与商家商品相似的商品的用户。

（4）相似店铺定向：近期对商家店铺的相似店铺感兴趣的用户。相似店铺定向的人群比较宽泛，因此定向推广的精准度并不高。相似店铺定向可以理解为收藏了竞品店铺的人群，适合风格突出的店铺或者大众品牌店进行投放，成交率会更高。

（5）叶子类目定向：近期有推广商品所属叶子类目行为的用户。叶子类目定向适合有经验或者有其他推广资源的老商家投放，其人群曝光的门槛比较高，ROI稳定性较差，因此操作起来也比较麻烦。

（6）高品质商品偏好人群：偏好高品质商品的用户。

（7）大促敏感人群：在平台大促活动期间，活跃度高以及购买行为比较多的用户。商家可以在大促期间选择投放，同时强调产品卖点和促销利益点。

（8）爱分享人群：乐于分享商品、社交属性强的用户。

在"多多场景"的定向人群中，商品潜力人群、高品质商品偏好人群、大促敏感人群和爱分享人群这4类人群，是拼多多新增的优质精选人群，能够满足商家的拉新、引流以及提升转化的需求。

对于商品潜力人群，建议商家在多个推广计划中进行投放，设置人群溢价时可以参考市场平均溢价，或者高于该比例，使点击率和转化率都超过平均水平。

对于高品质商品偏好人群、大促敏感人群和爱分享人群这3类人群，建议商家根据推广商品的特点来进行适当的添加。在设置人群溢价时，可以参考市场平均溢价，然后根据投放的数据反馈来适时调整溢价，找出推广效果好的人群。

2.6 oCPX出价：精准触达高转化消费人群

商家在投放广告时，通常会碰到成本不可控、效果不稳定、转化数量少、运营成本高等问题，而oCPX场景智能出价功能，就是拼多多为了帮助商家解决这些问题而推出的高效转化工具，同时能够让ROI更高更稳定。

1. 开启oCPX出价功能

在"多多场景"推广计划中开启oCPX出价功能，即可让推广商品精准触达高转化人群，下面介绍具体的操作方法。

步骤 1 创建"多多场景"推广计划，在设置基础信息时，在"推广方案"中选择oCPX选项，如图2-23所示。

步骤 2 点击"继续"按钮，添加相应的推广商品并设置单元名称。进入"出价"设置界面，填写"点击出价"和"预期成交出价"，系统会根据此价格以及历史数据自动优化出价，如图2-24所示。

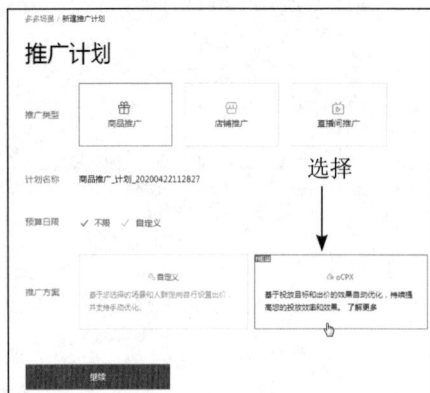

图2-23 选择oCPX选项

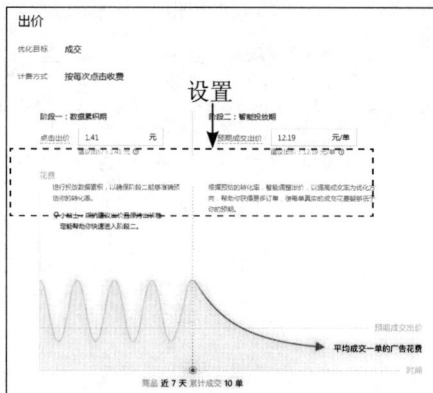

图2-24 设置oCPX出价

> **提醒:**
>
> "点击出价"是指一次点击的最高价格, 最终的扣费不会高于此出价。"预期成交出价"是指商家愿意为获得一个订单所付出的推广花费。通过 oCPX 出价功能, 商家只需设置出价, 即可轻松获得稳定 ROI 下的订单增长。同时, 系统会始终根据商家设置的"预期成交出价"参数, 为推广商品自动优化调整投放, 最大化保证 ROI 的稳定, 实现订单暴涨。

2. oCPX出价使用技巧

oCPX出价功能同样包括两个阶段。

(1)数据累积期: 此阶段主要用于累积投放数据, 以确保下一阶段能够准确预估推广单元的转化率。

(2)智能投放期: 根据预估的转化率智能调整出价, 以提高成交率为优化方向, 帮助商家获得更多订单, 使每个订单的真实成交花费能够低于预期。

例如, 推广商品的单价为10元, 平均每笔订单能够卖出10件商品, 则一笔订单的均价为100元。其中, 商品成本为40元, 商家愿意花20元的推广成本来获得一个订单, 开启oCPX出价功能后, 则"预期成交出价"就是20元, 同时每卖出一单, 商家即可获利40元, 如图2-25所示。

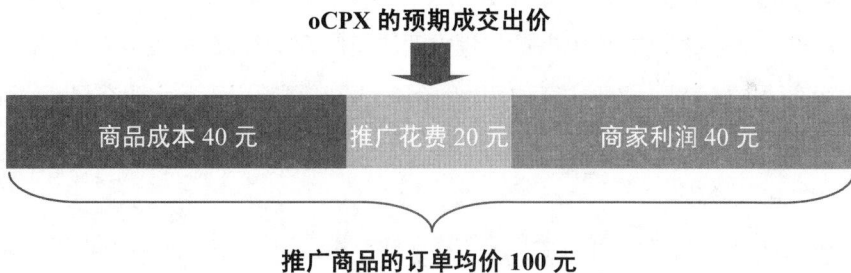

oCPX 的预期成交出价

商品成本 40 元	推广花费 20 元	商家利润 40 元

推广商品的订单均价 100 元

图2-25　设置oCPX出价示例

进入智能投放期后, 阶段一的"点击出价"将立即失效, 此时商家只需调整"预期成交出价"即可。另外, 商家也可直接参考"多多场景"推广计划的7天"每笔成交花费"数据进行出价, 如图2-26所示。

相比自定义出价, oCPX出价相当于交给系统托管运营, 系统会24小时关注推广数据并进行实时优化。同时, 系统会按照"预期成交出价"有目的地进行优化, 让推广效果更加稳定。另外, 系统还会根据流量质量实时动态出价, 让商家不错失每一个优质流量。

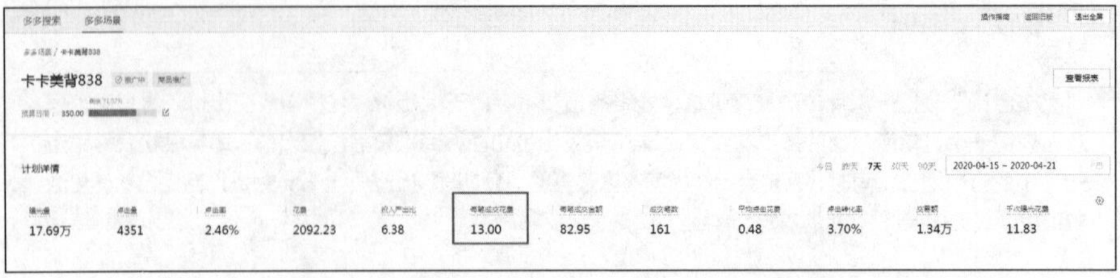

图2-26　参考7天"每笔成交花费"数据

3. oCPX出价调整技巧

商家可以选择有一定销量基础的商品投放oCPX推广，第一阶段的出价建议直接使用系统建议价格，这样能够保持出价稳定且可以帮助商家快速进入第二阶段。

（1）第一阶段

第一阶段出价上限为"点击出价"，系统会根据商家设置的"预期成交出价"方案，在实时预估转化率的基础上，对出价进行智能调节，减少低质流量的曝光。

对于商家来说，第一阶段的主要工作如下。

● 提升"点击出价"和"预期成交出价"，获取大量曝光。

● 降低"预期成交出价"，控制获取的曝光量的稳定性。

通过3~7天的投放，商家在此过程中要注意每天观察数据，建议在下午2点查看，数据会更加客观。需要注意的是，此阶段的推广预算设置一定要充足，必须在7天内完成10单，否则无法进入第二阶段。

（2）第二阶段

在此阶段，商家切不可频繁调整"预期成交出价"，建议每天最多调整一次。因为"预期成交出价"并不是实际出价，而是给系统制定的一个目标出价。系统会根据这个目标出价，提高对优质流量的出价，同时降低对较差流量的出价，从而为推广商品带来更多高质量流量。

对于商家来说，第二阶段的主要工作如下。

● 提升"预期成交出价"，幅度为20%，调整后观察半天，获取曝光。当推广商品的点击率和转化率数据表现不好的时候，商家可以通过增加"预期成交出价"来提升商品的曝光。

● 根据商品的"每笔成交金额"和商家的期望投产比，调整"预期成交出价"来优化推广计划的ROI。同时，商家还需要观察创意的数据表现，采用优胜劣汰的原则进行调整，直到获得满意的曝光量和ROI为止。

商家可以在"多多场景"界面中选择相应的oCPX推广计划，在"第二阶段"卡片中，❶点击"预期成交出价"后的修改按钮 ⌫；❷在弹出的"修改预期成交出价"对话框中即可调整出价，如图2-27所示。

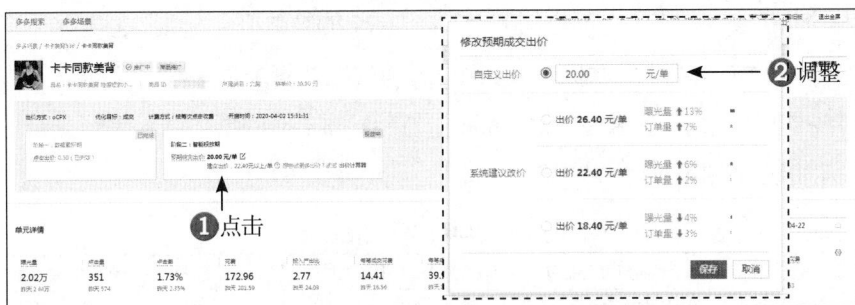

图2-27　调整"预期成交出价"

> **提醒：**
> 需要注意的是，"预期成交出价"是有上下限的，设置范围为4～1 000元。

2.7　场景搭配：高效搭配人群定向与资源位组合

在传统商业时代，"人、货、场"三者的匹配就能促成销售。电商时代也是同样的道理，商家需要在合适的场景，将优质的货品推荐给有需要的人，这样才能最大化地促进成交。

这一点在"多多场景"中表现得淋漓尽致，商家需要组合搭配好推广计划的人群定向（人）和资源位（场）这两个核心要素，才能将商品（货）卖出去。

1. 人群定向和资源位的关系

在"多多场景"推广计划中，资源位及人群的出价包括基础出价和溢价两部分。

（1）基础出价：对所有人群及资源位出价来竞争全体人群和资源位。

（2）人群/资源位溢价：在基础出价的基础上进行加价来竞争某个特定的人群或资源位。

例如，商家将"基础出价"设置为2元，同时将"商品潜力人群"（定向）的溢价比例设置为20%，"优选活动页"（资源位）的溢价比例设置为20%，则对新用户在优选活动页的最终出价为2×120%×120%=2.88元（假定分时折扣为100%），商品也将以2.88元的出价在优选活动页资源位上与其他商品竞争商品潜力人群的曝光。

当然，这只是"一个人群定向+一个资源位"的简单组合，商家需要在4个资源位和8个人群定向中选择溢价对象，操作起来就比较复杂了。因此，商家必须先弄清楚各个人群定向和资源位的基本特征，然后针对不同的推广场景来选择合理的人群和资源位组合，如表2-1所示。

表2-1 人群定向和资源位的基本特征

人群定向的应用场景（仅供参考，商家应根据实际情况选择）					
定向方式	优先选择	老客召回	日常推广	拉新引流	活动推广
全体人群			√	√	
访客重定向	√	√	√		√
商品潜力人群	√		√		√
相似商品定向	√	√	√		√
相似店铺定向		√			√
叶子类目定向				√	√
平台定制人群			√		
资源位的基本特征					
资源位类型	展示渠道			流量特征	
基础流量包	涵盖到全网优质资源位			自动开启，无法溢价	
类目商品页	App分类页中展示的商品			流量偏小，转化率高	
商品详情页	商品详情页底部的"相似商品"			流量偏小，流量精准	
营销活动页	现金签到页、多多果园等平台活动推荐商品			流量最大，转化率一般	
优选活动页	拼多多优选场景展示高转化活动页面			流量和转化较为均衡	

因此，人群定向和资源位是互相结合的，两者不可或缺，必须同时进行溢价。如果商家只对人群或只对资源位进行溢价，那么"人、货、场"三者就会缺少其中的一个要素，推广商品就很难获得好的曝光量，更谈不上精准的流量了。

例如，在图2-28所示的"多多场景"推广计划中，在曝光量和点击量等数据指标基本达标的前提下，将平均点击花费（Pay Per Click, PPC）稳定在0.1元，且投入产出比高于持平水准，这就是通过合理搭配人群和资源位的组合来实现的。

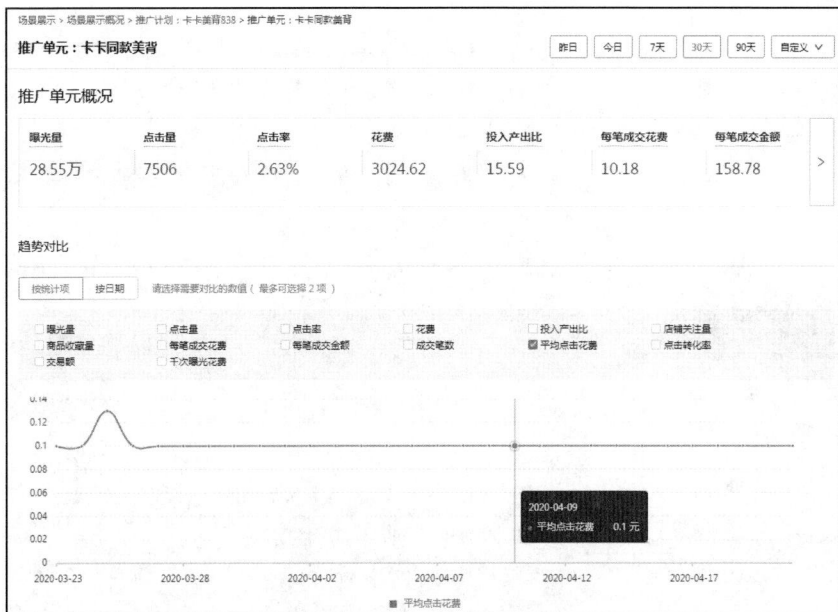

图2-28 合理搭配人群和资源位组合的推广效果示例

2. 人群定向和资源位的组合

要达到理想的推广效果，人群定向和资源位究竟该如何进行组合搭配呢？如果商家将人群定向和资源位进行任意搭配，会形成多达上百种组合方式，这样选择起来就会非常困难。

因此，商家必须弄清楚"多多场景"的基本推广思路，在不同的推广阶段采用不同的人群定向和资源位组合方式，控制曝光量和投入产出比达到平衡关系，从而保证推广目标的实现，基本运营思路如图2-29所示。

同时，商家需要每天进入"推广报表"界面，统计"多多场景"推广计划的定向人群和资源位的运营数据，包括曝光量、点击量、点击率、PPC、转化率和ROI等，如图2-30所示。

"多多场景"推广的不同人群定向方式都有着各自的特点，商家可以根据数据的反馈情况来进行人群定向和资源位溢价的调整，这样点击率就能得到有效的提升。总之，商家一定要设置一个能够获得点击的人群和资源位溢价比例，否则没有点击就没有数据，也就无法根据数据表现来调整溢价了。

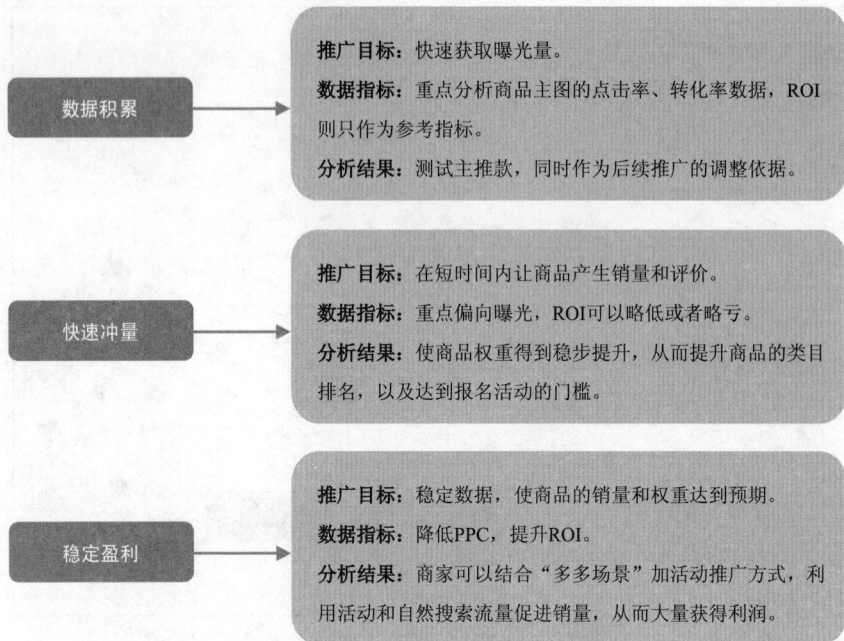

| 数据积累 | **推广目标：** 快速获取曝光量。
数据指标： 重点分析商品主图的点击率、转化率数据，ROI则只作为参考指标。
分析结果： 测试主推款，同时作为后续推广的调整依据。 |

| 快速冲量 | **推广目标：** 在短时间内让商品产生销量和评价。
数据指标： 重点偏向曝光，ROI可以略低或者略亏。
分析结果： 使商品权重得到稳步提升，从而提升商品的类目排名，以及达到报名活动的门槛。 |

| 稳定盈利 | **推广目标：** 稳定数据，使商品的销量和权重达到预期。
数据指标： 降低PPC，提升ROI。
分析结果： 商家可以结合"多多场景"加活动推广方式，利用活动和自然搜索流量促进销量，从而大量获得利润。 |

图2-29 "多多场景"的基本运营思路

资源位 ∨	曝光量 ⇕	点击量 ⇕	点击率 ⇕	投入产出比 ⇕	平均点击花费(元) ⇕	点击转化率 ⇕
基础流量包	285,486	7,506	2.63%	15.59	0.40	3.96%
本页合计	285,486	7,506	2.63%	15.59	0.40	3.96%

定向人群 ∨	曝光量 ⇕	点击量 ⇕	点击率 ⇕	投入产出比 ⇕	平均点击花费(元) ⇕	点击转化率 ⇕
全体人群	284,925	7,435	2.61%	15.72	0.40	3.89%
本页合计	284,925	7,435	2.61%	15.72	0.40	3.89%

图2-30 查看定向人群和资源位的运营数据

商家通过熟悉"多多场景"推广的基本运营思路，即可在不同推广阶段，轻松找到适合推广商品的"人群定向+资源位"的组合方式。

2.8 创意优化：轻松设计出高点击率的主图

对投放了"多多场景"推广的商品来说，创意主图就是商品最主要的展示渠道，其重要性自然不言而喻。对商家来说，当然都希望自己的商品能够大卖，但"理想很丰满，现实很骨感"，现实中成功的商家不多。究其原因，创意主图设计不到位占了很大一部分。

1. 创意主图的基本要求

首先，商家必须要了解创意主图的基本
要求。商家可以在"添加静态创意"窗口中的
"自定义图片"选项区中，点击"本地上传"
按钮，弹出"本地上传"对话框，即可看到创
意图片的基本要求，如图2-31所示。

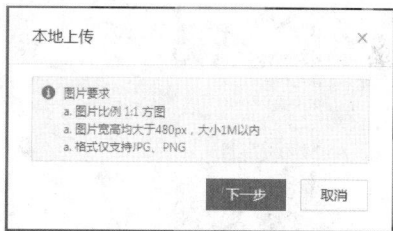

因此，商家在设计创意主图前，可以先
使用Photoshop等软件将图片调整成符合要求的尺寸、大小和格式，如图2-32
所示。

图2-31　创意主图的基本要求

图2-32　使用Photoshop设计创意主图

2. 创意主图的设计思路

同时，商家还必须了解创意主图的设计思路，具体内容如图2-33所示。

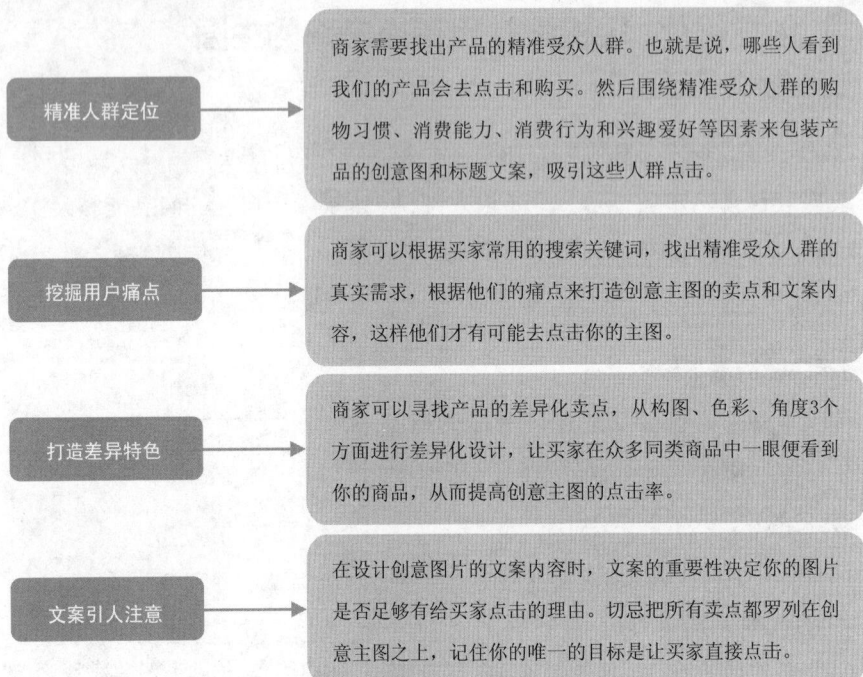

精准人群定位 → 商家需要找出产品的精准受众人群。也就是说，哪些人看到我们的产品会去点击和购买。然后围绕精准受众人群的购物习惯、消费能力、消费行为和兴趣爱好等因素来包装产品的创意图和标题文案，吸引这些人群点击。

挖掘用户痛点 → 商家可以根据买家常用的搜索关键词，找出精准受众人群的真实需求，根据他们的痛点来打造创意主图的卖点和文案内容，这样他们才有可能去点击你的主图。

打造差异特色 → 商家可以寻找产品的差异化卖点，从构图、色彩、角度3个方面进行差异化设计，让买家在众多同类商品中一眼便看到你的商品，从而提高创意主图的点击率。

文案引人注意 → 在设计创意图片的文案内容时，文案的重要性决定你的图片是否足够有给买家点击的理由。切忌把所有卖点都罗列在创意主图之上，记住你的唯一的目标是让买家直接点击。

图2-33　创意主图的设计思路

在进行精准人群定位时，商家可以根据产品的热搜词来设计产品创意主图。例如，买家搜索的关键词为"牛仔短裤裙"，在图2-34所示的这两个创意主图中，很明显买家会选择左图的商品。

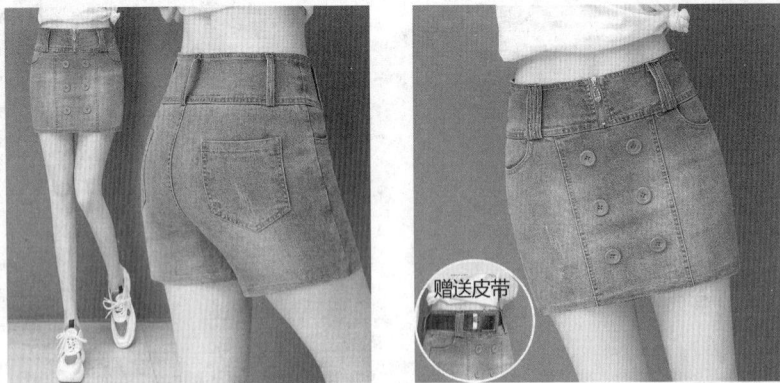

赠送皮带

图2-34　"牛仔短裤裙"创意主图示例

虽然这两款产品的标题中都有"牛仔短裤裙"这个关键词，但是右图只是简单展示了"牛仔短裙"的正面效果，看不出"裤裙"的特征，而左图则从多个角度展示了"牛仔短裤裙"的特点，正面为"短裙"的效果，背面为"短裤"的样式，让买家更能一目了然，因此也更符合买家的需求。

在打造创意主图的差异化特色时，商家可以从如下几个方面入手来进行设计。

（1）色彩差异化：商家可以从创意主图的背景颜色入手，使用与其他竞品不同的背景颜色，形成差异化的风格，快速抓住买家的眼球。打造创意主图的色彩差异化设计时，注意色彩要与店铺风格统一，同时还要保证图片的美观性。

（2）构图差异化：例如，下面这3款产品都是高领短袖，左图采用模特正面站姿构图效果，中间的图片采用模特侧拍背面构图效果，右图采用模特正面坐姿构图效果，不同的拍摄角度形成了视角差异化，如图2-35所示。

图2-35　高领短袖产品创意主图示例

（3）细节差异化：例如，下面两款鞋垫都突出"增高"卖点，左图主要通过文案来描述，而右图则用一枚硬币进行对比，体现鞋垫的具体厚度，用户对比起来会更加直观，如图2-36所示。

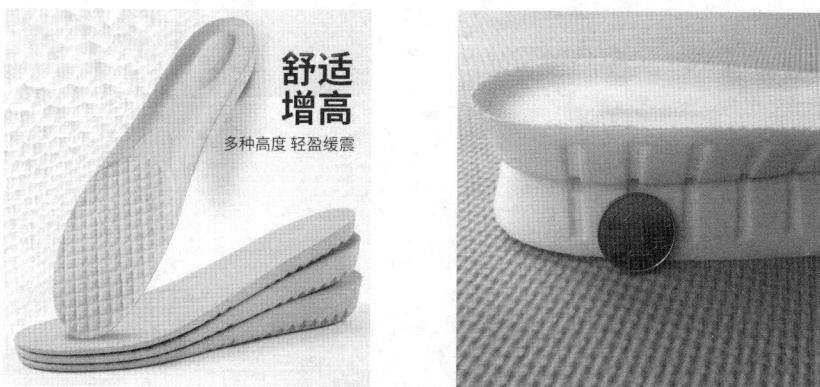

图2-36　鞋垫产品创意主图示例

（4）场景差异化：例如，下面两款产品都是家用电子体重秤，左图为正常的产品展示效果，而右图则加入了人物称体重的场景，图片形成了场景差异化特点，如图2-37所示。

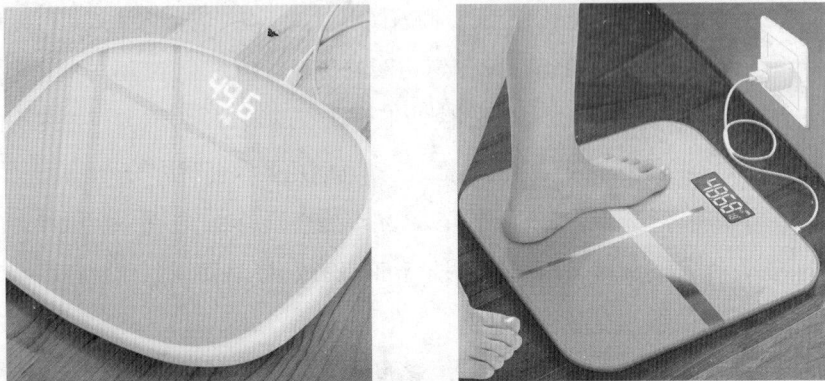

图2-37　家用电子体重秤产品创意主图示例

3. 创意主图的设计技巧

对不会使用Photoshop等专业制图工具的商家来说，拼多多平台也推出了一个非常实用的广告图设计工具，那就是"神笔马良"。

下面介绍使用"神笔马良"制作商品主图的操作方法。

步骤 1　进入拼多多管理后台的"推广中心→推广工具"界面，在"拼多多推广工具"选项区中选择"神笔马良"工具，如图2-38所示。

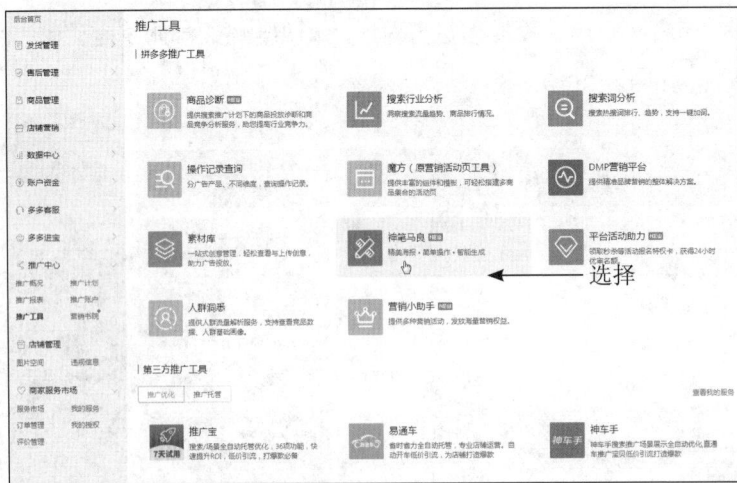

图2-38　选择"神笔马良"工具

步骤 2 执行操作后，进入"神笔马良"工具界面，选择"商品主图"模式，点击"开始制作"按钮（将鼠标指针移到模式缩略图上方即可看到该按钮），如图2-39所示。"神笔马良"包括首页焦点图、商品主图等应用场景，以及主图竞争力分析、主图牛皮癣检测、主图新颖度检测等小工具。

图2-39 点击"开始制作"按钮

步骤 3 执行操作后，进入"主图制作"界面，❶点击"选择图片"下方的"选择"按钮；打开"选择商品图片"窗口，❷在商品列表框中选择相应的商品；❸在右侧的图片列表框中选择相应图片，如图2-40所示。

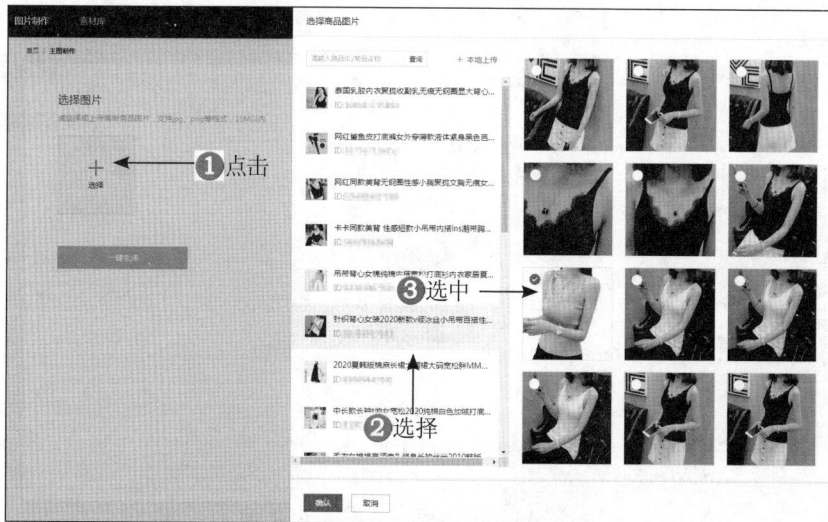

图2-40 选择商品图片

步骤 4 选择合适的商品图片后，点击"确认"按钮，即可添加图片，点击"一键生成"按钮，如图2-41所示。

步骤 5 执行操作后，即可快速生成主图，如图2-42所示。

图2-41　点击"一键生成"按钮

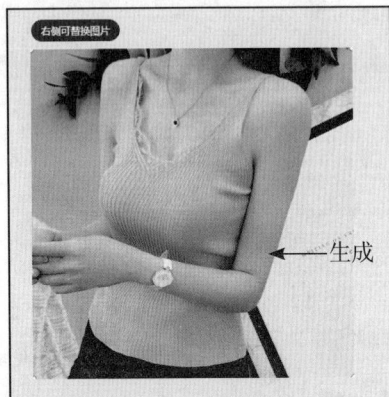

图2-42　生成主图

> **提醒：**
> 使用"神笔马良"工具的"主图制作"功能，能够一键上传并智能生成多种风格商品主图，具有零门槛、低成本、省时省力的优势，而且专为不同类目提供了丰富的标签，能够帮助商家更有针对性地处理图像。

步骤 6 同时，进入商品主图编辑窗口，商家还可以在此处编辑主图内容，在左侧的"生成结果"列表框中，可以选择合适的商品主图背景效果，如图2-43所示。

图2-43　选择商品主图背景效果

步骤 7 在下方的"标签"列表框中，可以选择添加主图标签，如图2-44所示。

步骤 8 在图片编辑窗口中选择相应的标签文本，❶拖动文本框可以调整文本的位置；在右侧的"文本"窗口中，❷可以修改文本内容，以及文字的字体、字号、字距、行高、对齐方式、边框、阴影、旋转角度等属性，如图2-45所示。

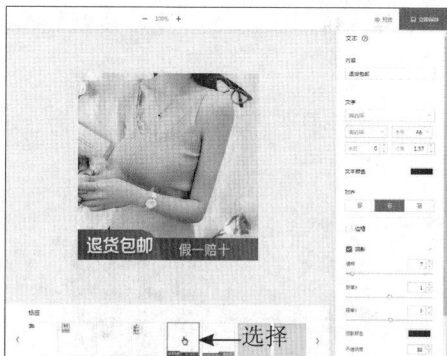

图2-44 添加主图标签

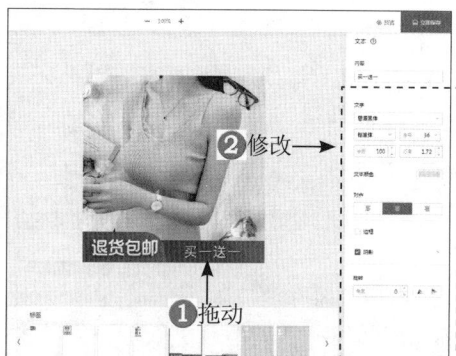

图2-45 修改文字内容

步骤 9 在图片编辑窗口中，选择图片元素，在右侧的"图片设置"窗口中，可以调整图片的不透明度和旋转角度，以及添加阴影效果，如图2-46所示。

步骤 10 展开"高级功能"选项，可以调整图片元素的大小参数，选中"约束比例"复选框，可以保持原始大小比例。选中"调整颜色"复选框，可以对图片的色调、饱和度、亮度和对比度进行调整，如图2-47所示。

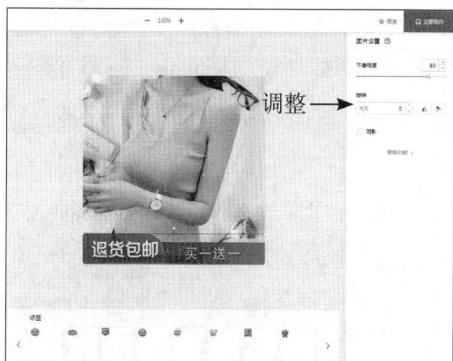

图2-46 调整图片的不透明度

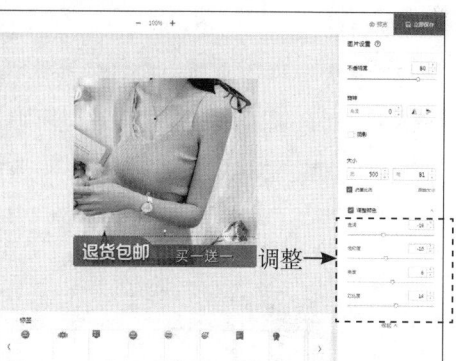

图2-47 调整图片元素的颜色

> **提醒：**
>
> 主图对于商品销售来说非常重要，那些内容不全面、抓不到重点的主图引流效果可想而知，是很难吸引买家关注的。因此，商家在设计商品创意主图内容时，一定要突出重点信息，将产品的核心卖点充分展现出来，并且加以修饰和润色。同时，对于那些无关紧要的内容，一定要及时删除，不要影响创意主图的表达。

步骤 11 在图片编辑窗口中，❶选择商品图片；在右侧的"图片设置"窗口中，❷点击"替换图片"按钮，如图2-48所示。

步骤 12 打开"选择商品图片"窗口，在其中选择相应的商品图片，如图2-49所示。

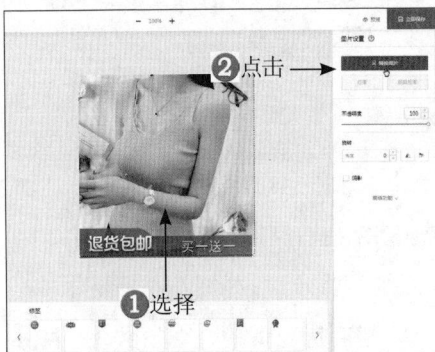

图2-48 点击"替换图片"按钮

图2-49 选择相应的商品图片

步骤 13 点击"确认"按钮，即可替换商品图片，同时系统会自动进行抠图处理，效果如图2-50所示。

步骤 14 如果系统的抠图处理得不太完美，那么商家可以点击"编辑抠图"按钮，在打开的抠图工具窗口中，使用还原笔或橡皮擦工具对图像进行处理，得到更加完美的抠图效果，如图2-51所示。

图2-50 替换商品图片

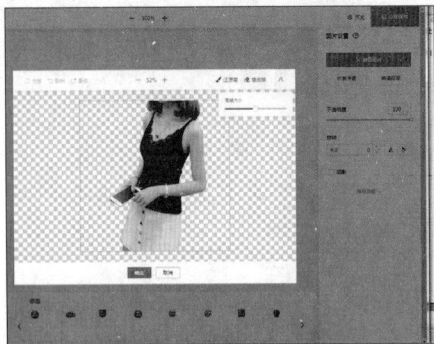

图2-51 抠图编辑处理

步骤 15 主图处理完成后，点击右上角的"预览"按钮，可以查看该创意主图在类目商品页资源位中的投放效果，如图2-52所示。

步骤 16 点击"立即保存"按钮，弹出提示信息框，系统提示已经将做好的商品主图上传到素材库中，点击"查看图片"按钮，如图2-53所示。

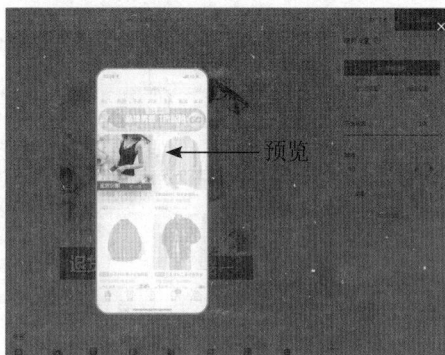

图2-52 预览主图投放效果

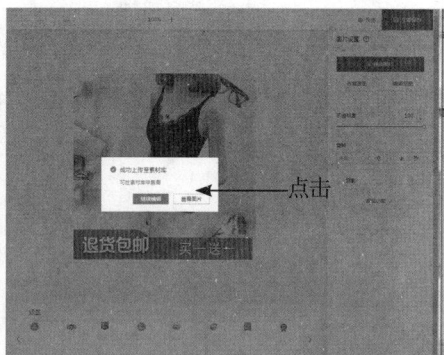

图2-53 点击"查看图片"按钮

步骤 17 执行操作后，即可进入"神笔马良"的素材库界面，查看和管理制作好的广告图片，如图2-54所示。

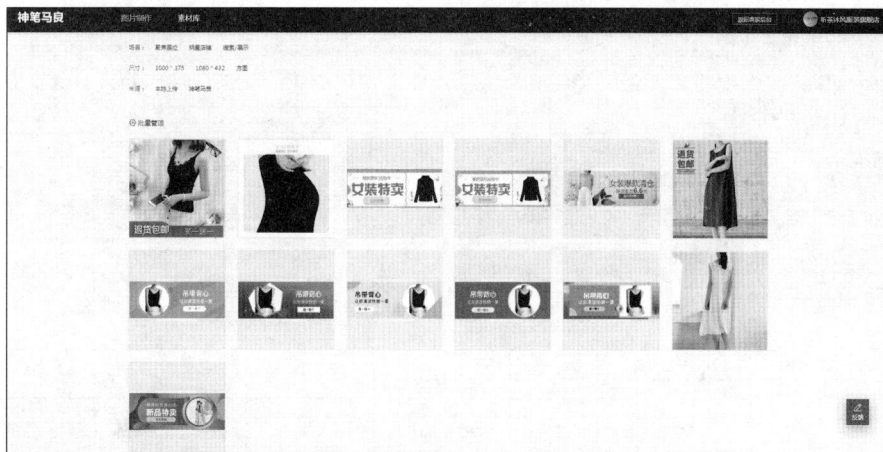

图2-54 "神笔马良"的素材库窗口

> 提醒：
>
> 需要注意的是，在编辑主图文案内容时，涉及季节、活动（包含不仅限于"双11""618"大促等）、优惠信息的文字内容，需要明确写上对应有效期。

2.9 地域定向：实现精准投放广告的绝佳利器

拼多多平台提供了丰富的场景人群标签，同时支持自定义组合人群包，有助于商家实现精细化的"多多场景"推广计划的管理投放。商家在创建或编辑"多多场景"推广计划时，在"人群溢价"选项区中的"自定义人群"列表中，点击"地域定向"后的"添加"按钮。

执行操作后，即可打开"添加地域定向人群"对话框，商家可以选择不同地区对应区域的人群包，也可以选择系统模板对应的地域人群包，如图2-55所示。在"添加地域定向人群"窗口中，点击相应省份右侧的"+"按钮，可以在弹出的窗口中选择具体的城市地区。

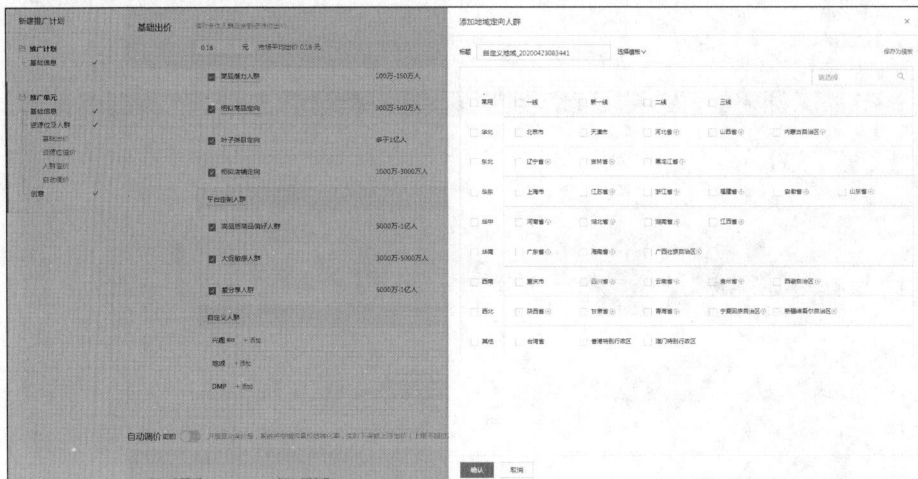

图2-55　地域定向人群设置

另外，商家可以利用"人群洞悉"推广工具的"场景人群洞悉"功能，找出高点击转化率和高ROI的地域人群，如图2-56所示。利用这些地域人群数据，商家可以作为"多多场景"推广计划中添加地域定向的依据。

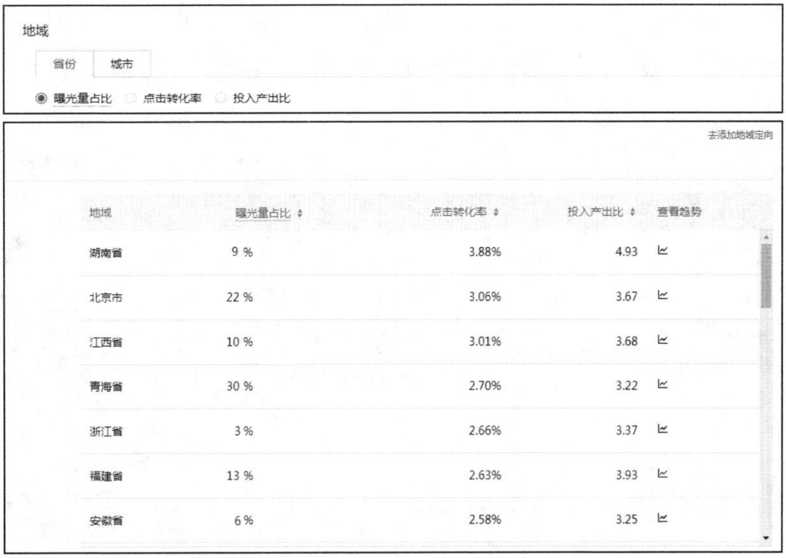

图2-56　"场景人群洞悉"中的"地域"分析功能

2.10　兴趣定向：找出精准的兴趣点标签投放

商家在创建或编辑"多多场景"推广计划时，在"人群溢价"选项区中的"自定义人群"列表中，点击"兴趣"选项右侧的"添加"按钮，可以打开"添加兴趣点"对话框，在其中可以添加5个与商品属性最相关的兴趣点，如图2-57所示。

图2-57　打开"添加兴趣点"对话框

兴趣点标签越精准，点击率的效果越好，兴趣点定向投放的相关技巧如图2-58所示。同时，商家还需要结合数据反馈，对兴趣点人群进行测试，找出点击率最高的人群进行投放。

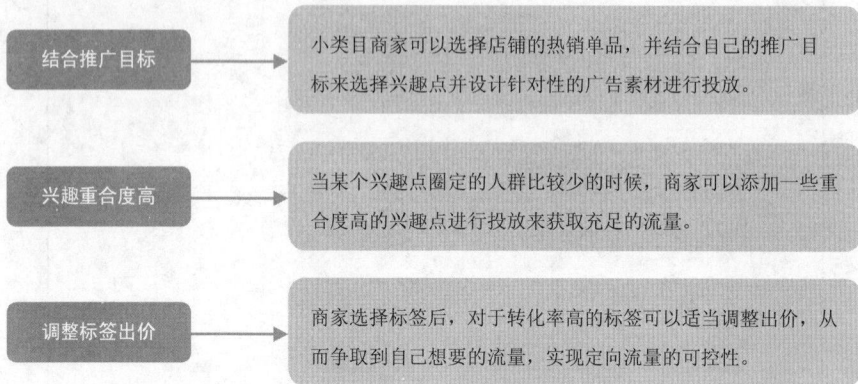

结合推广目标	→	小类目商家可以选择店铺的热销单品，并结合自己的推广目标来选择兴趣点并设计针对性的广告素材进行投放。
兴趣重合度高	→	当某个兴趣点圈定的人群比较少的时候，商家可以添加一些重合度高的兴趣点进行投放来获取充足的流量。
调整标签出价	→	商家选择标签后，对于转化率高的标签可以适当调整出价，从而争取到自己想要的流量，实现定向流量的可控性。

图2-58　兴趣点定向投放的相关技巧

2.11　测图测款：分析测款数据并针对性优化

商家在做付费推广时，推广的基础是商家选择的产品款式，而推广成果的关键在于数据，点击量的关键在于主图，测款就是为了获得更好的推广效果，从而降低付费推广的风险，同时快速找到店铺的主推产品。

1. 创意测试

创意图片是推广商品的主要展示渠道，对于产品引流的重要性不言而喻。测图测款有一个必要前提，即商品能够有较大的流量，这也是付费推广成为测图测款最主要方式的原因所在。

设计好创意图片后，商家还需要进行测图的操作，通常需要进行两轮。第一轮先制作8张商品主图，同时以能够在24小时内的点击量达到200为基本要求，进行测试，保留点击率最高的两张主图。接着进行第二轮测图，同样保留点击率最高的两张主图。这样经过两轮测试，就会得到4张高点击率的主图，将其作为"多多场景"推广的创意图片，并进行正常的推广流程。

2. 款式测试

"多多场景"测款有一段时间的启动期，此时系统会在商品标签的基础上寻找对应的人群标签进行匹配。场景测款的点击量最低门槛为500个，要拿到场景的均匀消耗数据，测款时间通常需要3~5天，具体时间可以根据数据量和推广预算来决定。由于场景推广的精准度比搜索推广要低，因此必须获取更多的数据量来实现精准的人群定向，则点击率相对来说会比搜索推广点击率低一些。

下面介绍"多多场景"测款的操作注意事项。

（1）设置基础出价：商家可以由低到高进行出价，直至获取合适的点击率。同时商家可以通过分时折扣设置，实现点击均匀消耗。

（2）设置人群溢价：当匹配相似人群后，点击量出现增长，此时商家可以适当提高溢价，同时降低基础出价，控制展现量的稳定，同时保证人群的精准度。

（3）记录推广数据：及时记录推广商品的点击率、ROI和转化率等数据。数据量越多，测款结果越精准，同时要注意判断季节性、销量评价和创意图等因素。

在测款前期，新推广计划的权重通常会比较低，且人群不明显，很难获取大的曝光量，此时商家可以采用"高出价低溢价"的出价策略。"高出价"可以有效地帮助推广商品卡到好的排名位置。等测出来精准人群后，再用"低出价高溢价"的策略去竞争精准流量，通过定向人群的高溢价来提升点击率。

2.12 商家自诊：测试场景推广问题出在哪里

商家如果发现"多多场景"的推广效果达不到预期，那么可以使用智能诊断H5工具，跟随指引逐一检查自身数据情况，即可得到定制化的诊断结果，具体操作如下。

步骤 1 关注"拼多多营销平台"公众号，在公众号主界面点击右下角的"最新活动"按钮，在弹出的菜单中选择"店铺诊断"选项，如图2-59所示。

步骤 2 进入"商家自诊工具"界面，点击屏幕上的箭头按钮，如图2-60所示。

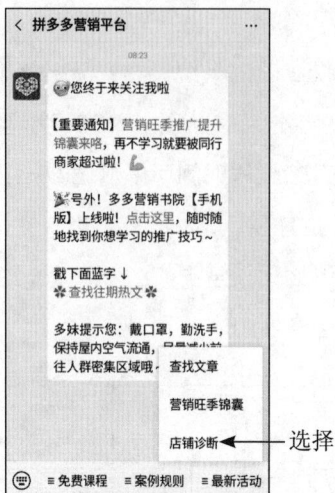

图2-59　选择"店铺诊断"选项

图2-60　进入"商家自诊工具"界面

步骤 3　选择诊断对象，这里选择"场景推广"选项即可，如图2-61所示。

步骤 4　选择商家碰到的主要问题，包括流量不足、点击率低和投产比低等问题，商家根据自己的实际情况选择即可，如图2-62所示。

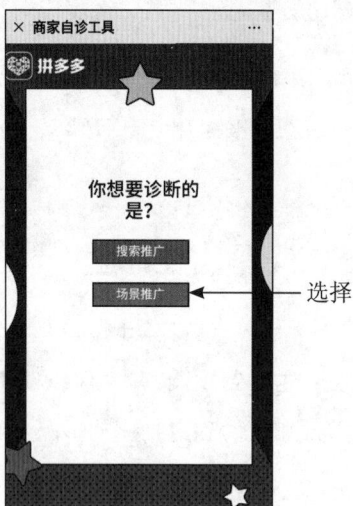

图2-61　选择"场景推广"选项

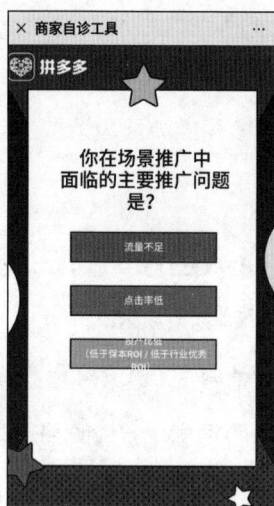

图2-62　选择商家碰到的主要问题

步骤 5　检查主图问题，商家可以根据自己的实际情况进行自检，判断自己的主图是否满足这些条件，然后选择正确的答案，如图2-63所示。

步骤 6　检查商品标题，是否涵盖了投放的主力关键词等，根据实际的标题情况作答即可，如图2-64所示。

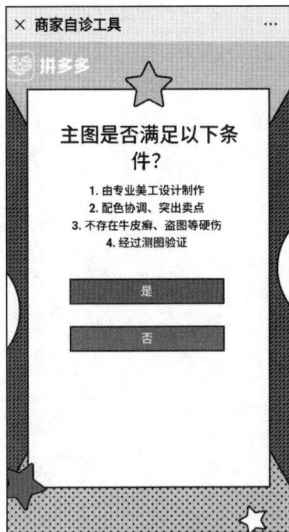

图2-63　检查主图问题

图2-64　检查商品标题问题

步骤 7　检查推广商品的历史销量是否大于50个，如图2-65所示。

步骤 8　最后会显示诊断结果，帮助商家判断"多多场景"的问题所在，同时给出相关的优化建议和注意事项，如图2-66所示。

图2-65　检查推广商品的历史销量

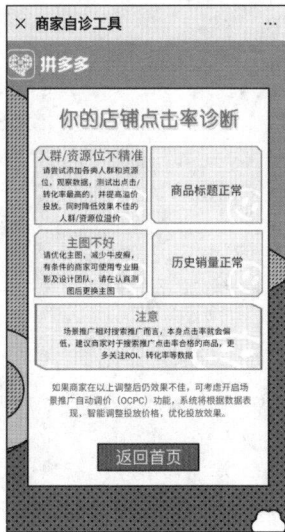

图2-66　显示诊断结果

第3章

明星店铺，闪亮名片

明星店铺推广是商家在拼多多平台上的一张"闪亮名片"，用户在搜索盼盼、蓝月亮等品牌词时，即可看到相应的明星店铺推广广告位，以及相关的热销商品，能够给店铺和商品带来极大的流量和转化率。因此，明星店铺是品牌商家不可错过的付费推广工具。

要点展示：

了解明星店铺的推广优势和准备工作

知晓明星店铺的开通条件和排名机制

掌握创建明星店铺推广计划操作方法

学会优化明星店铺推广，提升投产比

3.1 明星店铺：三大优势助力品牌商家推广

明星店铺非常适合大品牌和大商家，其主要优势如下。

（1）刺激用户购买欲望。明星店铺推广不仅能够展示店铺海报，推广品牌，而且能展示单品，推广热卖款。有购买意愿的用户搜索某个品牌名，例如"小米"，即可"霸屏"展示明星店铺广告，强力刺激用户的购买欲望，如图3-1所示。

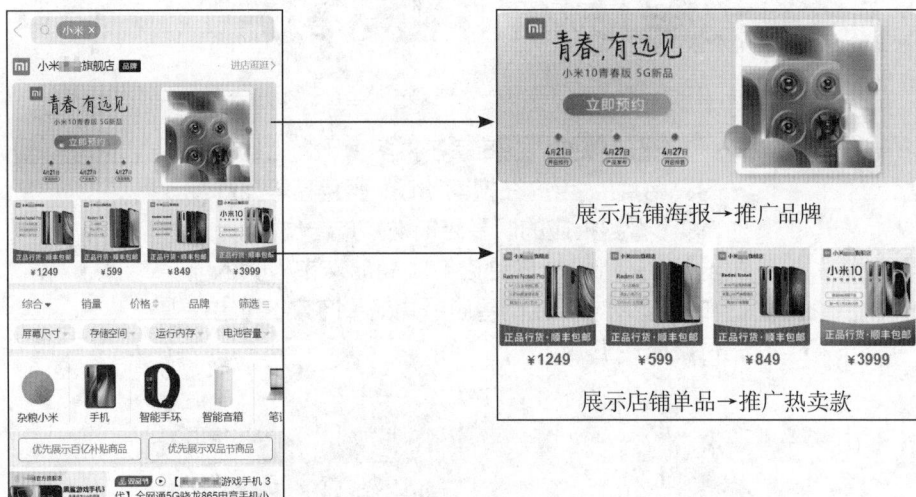

图3-1 "小米"的明星店铺推广广告位示例

（2）千人千面下的高转化率。不同的用户使用不同的品牌词搜索时，都能够展现品牌的明星店铺推广广告位，同时根据千人千面的搜索逻辑，展现不同的推广单品。如果用户直接搜索品牌词，例如"李宁"，那么下方会展现店铺TOP 4的热销单品；如果用户搜索"品牌词+商品词"，例如"李宁运动鞋"，那么下方会展现4款与关键词相关性最高的产品。

（3）抢占流量先机。商家参与明星店铺推广后，可以反复曝光品牌，让用户产生好奇心，主动去搜索品牌名，然后通过明星店铺广告位来承接流量，避免精准流量被其他商家抢走。

（4）打造"品牌永动机"。使用明星店铺推广后，商家可以制作一些创意海报，让店铺品牌调性得到充分展示，同时还可以帮助店铺快速"圈粉"，有效引导买家收藏店铺，积累源源不断的自然流量。

3.2 申请品牌：从零开始打造专属品牌词

明星店铺不支持购买热搜词，商家只能申请品牌词，且品牌词后面不能加上拓展词。在发布商品时，如果商家没有找到对应的商品品牌，那么可以先申请加入品牌库。商家可以在"新建商品"界面编辑商品的基本信息时，在商品属性的"品牌"下方点击"点击申请"按钮，如图3-2所示。

图3-2　点击"点击申请"按钮

执行操作后，进入"品牌申请"界面，选择相应的商标注册地区和所属类目，并填写品牌名、商标注册证号/申请号等信息，点击"提交"按钮，即可申请加入品牌库，如图3-3所示。

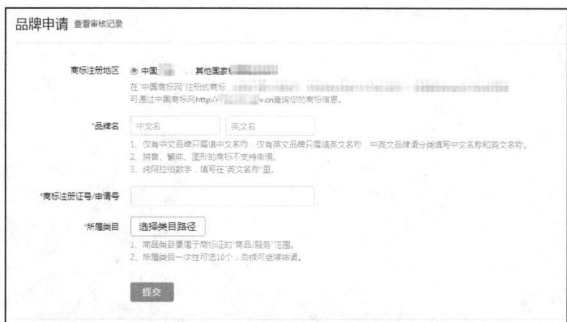

图3-3　"品牌申请"界面

提交审核后，平台系统预计会在5个工作日内进行审核，商家需要进行及时关注。商家可以点击"审核记录"按钮进入其界面，查看加入品牌库的审核进度，如图3-4所示。

图3-4 "审核记录"界面

另外，商家也可以在拼多多管理后台的"推广中心→推广计划"界面中，选择"明星店铺"进入其界面，点击"品牌词管理"按钮新建品牌词，如图3-5所示。

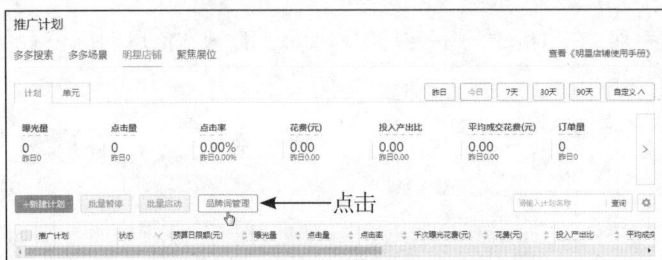

图3-5 点击"品牌词管理"按钮

执行操作后，进入"品牌词管理"界面，❶点击"申请品牌词"按钮；弹出"新建品牌词"对话框，❷在"申请新的品牌词"文本框中输入相应品牌词；❸点击"提交申请"按钮，之后需要系统审核，如图3-6所示。注意：品牌词必须与商标名称完全一致，一个商品注册证只能对应一个品牌词。

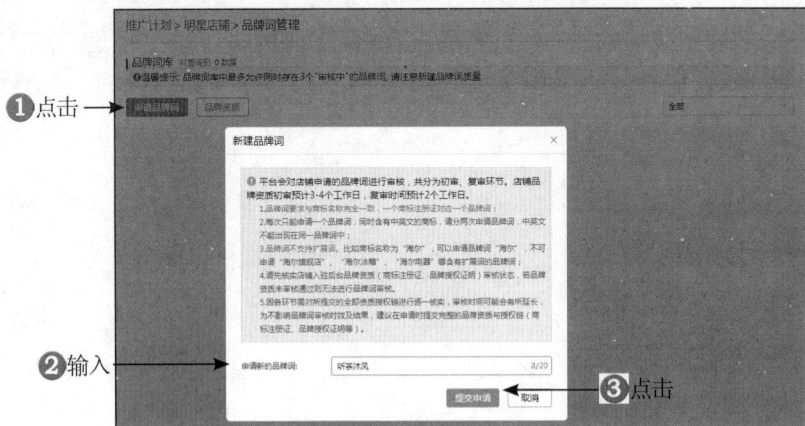

图3-6 申请新的品牌词

3.3 店铺升级：打造明星店铺的必备资格

拼多多的入驻包括个人店和企业店两种形式，个人开店主要用到身份证，企业开店则需要企业三证（工商营业执照、组织机构代码证和税务登记证），个人店和企业普通店可以各开5家不同类型的店铺。

其中，店铺类型为旗舰店、专卖店、专营店的店铺才可以申请明星店铺，而这3类店铺都是获得品牌授权的企业店。符合要求的商家在注册时，可以选择"企业开店"中的旗舰店、专卖店、专营店，如图3-7所示。

图3-7　选择开店类型

企业店不仅要提供企业法人和店铺管理人的身份证（两者可为同一个人），还需要提供相关的品牌资质，如图3-8所示。

店铺类型	店铺说明	需上传的资质证明				
		企业三证	质检报告	商标注册证	授权书	开户证明
旗舰店	1.经营1个或多个自有品牌的旗舰店；	✓	✓	✓	✗	✓
	2.经营1个授权品牌的旗舰店，且品牌授权为一级授权；	✓	✓	✓	✓	✓
	3.卖场型品牌（服务类商标）所有者开设的品牌旗舰店（限拼多多商城主动邀请入驻）；	✓	✓	✓	✓	✓
专卖店	1.经营1个自有品牌的专卖店；	✓	✓	✓	✓	✓
	2.经营1个授权销售品牌商品的专卖店（授权不超过2级）；	✓	✓	✓	✓	✓
专营店	1.经营拼多多商城同一招商大类下1个或多个品牌商品的店铺；	✓	✓	✓	✓	✓
	2.专营店的几种不同情况：①经营1个或多个自有商品的专营店；②经营1个或多个他人商品的专营店；③既经营他人品牌商品又经营自有品牌商品的专营店；	✓	✓	✓	✓	✓
普通店	普通企业店铺	✓	✗	✗	✗	✓

图3-8　4种企业店铺所需的品牌资质

除此以外，企业店还需要提供一些必要的资质证明文件，具体包括企业三证、质检报告、商标注册证、授权书和开户证明这5种资质证明文件。同时，卖家还需要具备相关的行业资质。不同的店铺类型需要的资质要求也不同，同时商家还需要让给予授权书的运营商给拼多多平台发一封相关格式的邮件。

3.4 产品介绍：推广展示位置与排名规则

明星店铺推广具有流量中等（依据品牌词）、花费可控（依据出价）、点击率高（依据创意）、投产比高（产品丰富程度）等优势。

1. 明星店铺的扣费规则

明星店铺采用每千人成本（Cost Per Mille，CPM）的出价方式，即商家为广告显示1 000次所付的费用，综合排名的计算公式如下。

明星店铺的排名=店铺权重×CPM出价

（1）排名规则：旗舰店＞专卖店＞专营店。

（2）扣费规则：根据明星店铺广告创意的实际展现次数计费，点击不收费，"千次展现出价"范围为20~300元。

2. 明星店铺的展示位置

当买家搜索相应的品牌词时，将在置顶的banner位置上展示明星店铺的创意图片和热销商品。另外，品牌商家还可以投放按时长收费的广告付费方式（Cost Per Time，CPT）展示广告，获得更大的流量。CPT广告的展示位置包括首页Banner、多多果园NPC、现金签到页招财猫icon等。

（1）首页Banner：通过2~7帧轮播图进行曝光，流量超大，能够帮助商家快速提升站内知名度，以及打造品牌调性，如图3-9所示。

> **提醒：**
> CPT 仅针对品牌店铺开放，可以帮助商家"一网打尽"全站用户。

图3-9 首页Banner广告位示例

（2）多多果园游戏角色（Non-Player Character, NPC）：该资源位的曝光流量非常大，而且多多果园的用户黏性比较高，有利于品牌商家涨粉，同时还合适拉新和单品活动推广，能够有效提升商品动销率。如图3-10所示为"值护旗舰店"在多多果园NPC处的广告位。

图3-10 多多果园NPC处的广告位示例

（3）现金签到页招财猫：该资源位不仅曝光流量超大，而且推广成本较低，因此极具性价比，如图3-11所示。同时，商家可以采用"CPT广告+活动推广"的组合营销方式来提升流量的使用效率。

图3-11　现金签到页招财猫广告位示例

3.5　必备要素：增加品牌资质及广告资质

商家可以进入拼多多管理后台的"推广中心→推广计划→明星店铺"界面，点击"品牌词管理"按钮进入其界面，在此可以查看已经审核通过的品牌词，如图3-12所示。同时，商家可以通过品牌资质管理和广告资质管理功能，补充相关资质，提升店铺权重。

图3-12　"品牌词管理"界面

1. 增加品牌资质

如果品牌不是商家的自有商标，那么必须上传品牌授权或者独占授权证明资料，授权店铺管理人在拼多多经营该品牌产品。商家可以在"品牌词管理"界面中点击"品牌资质"按钮，进入"店铺信息→品牌资质"界面，点击"新增商标"按钮，如图3-13所示。

图3-13　"品牌资质"界面

> **提醒：**
> 如果经过系统核实，发现商家的店铺品牌授权信息与实际情况不符，那么会判定该品牌为虚假并暂时限制相关功能，以保障消费者及相关权利人的合法权益。如果商家有异议，那么可以发邮件并提交真实、合法、清晰、完整的证明材料进行申诉。邮件主题为"店铺ID＋店铺名称＋店铺授权虚假通知"。

接下来设置相应的注册类型、商标注册号、商标注册证明有效期，并上传商标注册证明材料，点击"提交"按钮等待系统审核即可，如图3-14所示。

图3-14　"品牌资质"界面

2. 增加广告资质

商家对品牌资质进行补充后，还必须补充相应的广告资质，可以进入"推广中心→推广账户→资质管理"界面，查看推广广告资质，如图3-15所示。

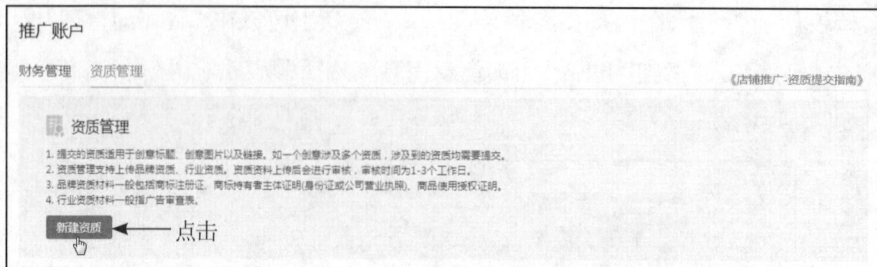

图3-15　"资质管理"界面

提醒：

如果商家投放了明星店铺推广计划后，发现明星店铺没有获得展示，那么可能有以下几种原因。

（1）店铺商品标题中没有使用申请成功的品牌词，同时商品数量不足4个。

（2）店铺内的商品，不是品牌对应的类目商品。例如，某个电器品牌，如果店铺内的商品为自行车，那么该明星店铺是无法获得展现的。

（3）如果商家的品牌词和推广计划是新申请的，那么系统可能会延迟展现，延迟时间通常为24小时。

点击"新建资质"按钮进入其界面，商家可以在此处补充行业资质、媒介资质或数据资质，如图3-16所示。商家可以通过提供正品授权品质保证，让用户放心购买店铺内的商品。

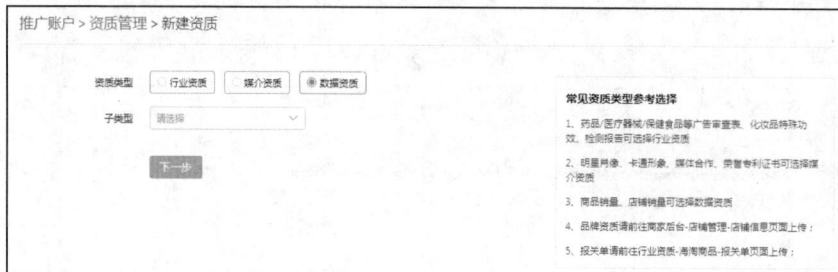

图3-16　"新建资质"界面

例如，选择"数据资质"类型，并将"子类型"设置为"店铺销量"，点击"下一步"按钮，设置相应的"店铺销量"数据和上传销量截图证明，点击"保存"按钮，如图3-17所示。广告资质审核通过后，商家即可去创建明星店铺推广计划进行投放。

商家在增加品牌资质和广告资质等推广资质时，需要注意以下事项。

● 确保上传的资质材料齐全。

● 确保推广内容与推广资质中的信息一致。

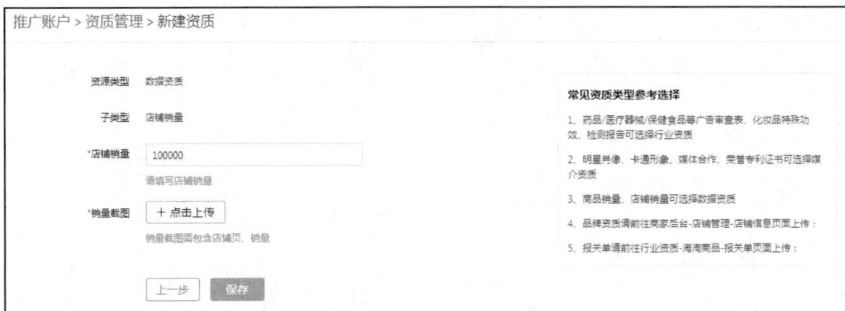

图3-17　新建广告资质

> **提醒：**
>
> 店铺品牌资质需要经历两个审核阶段，初审时间通常为 3 ～ 4 个工作日，复审时间约为 2 个工作日。

3.6　创建计划：手把手教你开通明星店铺

下面介绍创建明星店铺推广计划的具体操作方法。

步骤 1　在"明星店铺"界面，点击"新建计划"按钮进入"新建推广计划"界面，首先设置推广计划的基础信息，包括推广类型、计划名称、预算日限等，如图3-18所示。

步骤 2　点击"继续"按钮，进入"推广单元"设置界面，商家可以在此核对店铺信息和修改单元名称，如图3-19所示。

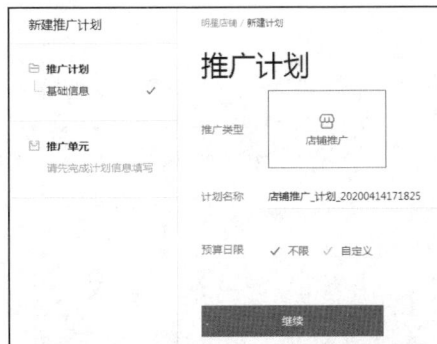

图3-18　设置推广计划的基础信息

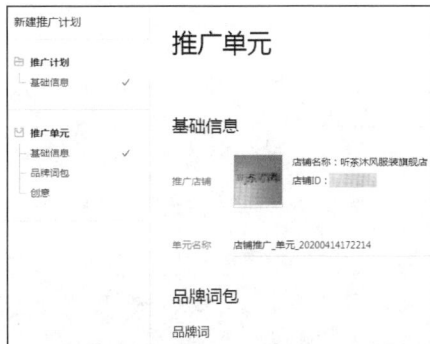

图3-19　进入"推广单元"设置界面

步骤 3 在"品牌词"列表框中选择相应的品牌词，如图3-20所示。

步骤 4 点击"申请品牌词"按钮，在弹出的对话框中输入相应品牌词，点击"提交申请"按钮，可以在此处申请新的品牌词，如图3-21所示。

图3-20　选择相应的品牌词

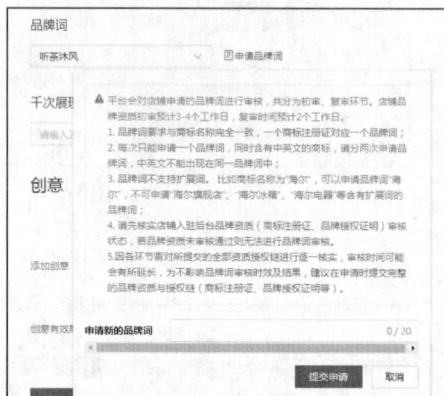

图3-21　申请新的品牌词

步骤 5 设置合适的"千次展现出价"，在"创意"选项区中点击"从本地上传"按钮，如图3-22所示。

步骤 6 弹出"打开"对话框，选择相应的创意图片，如图3-23所示。注意：明星店铺的创意图片最小宽度为1 080px，最小高度为432px。

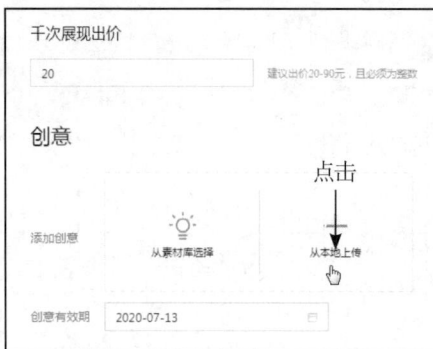

图3-22　点击"从本地上传"按钮

图3-23　选择相应的创意图片

步骤 7 点击"打开"按钮，弹出"裁剪"对话框，商家可以对图片进行适当裁剪，如图3-24所示。

步骤 8 点击"确认"按钮，即可添加创意图片，如图3-25所示。

图3-24　裁剪创意图片

图3-25　添加创意图片

> **提醒：**
>
> 目前，创意有效期默认设置为 90 天，最高支持设置为 180 天。需要注意的是，如果创意图片中写明了促销活动的时间信息，那么创意有效期也要与此时间设置一致。

步骤 9　另外，在添加创意时，商家也可以点击"从素材库选择"按钮，打开"添加创意"窗口，选择素材库中的创意广告图，如图3-26所示。

步骤 10　设置创意有效期，点击"完成"按钮，即可创建明星店铺推广计划，其广告创意的展示效果如图3-27所示。

图3-26　从素材库选择创意广告图

图3-27　明星店铺广告创意展示效果

3.7 创意设计：创意banner提升点击转化

明星店铺的创意设计主要包括以下5个元素。

（1）品牌LOGO：品牌LOGO一定要凸显，要让消费者感知到这个品牌。图3-28所示分别为奥克斯和安踏的明星店铺创意广告图，可以看到其品牌LOGO。

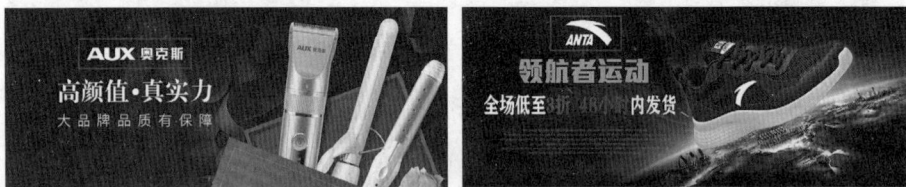

图3-28　奥克斯和安踏的明星店铺创意广告图

（2）图片布局：明星店铺创意图片中通常包括产品图片、模特图片、促销信息、卖点文案等，商家可以通过对这些内容进行合理布局，突出要表达的重点信息，常见的创意图片布局方式如图3-29所示。

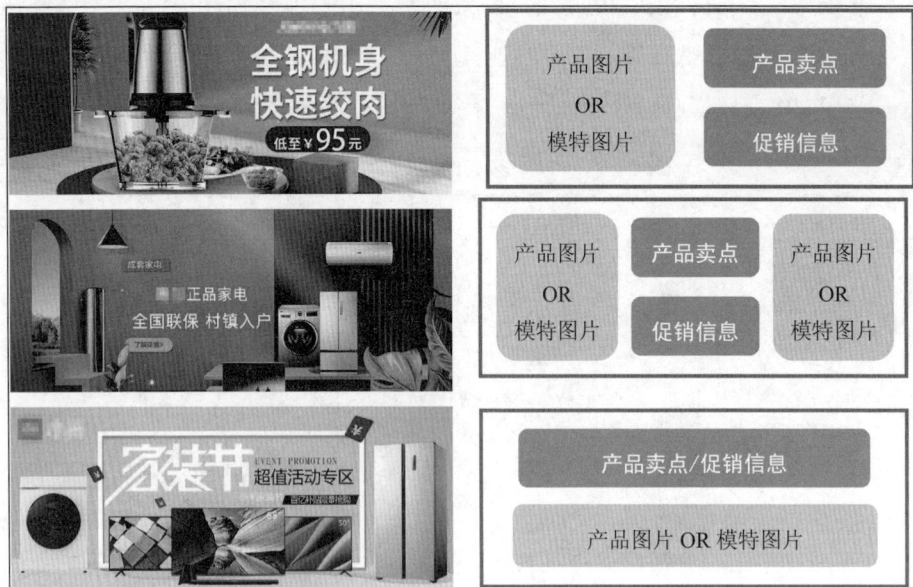

图3-29　常见的创意图片布局方式

（3）促销信息：在不同的店铺运营阶段，商家需要的促销信息也是不一样的，商家可以根据不同的节假日日期来进行调整，如图3-30所示。

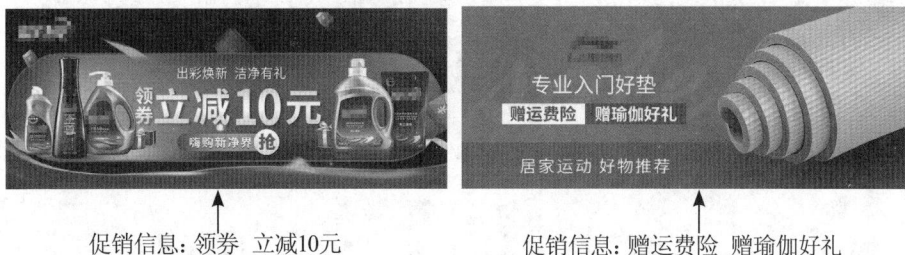

促销信息：领券 立减10元　　　　　　　　促销信息：赠运费险 赠瑜伽好礼

图3-30　明星店铺创意广告促销信息示例

（4）卖点提炼：商家可以从价格、服务、效率、质量、稀缺性、便捷性、自身实力、附加值、产品丰富程度以及用户情感需求等角度，在明星店铺的创意图片中打造店铺产品的差异化和优势卖点，如图3-31所示。

产品卖点：经典乳饮/童年味道　　　　　　产品卖点：正品保障 售后无忧

提炼角度：用户情感需求　　　　　　　　　提炼角度：服务、质量、实力

图3-31　明星店铺创意广告卖点提炼示例

（5）产品构图：当商家设计好上述几个元素后，还需要使用合理的构图方式来提升广告画面的美感，以及更好地向买家传达愉悦的营销信息，从而拉近商家与买家之间的距离，如图3-32所示。

三分线构图：信息的层次感更明确，同时突出重点信息

图3-32　明星店铺创意广告构图示例

斜线构图：切割画面，同时使画面产生活力，突出表现商品的造型与色彩

对称构图：产生均衡、平稳的画面美感

图3-32　明星店铺创意广告构图示例（续）

> **提醒：**
> 如果商家的店铺主营产品是手机、空调、电视机或者冰箱等功能性产品，那么这些都属于标品。买家在购买这种标品类商品时，对产品的品牌和性能通常都有一定的要求。因此，商家可以在主图或创意图中提炼产品的核心卖点，并展现品牌的正品和保障信息，即可吸引买家点击。

3.8 展示单品：优化产品结构提升投产比

明星店铺的ROI通常都是比较高的，但也有一定的优化空间，商家可以通过优化明星店铺推广计划来提升点击率、转化率，从而提高整个推广计划的ROI。

首先，商家必须了解用户的搜索习惯。以"鸿星尔克男鞋"这个品牌词为例，有些买家搜索的是"鸿星尔克"，而有些人则搜索的是"鸿星尔克男鞋""鸿星尔克运动鞋"或者"鸿星尔克休闲裤"等"关键词+商品词"组合，可以看到输入不同的关键词，创意图下面展示的单品都不一样，如图3-33所示。

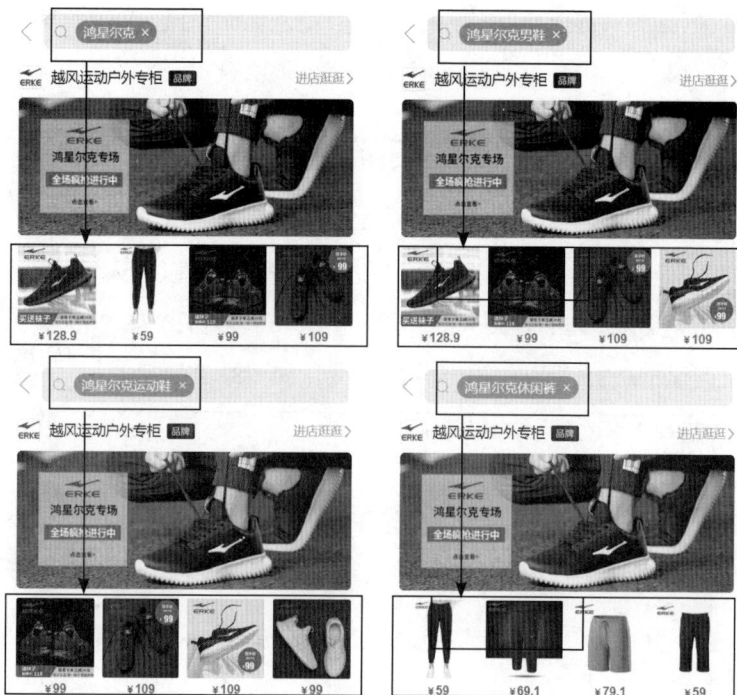

图3-33 搜索不同关键词会出现不同的单品

买家使用不同的关键词搜索,说明他们的需求也是不同的。因此,商家可以根据市场的搜索数据,来优化店铺的产品结构,如增加热搜品类和设置引流款等。例如,商家只卖运动鞋或者休闲裤,当买家搜索女装的时候,而品牌店铺中没有该产品,则会推荐其他无关的产品,或者不显示推荐产品,如图3-34所示,这就会在无形中降低点击率和转化率。

图3-34 明星店铺广告没有显示推荐产品

其次,商家还需要设计多张创意图片,并使用明星店铺推广进行测试,然后根据测试的数据反馈来选择高点击率的创意图片，从侧面来提升ROI数据。

3.9 计划管理：查看明星店铺的推广数据

当商家创建了明星店铺推广计划并进行投放时，可以进入"明星店铺→计划"界面，查看投放计划的相关数据，支持查看昨日、今日、7天、30天和90天的数据，同时还可以批量暂停和批量启动推广计划，如图3-35所示。

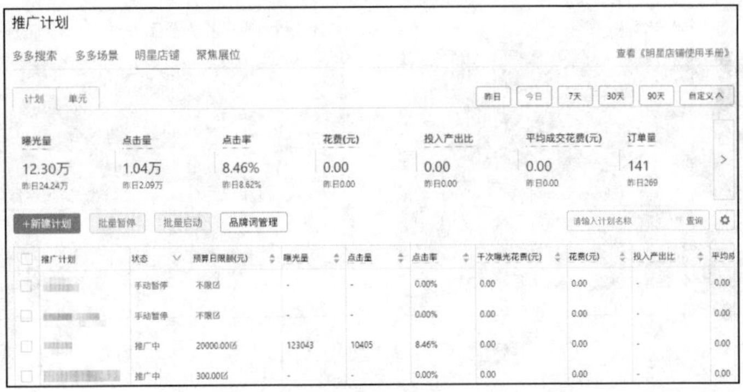

图3-35　明星店铺推广计划管理页面

在"推广计划"一栏中点击相应的计划名称，即可进入计划详情页，查看单个计划的详细数据，如图3-36所示。在"推广单元"一栏中选择相应的推广单元，进入单元详情页，在此可以查看明星店铺推广单元的品牌词和广告创意的详细数据。

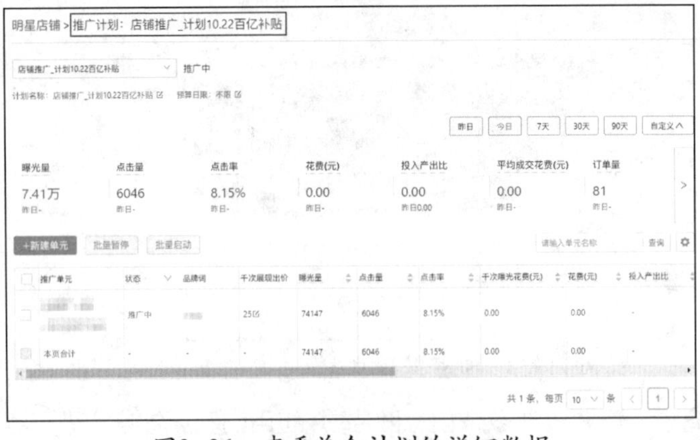

图3-36　查看单个计划的详细数据

第4章

聚焦展位，突破瓶颈

聚焦展位是商品上首页的一条捷径，是目前拼多多平台上最优质的广告位，可以帮助商家轻松获得更多曝光机会，快速为商品引流，推爆单品、提升店铺人气。本章主要介绍聚焦展位的推广优势与操作技巧，让你的聚焦展位投放不再难。

要点展示：

介绍聚焦展位付费推广的产品特点和推广优势
掌握店铺、直播、营销和商品推广的创建方法
掌握神笔马良推广工具制作创意图的操作方法
了解聚焦展位创意广告的添加方法和规范样式

4.1 聚焦展位：引爆拼多多的首页流量

聚焦展位凭借优质的推广资源位，能够帮助商家更好地进行店铺或单品的定向推广，主要特点如下。

（1）推广基础：广告创意图片展示。

（2）推广核心：精准人群定向。

（3）推广方式：面向全网精准流量进行实时竞价。

（4）推广主体：支持对店铺/单品进行投放。

（5）推广资源位：App首页banner轮播，如图4-1所示。

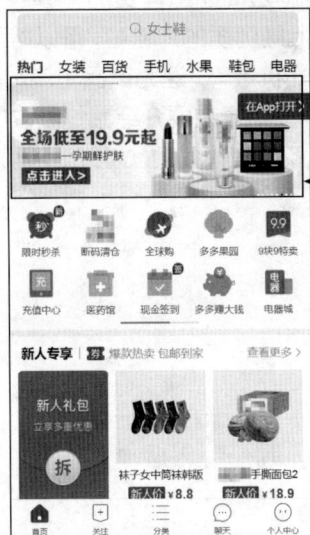

App首页banner轮播

点击banner图可落地推广商品页或者推广店铺页

图4-1　聚焦展位推广位

聚焦展位的主要优势如下。

（1）高效抓取大流量。聚焦展位覆盖3亿+庞大用户基数，是用户进入拼多多后必展现的"钻石级"展位。

（2）左右逢源。商家不仅可以通过聚焦展位来推广店铺打造品牌，而且可以推广单品打造爆款，实现销量暴增。

（3）正面连锁反应。聚焦展位不仅能够有效引导进店用户收藏店铺，提升免费的自然流量，而且可以引发连带效应，通过大流量带动提高产品权重，从而提升其他付费推广的效率。

（4）流量多元化。聚焦展位可以通过多种定向推广抓取精准人群，如竞品的人群、行业潜在消费人群以及店铺本身的用户群等群体。

（5）流量可控，成本低。聚焦展位采用CPM扣费模式，按照展现数来计费，点击不收费，商家能够吸引多少流量进店完全由自己来决定。

4.2 店铺推广：提高店铺整体生意水平

聚焦展位的推广主体包括店铺、商品、直播间和营销活动页等，商家可以设计个性化的创意素材，并设置好精准的定向人群和出价，让创意能够得到更多曝光，从而实现高效引流。

下面介绍创建聚焦展位店铺推广计划的操作方法。

步骤 1 通过依次点击"推广中心→推广计划→聚焦展位"进入拼多多管理后台的"聚焦展位"界面，点击"新建计划"按钮，如图4-2所示。

图4-2 点击"新建计划"按钮

步骤 2 进入"聚焦展位/新建推广计划"界面，设置基础信息，在"推广类型"中选择"店铺推广"选项，并设置计划名称、投放方式、营销目标、预算日限、投放日期以及投放时段等选项，如图4-3所示。

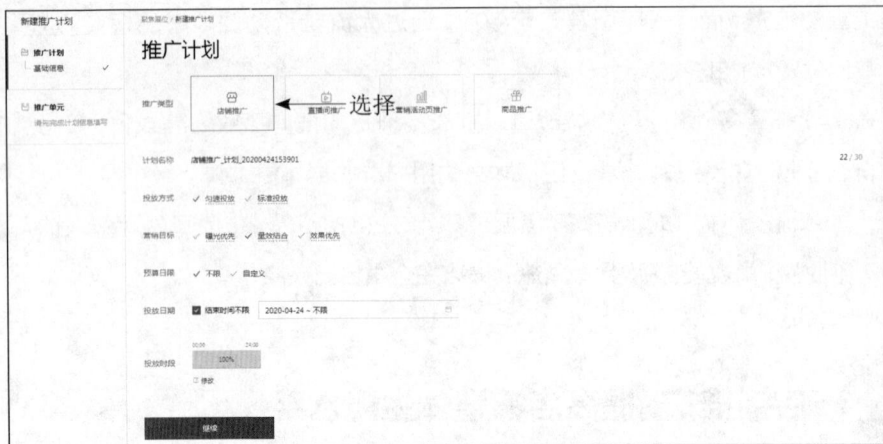

图4-3 选择"店铺推广"选项

提醒：

投放方式包括匀速投放和标准投放两种方式。

（1）匀速投放：优化展现策略，使推广预算在计划所选时段内实现平缓消耗。

（2）标准投放：在投放时间内，推广预算可自由消耗，可能会较快地消耗商家的预算。

步骤 3 点击"继续"按钮，进入"推广单元"界面，推广店铺默认设置为本店，且不可修改，商家只能设置单元名称，如图4-4所示。

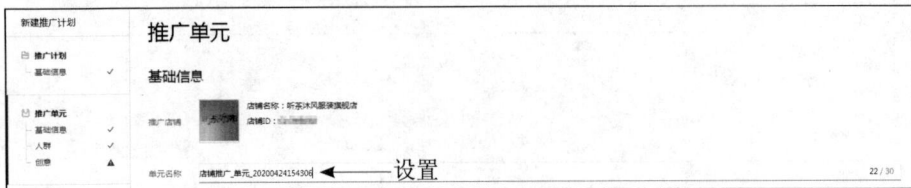

图4-4 设置单元名称

步骤 4 进入"人群"选项区，包括智能推荐人群（系统推荐人群、相似商品定向、相似店铺定向、叶子类目定向）、店铺人群（潜在购买人群、进店未购买人群、加强复购人群）和自定义人群（兴趣、DMP）3类，商家可以在此选择相应的定向人群并进行出价，每类人群的出价范围是1~300元之间的整数，如图4-5所示。

步骤 5 接下来进入"创意"选项区，商家可以上传提前制作好的广告海报，点击"添加"按钮，如图4-6所示。

步骤 6 执行操作后，打开"添加创意"对话框，在"选择创意"列表框中选择要添加的多张创意图片，并设置创意有效期，如图4-7所示。

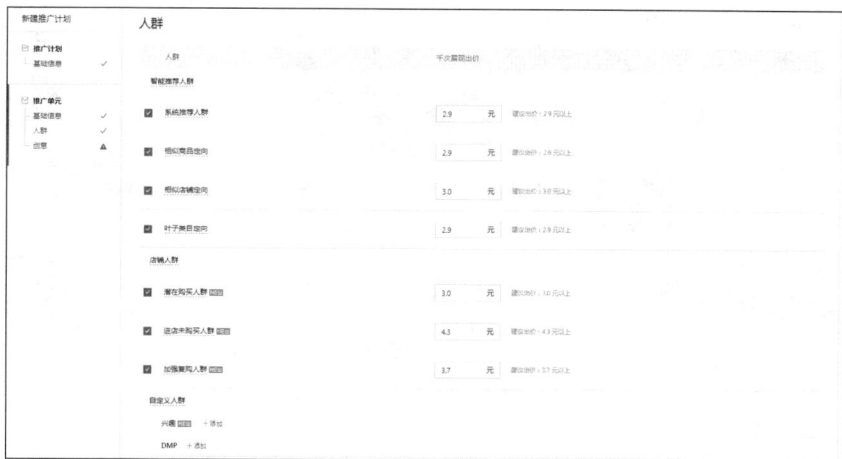

图4-5　设置人群和出价

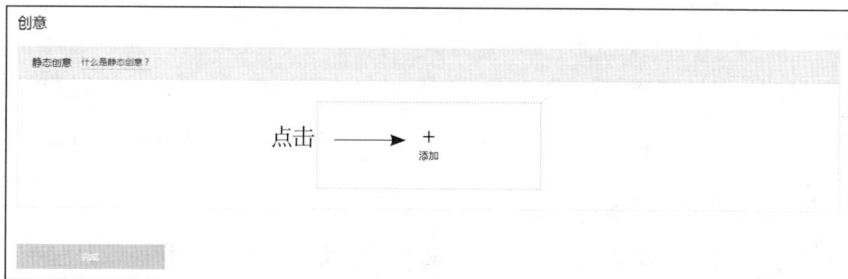

图4-6　点击"添加"按钮

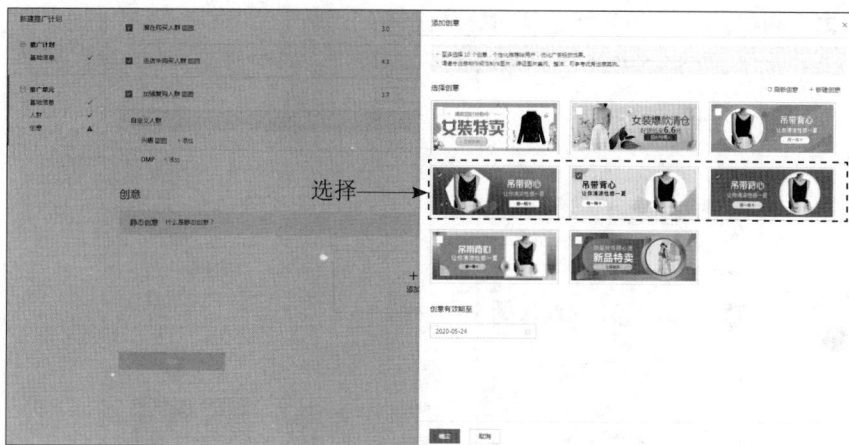

图4-7　选择要添加的多张创意图片

步骤 7　点击"确定"按钮，即可添加静态创意，如图4-8所示。点击"完成"按钮，即可创建聚焦展位店铺推广计划。

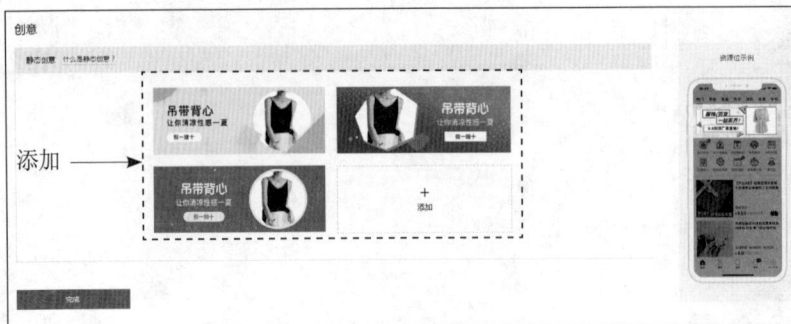

图4-8 添加静态创意

4.3 直播间推广：轻松斩获亿量级曝光

聚焦展位支持直播间推广，商家在直播的同时，也可以开启聚焦展位"直播间推广"计划，将直播间投放到首页的banner轮播广告位上，获取亿量级的曝光。

1. 聚焦展位直播间推广的展示位

通过拼多多首页的聚焦展位来展现商家的直播间，可以让更多喜欢直播的优质买家看到，从而通过这个流量入口快速进入直播间，不仅能够极大地提高商家的直播间流量，同时还能带来更高的转化率。

图4-9 直播间推广展示位示例

商家通过聚焦展位的创意banner广告，吸引买家点击并进入直播间后，还可以在直播的同时引导买家关注店铺以及收藏和购买商品。

2. 创建聚焦展位直播间推广计划

下面介绍创建聚焦展位直播间推广计划的操作方法。

步骤 1 进入"聚焦展位/新建推广计划"界面，在"推广类型"中选择"直播间推广"选项，并设置计划名称、投放方式、营销目标、预算日限、投放日期以及投放时段等选项，如图4-10所示。

> **提醒：**
>
> 在营销目标选项区中，可以设置以下3种目标类型。
> （1）曝光优先：在推广时段内，以获取更多曝光为优先目标。
> （2）量效结合：兼顾考虑获取更多曝光和较高的投入产出比。
> （3）效果优先：在推广时段内，优先保证投入产出比。
> 同时，商家可以通过设置每日投放预算日限、投放日期和投放时段等选项，对聚焦展位推广计划进行消耗和上下线时间的管控。通过投放时段的设置，商家可以自由选择展现广告的时间段，没有选择的时段则不展现广告。

图4-10 选择"直播间推广"选项

步骤 2 点击"继续"按钮，进入"推广单元"界面，在"基础信息"选项区中，推广直播间默认设置为本店，且不可修改，商家只能设置单元名称。在"人群"选项区中，商家可自主选择智能推荐人群进行通投或者定向精准人群投放，如图4-11所示。

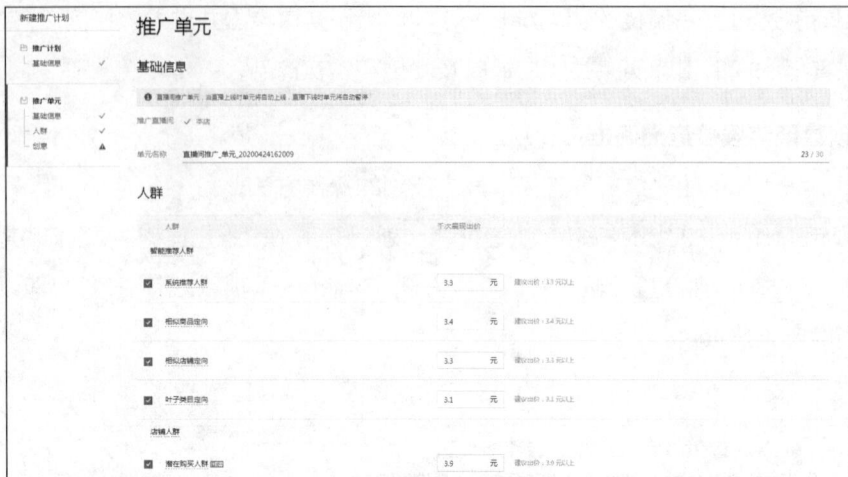

图4-11 设置单元名称和人群

步骤　3　最后添加创意，在设计的创意图片中，要尽可能突出直播信息，从而更好地吸引用户点击，如图4-12所示。点击"完成"按钮，即可创建直播间推广计划。

图4-12 添加直播间推广创意

在创建聚焦展位直播间推广计划时，推广单元会自动绑定与店铺相关联的直播间链接，无须商家设置单元信息。

3. 通过直播间一键投放聚焦展位

除了在拼多多管理后台创建聚焦展位直播间推广计划，商家还可以在直播的同时通过直播间一键投放聚焦展位，实现直播间的自主引流，具体操作方法如下。

步骤　1　打开拼多多商家版App，在"店铺"界面点击"多多直播"按钮进入其界面，点击"创建直播"或"一键开播"按钮，如图4-13所示。

步骤　2　创建店铺直播间，点击左下角的营销工具图标，如图4-14所示。

图4-13 点击"一键开播"按钮

图4-14 点击营销工具图标

步骤 3 弹出"营销工具"菜单，点击"直播推广"按钮，如图4-15所示。

步骤 4 打开"创建聚焦展位直播推广"窗口，在此可以设置投放计划的基本信息，包括预算日限和人群出价等选项，如图4-16所示。

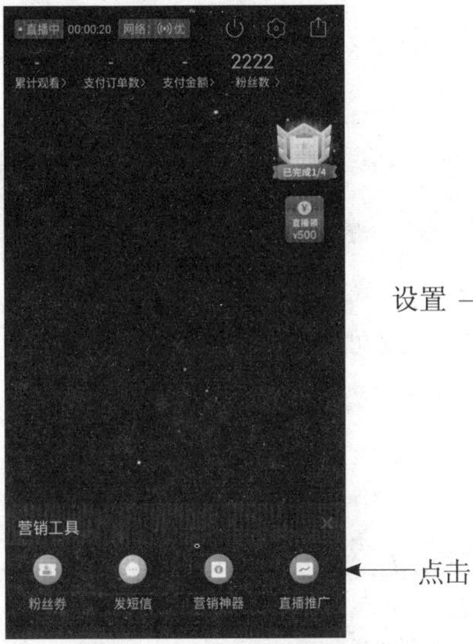

图4-15 点击"直播推广"按钮

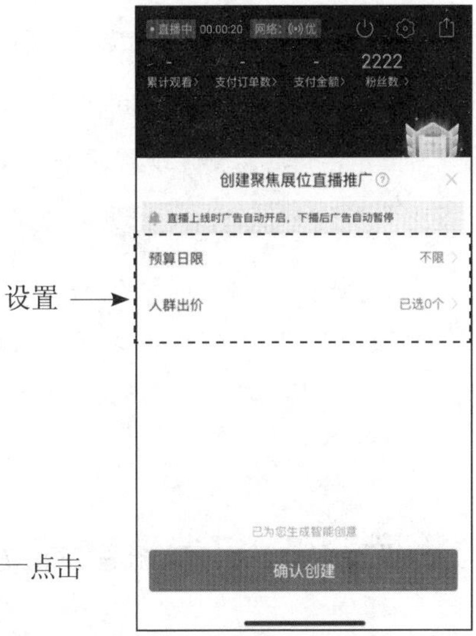

图4-16 创建聚焦展位直播推广

步骤 5 点击"预算日限"选项，进入其设置界面，商家可以在此设置投放直播推广的预算日限额，推广达到限额后将自动暂停投放，如图4-17所示。

步骤 6 在"创建聚焦展位直播推广"中选择"人群出价"选项进入其界面，

商家选择想要投放的人群并进行出价即可，如图4-18所示。

图4-17　设置预算日限　　　　图4-18　设置人群出价

设置好直播推广计划的基本信息后，点击"确认创建"按钮，系统将自动生成创意图片并创建聚焦展位直播间推广计划。当创意通过系统审核后，即可投放到首焦资源位，为直播间进行引流。如果商家投放聚焦展位直播间推广计划后，发现没有曝光，那么可以从以下3个方面进行检查。

● 检查直播是否开启，如果商家没有进行直播，那么推广计划也不会投放生效。

● 检查出价是否过低，千次展现出价如果设置得太低，那么可能无法在竞价中获得展现。

● 检查创意是否通过系统审核，如果没有通过审核，那么商家需要重新上传创意图片，并等待系统审核通过后再进行投放。

4.4　营销活动页：打造爆款商品集合页

商家在创建聚焦展位营销活动页推广计划时，还需要设置活动的落地页信息，将店铺中的爆款热卖商品做成集合页，打造吸引用户的利益点，下面介绍具体方法。

步骤 1 进入"聚焦展位/新建推广计划"界面，在"推广类型"中选择"营销活动页推广"选项，并设置计划名称、投放方式、营销目标、预算日限、投放日期以及投放时段等选项，如图4-19所示。

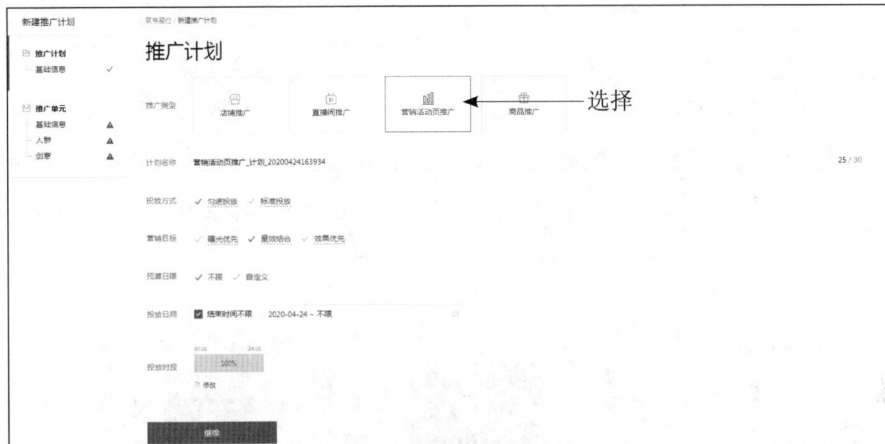

图4-19 选择"营销活动页推广"选项

步骤 2 点击"继续"按钮，进入"推广单元"设置界面，商家需要设置相应的活动页名称、活动页链接和单元名称。点击"活动页名称"按钮，在下面的列表框中可以选择相应平台活动，如图4-20所示。如果商家已经申请了官方活动页链接，可以切换至"活动页链接"选项卡，在下方的文本框中直接输入官方的活动链接地址，来投放官方活动链接。

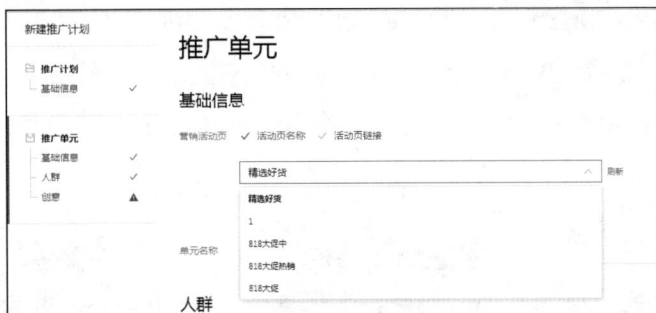

图4-20 设置推广单元的基础信息

步骤 3 选择平台活动后，点击"快速制作活动页"按钮，如图4-21所示。

步骤 4 执行操作后，即可跳转到"魔方"工具界面，在此可以进行营销活动页的制作，点击"新建落地页"按钮，如图4-22所示。

图4-21 点击"快速制作活动页"按钮

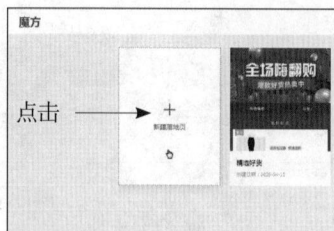

图4-22 点击"新建落地页"按钮

步骤 5 进入"落地页编辑"界面，商家可以在此设计聚焦展位的营销活动落地页装修效果，在右侧的"基础设置"窗口中，商家可以修改页面名称，以及选择页面主题，如图4-23所示。

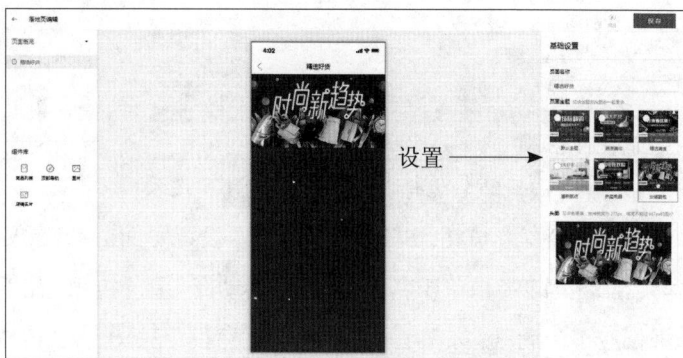

图4-23 "落地页编辑"界面

步骤 6 在"头图"选项区中，商家可以选择"从素材库选择"和"从本地上传"等方式，来更换营销活动页的头图效果，如图4-24所示。

步骤 7 在编辑界面左侧窗口中的"组件库"选项区中，❶点击"商品列表"按钮；❷即可在营销活动页中添加"热销爆款"商品列表，效果如图4-25所示。

图4-24 更换头图的方式

图4-25 添加商品列表

步骤 8 在右侧的"商品列表"窗口中的"商品"栏选择相应商品，点击"删除"按钮，即可删除商品，如图4-26所示。

步骤 9 点击"商品"选项右侧的"选择商品"按钮，打开"选择推广商品"窗口，在"商品信息"列表框中选中相应商品前的复选框，如图4-27所示。

图4-26 删除商品

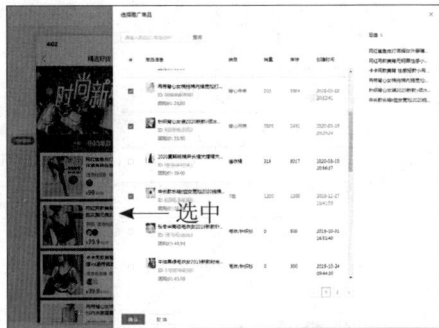

图4-27 选择推广商品

步骤 10 点击"确认"按钮，即可添加推广商品，如图4-28所示。注意：至少要添加6件推广商品。

步骤 11 ❶开启"手动排序"功能后；❷商家可以拖动相应商品前的 图标，调整其位置；❸预览窗口中的商品位置也会随之改变，如图4-29所示。

步骤 12 在"商品排列"选项区中，选中"双排列表"单选按钮，即可使用"双排列表"的方式排列商品，如图4-30所示。

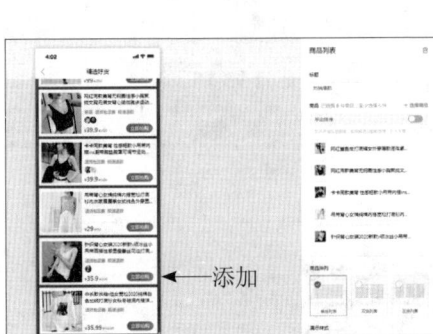

图4-28 添加推广商品

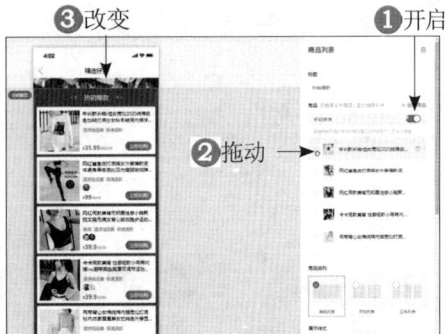

图4-29 调整商品排序

步骤 13 选中"三排列表"单选按钮，即可使用"三排列表"的方式排列商品，如图4-31所示。建议商家根据自己的热销商品数量来选择合适的商品排列方式。

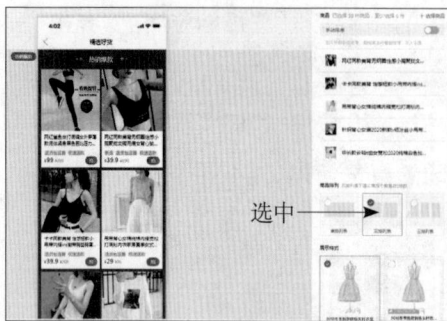

图4-30　"双排列表"排列商品

图4-31　"三排列表"排列商品

步骤　14　在"展示样式"选项区中，商家可以选择商品列表中促销信息的展示样式，如图4-32所示。

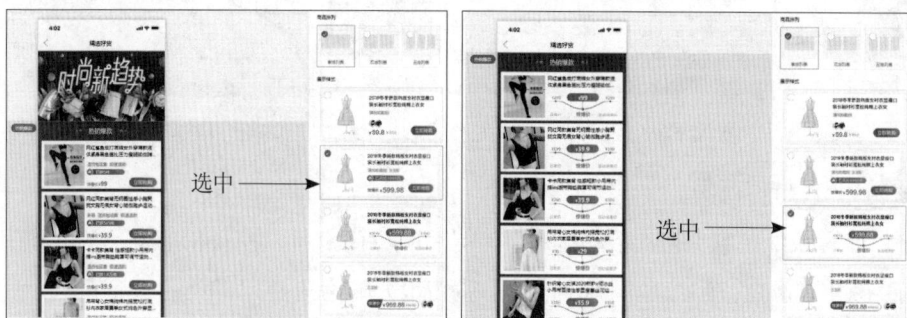

图4-32　设置促销信息的展示样式

步骤　15　❶在"组件库"中点击"顶部导航"按钮；❷即可在营销活动页中添加一个新的顶部导航标签，如图4-33所示。

步骤　16　在右侧的"顶部导航"窗口中，❶点击相应标签右侧的修改按钮
；❷在弹出的"修改标签名称"文本框中输入新的标签名称；点击"确认"按钮，❸即可修改标签名称，如图4-34所示。

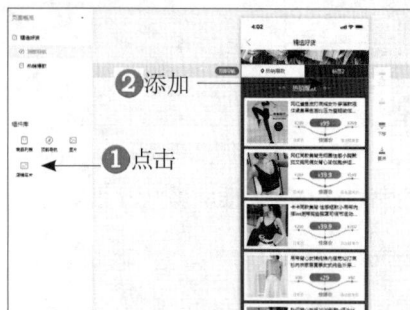

图4-33　添加顶部导航标签

图4-34　修改标签名称

步骤 17 ❶在"组件库"中点击"图片"按钮；❷在营销活动页中添加一个图片区域，如图4-35所示。

步骤 18 在右侧的"图片"窗口中，❶点击"添加"图片按钮，添加相应的广告图片；❷同时还可以设置图片跳转链接（商详页、店铺页、落地页），例如选择"商详页"后，可以直接在下方的列表框中选择相应商品，如图4-36所示。

图4-35 添加图片区域

图4-36 设置图片跳转链接

> **提醒：**
>
> 在"图片"窗口的"图片排列"选项区中，商家可以选择单图、双图或三图排列的方式。采用后两种排列方式时，还可以继续添加新的广告图片。

步骤 19 ❶在"组件库"中点击"店铺名片"按钮；❷即可在营销落地页中添加一个店铺名片组件，如图4-37所示。

步骤 20 在营销活动页预览窗口中，选择店铺名片组件，❶点击右侧工具栏中的"置顶"或"上移"按钮；❷将店铺名片组件调整至页面上方，如图4-38所示。

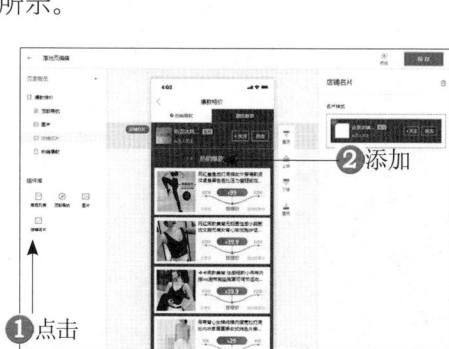

图4-37 添加店铺名片组件

图4-38 调整店铺名片组件位置

步骤 21 点击"保存"按钮，即可保存营销落地页，点击"预览"按钮，商家可以用微信扫二维码，预览营销落地页的展示效果，如图4-39所示。

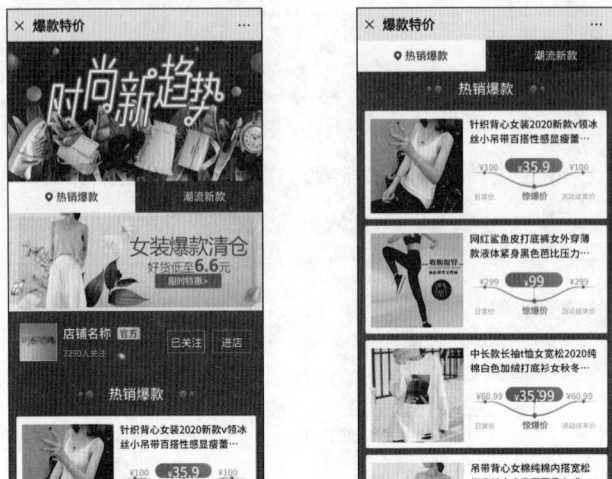

图4-39　预览营销落地页的展示效果

步骤　22　返回推广计划创建界面，在"营销活动页"列表框中选择刚创建的落地页，如图4-40所示。如果看不到落地页，那么可以点击"刷新"按钮进行刷新。

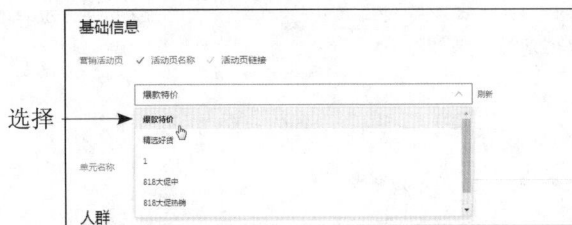

图4-40　选择刚创建的落地页

步骤　23　最后设置人群和添加创意，点击"完成"按钮，即可完成营销活动页推广计划的创建，如图4-41所示。

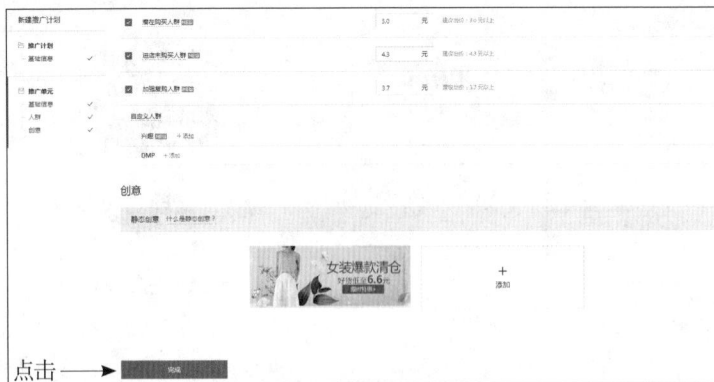

图4-41　点击"完成"按钮

商家可以针对不同场景，将自己的商品拆分成多个商品集合页，如好货提前抢、尾货清仓、爆卖特价等营销活动页。然后根据不同的人群，投放个性化的创意和落地页商品，同时还可以测试商品的转化效率，在不同营销场景下获取的利润。

4.5 商品推广：促进商品的流量和转化

聚焦展位的商品推广功能可以帮助高客单商品迅速打开销量，为商家带来更高的成交客单价。下面介绍创建聚焦展位商品推广计划的具体操作方法。

步骤 1 进入"聚焦展位/新建推广计划"界面，在"推广类型"中选择"商品推广"选项，并设置计划名称、投放方式、营销目标、预算日限、投放日期以及投放时段等选项，如图4-42所示。

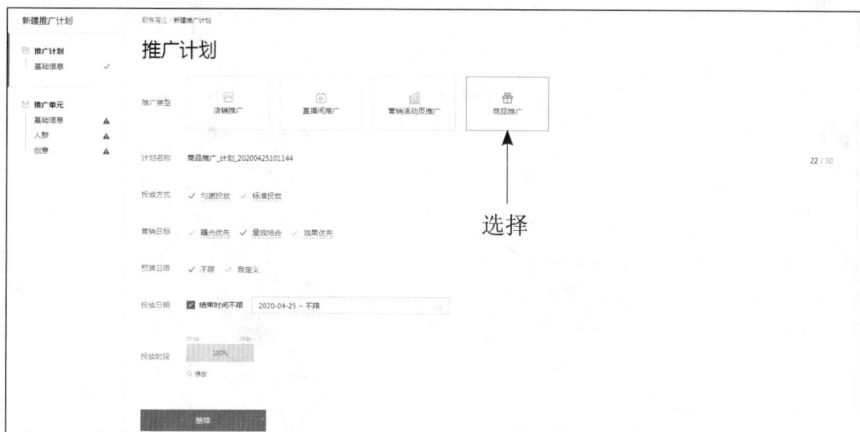

图4-42 选择"商品推广"选项

步骤 2 点击"继续"按钮，进入"推广单元"设置界面，在"推广商品"选项区中点击"添加"按钮，如图4-43所示。

步骤 3 打开"选择推广商品"对话框，❶在商品列表框中选中相应商品；❷点击"确认"按钮，如图4-44所示。

步骤 4 执行操作后，即可添加推广商品，并自动生成单元名称。接下来设置人群和出价，如图4-45所示。商家可以通过设置精准的人群定向和千次展现出价，来提升商品推广计划流量覆盖范围的精准性，从而提升商品投放的各项效果。

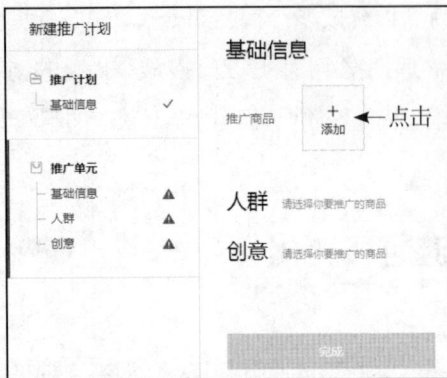

图4-43 点击"添加"按钮

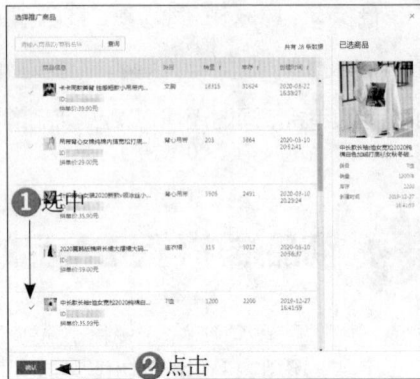

图4-44 选择推广商品

图4-45 设置人群和出价

提醒：

店铺人群定向包括以下 3 种方式。

（1）潜在购买人群：近 90 天对商家的店铺有浏览、收藏等行为的用户。

（2）进店未购买人群：近 7 天进店未购买的用户。

（3）加强复购人群：365 天内有成交的用户。

　　步骤 5 进入"创意"选项区，点击"添加"按钮，打开"添加创意"对话框，商家可以在"选择创意"列表框中选择已有创意图片，也可以点击"新建创意"按钮，通过"上传图片素材"和"马良快速制图"等方式来添加新创意，如图4-46所示。

图4-46　添加创意

步骤　6　添加创意图后，点击"完成"按钮，即可创建聚焦展位商品推广计划，如图4-47所示。

图4-47　点击"完成"按钮

4.6　神笔马良：一键制作优秀banner图

对于商家来说，聚焦展位推广计划的投放痛点通常包括老板一人兼顾"客服+打包+美工"、美工不给力、素材屡屡被驳回。而"神笔马良"工具的出现，不仅能够帮助商家高效、便捷地制作banner素材，还提供多种组合样式，让商家的创意图点击率更高，同时还能够有效提升素材审核的通过率。

下面介绍使用"神笔马良"推广工具一键制作优秀banner图的操作方法。

步骤 1 在4.5节的步骤5中，商家可以选择"马良快速制图"选项，进入"神笔马良"工具界面，选择"首页焦点图"，点击"开始制作"按钮，如图4-48所示。

图4-48　点击"开始制作"按钮

步骤 2 执行操作后，进入"首页焦点图"制作界面，该界面下有"拼图模式"和"一键模式"两种制图模式，点击"一键模式"标签，如图4-49所示。

图4-49　点击"一键模式"标签

步骤 3 切换至"一键模式"选项卡，❶点击"选择"按钮；❷在打开的"选择商品图片"窗口中选择相应商品；❸然后在右侧选中相应商品图片，如图4-50所示。另外，商家也可以点击"本地上传"按钮，上传自定义商品图片。

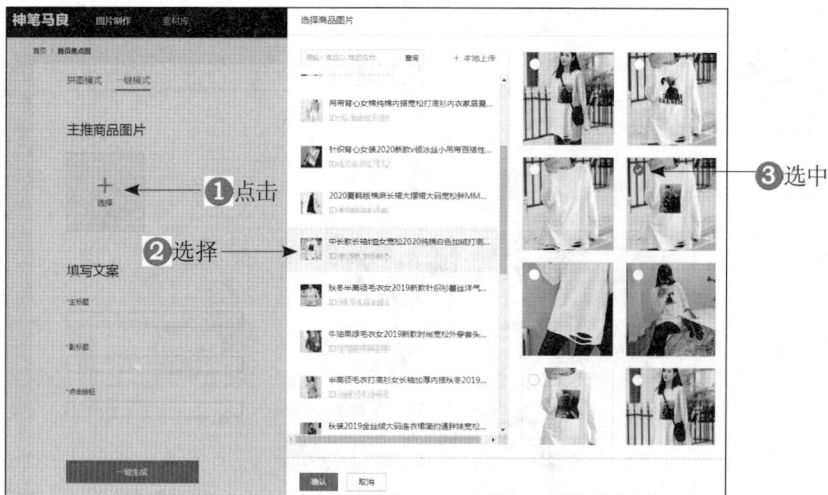

图4-50　选择商品图片

步骤　4　点击"确认"按钮，即可添加主推商品图片，在图片下方，❶商家可以点击"抠图"按钮，进行一键抠图操作，也可以点击"重新选择"按钮重新选择图片。经过抠图处理后，❷点击"编辑抠图"按钮；❸可以使用还原笔工具或橡皮擦工具对图片进行精细化的调整，得到更好的抠图效果，如图4-51所示。

图4-51　抠图处理

提醒：

创意图的文本内容要清晰、易识别，建议使用模板文字样式进行设置。

步骤 5 点击"确定"按钮，保存图片，然后填写主标题、副标题和点击按钮的文案内容，点击"一键生成"按钮，即可自动生成多种风格样式的商品海报图片，如图4-52所示。

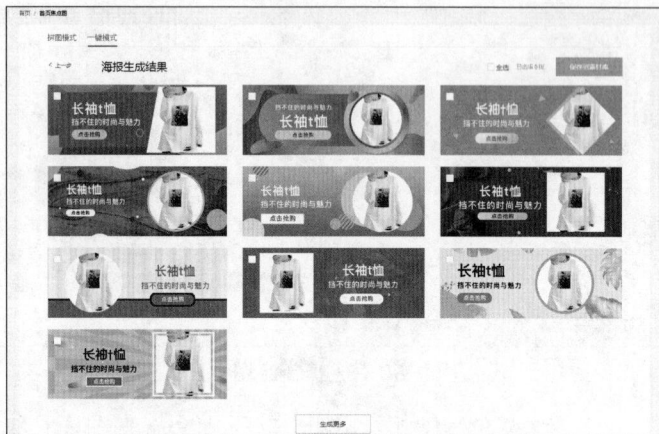

图4-52 自动生成商品海报图片

步骤 6 如果商家对当前页面中的海报效果不太满意，还可以点击"生成更多"按钮，继续生成新的商品海报。商家可以同时选择多张满意的海报图片，点击"保存到素材库"按钮，即可将其存储到素材库中，如图4-53所示。

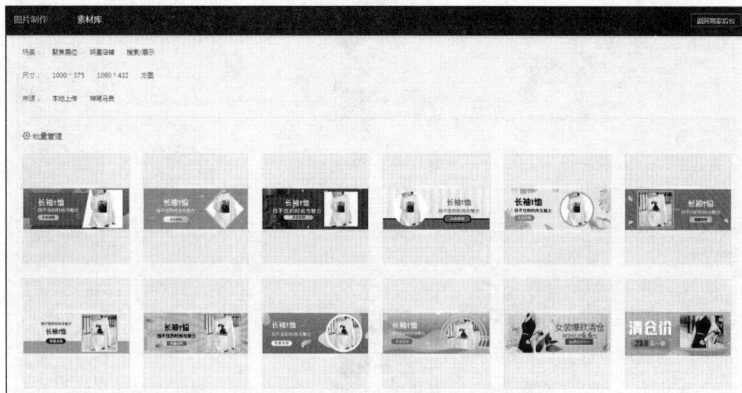

图4-53 保存图片到素材库

4.7 拼图模式：高效制作首焦创意广告

"神笔马良"工具的"拼图模式"功能提供了海量模板，能够帮助商家高效制作首焦创意广告图，下面介绍具体的操作方法。

步骤 1 进入"拼图模式"编辑界面，商家可以根据行业、色调、风格来选择自己喜欢的模板，如图4-54所示。

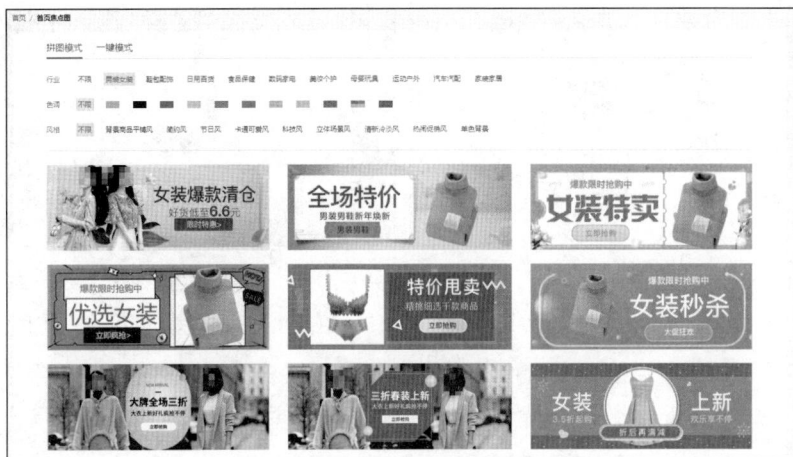

图4-54 拼图模式

步骤 2 选择相应模板后，点击"在线编辑"按钮（将鼠标指针移到模板缩略图上方即可看到该按钮），进入图片编辑界面，商家可以将文字和图片进行替换。选择相应图片，在"图片设置"窗口中点击"替换图片"按钮，如图4-55所示。

步骤 3 打开"选择商品图片"窗口，选择相应商品下的图片，如图4-56所示。

图4-55 点击"替换图片"按钮

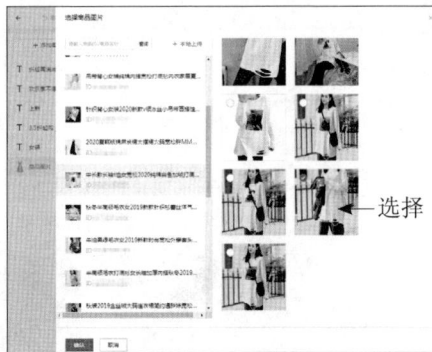

图4-56 选择商品图片

步骤 4 点击"确认"按钮，即可添加替换图片，并自动进行抠图处理，如图4-57所示。商家如果无须抠图，那么可以点击"恢复原图"按钮，将抠图恢复为原图效果。

步骤 5 如果商家对抠图效果不满意，那么可以点击"编辑抠图"按钮，进一步进行抠图处理，如图4-58所示。

图4-57　替换图片

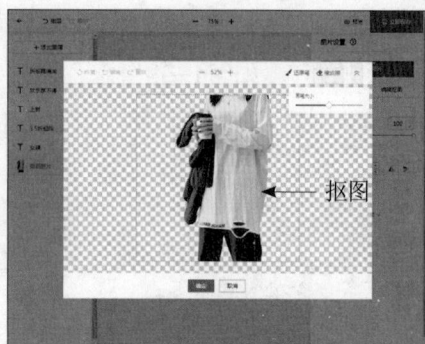

图4-58　编辑抠图

步骤 6　在图片编辑窗口中，适当调整图片的大小和位置，如图4-59所示。

步骤 7　在图片编辑窗口中，双击文案即可在右侧的"文本"窗口中编辑文字内容，还可以调整文字的字体、字号、颜色、对齐方式等属性，如图4-60所示。

图4-59　调整图片

图4-60　编辑文字

步骤 8　点击"保存"按钮，即可将图片上传到素材库，效果如图4-61所示。

图4-61　首焦创意广告图效果

4.8 合约推广：合约形式售卖品牌广告

聚焦展位下的"合约推广"功能是一种通过合约形式售卖的品牌广告，如图4-62所示。点击"我参加的活动"按钮，可以进入合约推广的活动中心，查看落地页活动和我报名的活动信息。

图4-62　聚焦展位下的"合约推广"功能

若商家有合约推广需求，则可以联系自己的广告对接运营进行沟通。商家还需要主动申请对接运营，而是需要通过优化经营来提升店铺综合实力，这样运营小二会选取有潜力的商家进行对接。对接运营会挑选商家店铺里一些优秀商品上资源位以及开通一些定向邀请的功能，对商家店铺的经营会有更多的帮助。

如果商家经营的商品为男装、箱包、鞋靴、内衣等，那么可以关注拼多多风格店铺招募贴，根据风格店铺类型进行店铺调整，达到相关要求后，即可获取运营小二对接。如图4-63所示为"拼多多女装官方-风格馆解说&招募令"部分内容。

图4-63　"拼多多女装官方-风格馆解说&招募令"部分内容

4.9　创意管理：添加创意图与制作规范

商家可以在"聚焦展位"界面点击"创意管理"按钮进入其界面，在此可以添加创意，以及进行品牌资质和广告资质的管理，如图4-64所示。

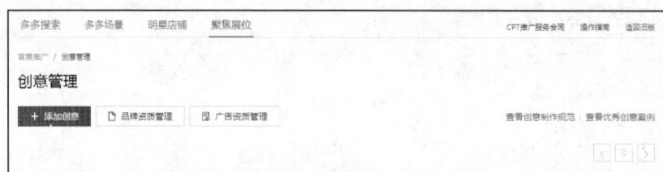

图4-64　"创意管理"界面

1. 添加创意

点击"添加创意"按钮，可以查看创意样式要求，以及设置创意内容和链接来创建新的创意，如图4-65所示。注意：创意图片必须符合相关的样式要求和广告法要求。另外，如果推广计划涉及相关明星或品牌，那么必须得到相关的授权才行。推广创意提交后，必须通过系统审核才可以创建聚焦展位推广计划。

图4-65　添加创意

商家在正式投放聚焦展位推广计划前，可以先测试创意，找到最佳的创意图片来投放。另外，商家还可以设置不同时段投放不同素材，来提升点击率和ROI。

高点击率创意图必须要突出产品的利益点、服务优势和品牌元素，如"低至9.9""第2件半价""1元抢购"等利益点，或者"工厂直供""退货包运费"等服务优势。商家可以将店铺的爆款商品主图放到创意图上，同时在点击后的落地页首屏中展现这个爆款。

商家还可以参加"百亿补贴""9块9特卖""限时秒杀""断码清仓"等活动，来营造聚焦展位创意图的活动氛围。同时，在创意图中设计一些按钮、箭头图案，可以很好地增强图片的点击效果，让创意图更有吸引力。

2. 创意规范

在"创意管理"界面中，点击"查看创意制作规范"按钮，可以查看平台发布的《聚焦展位创意图规范FAQ》文档，商家一定要将其牢记于心，这样才能提升创意图的通过率和点击率。聚焦展位创意样式的基本要求如图4-66所示。

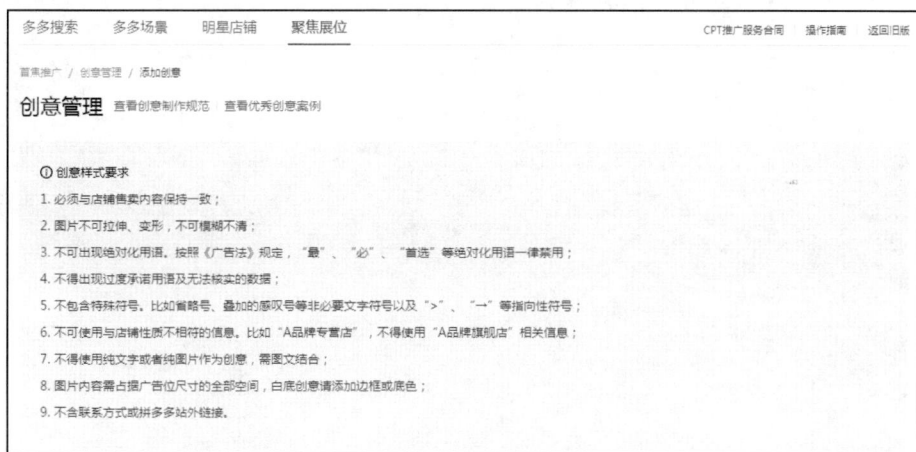

图4-66　聚焦展位创意样式的基本要求

如图4-67所示，这张创意图被拉伸过，尺寸已经变形；如图4-68所示，该创意图非常模糊，因此这两张创意图很明显是不能通过系统审核的。

图4-67　变形的创意图示例

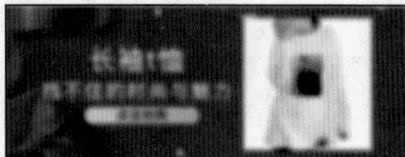

图4-68　模糊的创意图示例

提醒：

当商家创建的是聚焦展位的商品推广计划时，应该在创意图中凸显主打商品，同时利益点要强调价格优势，或者以爆品图结合当季用户需求，吸引买家注意，突出品牌特性。

第5章

多多进宝，优质推手

多多进宝是拼多多为商家提供的一种营销工具，商家可以给推手设定一定的佣金比例和优惠券，让推手来帮助商家分享商品链接，吸引消费者下单，从而实现商家营收增速、推手获利以及买家获得优惠的"三赢局面"。

要点展示：

掌握多多进宝活动的参与对象和引流渠道

掌握通用、专属、招商、全店等推广方法

掌握招商活动和资源位绿色通道推广玩法

掌握折扣券、组合推广和数据分析方法

5.1 认识推手：运营平台

多多进宝活动的定位为"按成交付费，携手站外推广，短时间爆量"，参与活动的商品不仅可以提升权重，还能快速上活动、首页和推文等推广资源。多多进宝活动不要求商品有基础销量，非常适合新品推广，引流效果非常好。

多多进宝是一个零门槛的推广工具，可以让众多百万级流量推手帮助商家推广商品。同时，商家还可以拥有不出单不收费，销量权重按1∶1计算，流量加持以及零销量冲活动等权益。开通多多进宝的主要好处如下。

● 设置佣金吸引推手站外助推，提升品牌曝光度，提高商品销量。

● 设置优惠券，刺激站外用户下单购买，从而提升商品转化率。

● 高曝光引流，更容易促成客户转化，从而为店铺积累更多粉丝。

"多多客"是指帮助拼多多商家推广商品，并按成交效果获得个人佣金的推手，包括个人、团队和公司等，计费方式按通过实际的销售量进行计费（Cost Per Sale，CPS）支付佣金。其中，个人推手以"多多进宝"官方公众号为主要活跃平台，可以在该公众号中通过直接选择和分享推广商品来赚钱，如图5-1所示。

图5-1 "多多进宝"官方公众号

如果是大型推手团队和公司运作，公众号就没有办法满足他们的需求，他们是通过API接口的方式与"多多进宝"实现对接的。另外，很多商家找不到推手，推手也找不到好的品牌，此时就诞生了另外一种角色，即招商。招商可以作为商家和推手两者之间的一个桥梁，帮助商家寻找好的推手推广商品，同时帮助"多多客"找到好的商品去推广，而招商则向商家收取一定的服务费。

5.2 单品推广：瞬间破零

"多多进宝"是一个零门槛、按成交付费的推广工具，可以让众多百万级流量推手帮助商家推广商品。商家可以在拼多多管理后台的左侧导航栏中选择"多多进宝→进宝首页"选项，系统会自动检测并筛选店铺中过去30天内没有销量的商品，同时弹出"设置单品推广计划"对话框，商家可以点击"一键设置"按钮，即可快速开启多多进宝推广计划，如图5-2所示。

图5-2　点击"一键设置"按钮

在"进宝首页"的下方，会展示一些多多进宝推广的成功案例和相关数据，提升商家的信心和积极性，如图5-3所示。多多进宝中的"多多客"到底有什么本事呢？商家可以通过这些案例来分析，从商品的七天数据表现能够看到，商品的销量、排名、曝光和收藏等数据都得到了极大的提升。

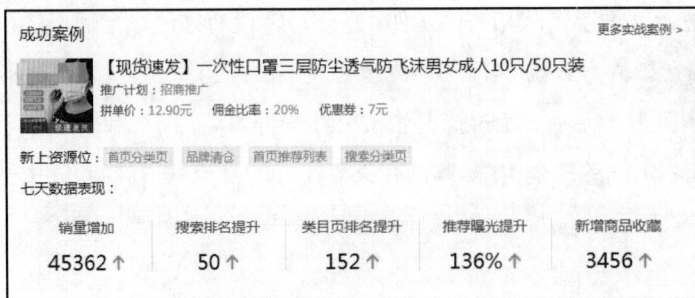

图5-3　多多进宝的优秀案例

5.3 引流渠道：全网曝光

通过多多进宝引流，店铺也会随着商品流量得到曝光，从而被买家关注和收藏，在一次推广后，还能够持续产生购买行为。多多进宝的流量渠道分布非常广泛，包括各种社群、微信朋友圈、微信公众号、微信小程序等社交平台，以及各种导购网站、各类App和自媒体平台。

1. 站内渠道一：官方资源位

拼多多的站内资源位非常丰富，包括首页限时秒杀、断码清仓、爱逛街、9块9特卖、时尚穿搭、食品超市等，商家能够通过多多进宝迅速达到这些资源位门槛。例如，限时秒杀资源位的门槛为店铺近90天评价总数≥1 000条，商品的历史评价（仅统计有效评价）热销类目≥100条，评分要求同步首页。

例如，如图5-4所示为限时秒杀中的"品牌秒杀"资源位展示效果。"品牌秒杀"中的商品排名主要依据各专场的总GMV数据，商品GMV数据越高，获得的曝光就越多。同时，单品在多多进宝中的产出也会累积到品牌秒杀的GMV数据中，而且秒杀商品可以同步到多多进宝，商家只需在报名时选择"预热可购买"方案，即可在开场前报名多多进宝，获得及时的推广效果。

> **提醒：**
> 多多进宝产生的销售订单，与主站的日常销量权重完全一样，都是 1：1 的比例。也就是说，在多多进宝卖一单商品，就相当于在拼多多主站中卖出一单。

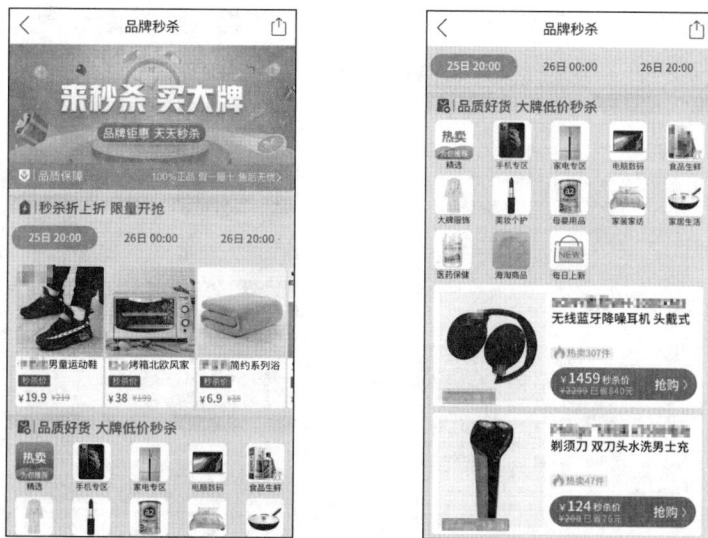

图5-4 "品牌秒杀"资源位展示效果

2. 站内渠道二: 分类页+推荐页

在拼多多App中，点击底部导航栏中的"分类"按钮，进入该界面可以看到各种实物标签，这些标签所链接的就是分类页，能够让买家轻松、准确且快速地找到需要的商品类型，如图5-5所示。当主站的商品属性标签足够完善后，分类还能精细到商品具体属性，如"时尚套装""蕾丝雪纺衫"等。

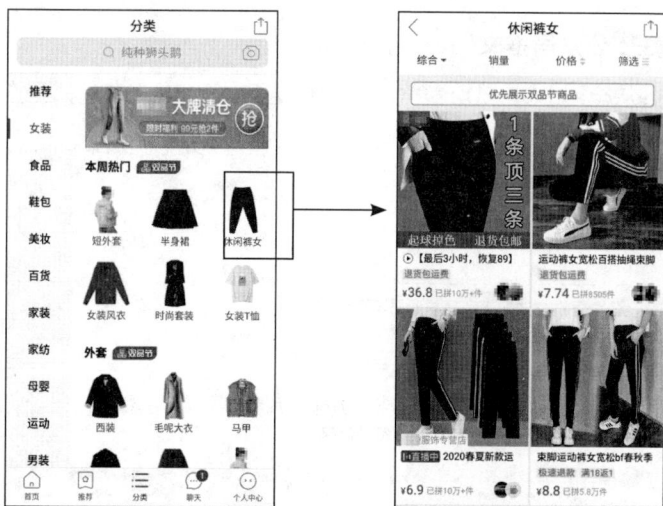

图5-5 拼多多分类页资源位展示效果

在拼多多App中，点击底部导航栏中的"推荐"按钮，进入"推荐"界面，界面中会直接展现推荐商品，如图5-6所示。系统会根据买家的消费行为，优先推荐他们最近搜索过、深度浏览过、收藏过或者购买过的商品。

图5-6　拼多多推荐页资源位展示效果

分类页和推荐页的展示商品是千人千面的，同时商品排名不仅与销量（前日销量、近30天销量）有很强的相关性，还具有资源位倾斜的特点。因此，商家可以通过"多多进宝"来提高商品销量，同时评分高的商品还能够进入"多多进宝"的"首页资源池"，从而获得资源位的流量倾斜。

3. 站内渠道三：公众号推文

拼多多会从全网TOP 300爆款榜单中优选100~150个商品，通过公众号推文的展现形式推送给粉丝，如图5-7所示。在公众号推文中，头部商品销量可以轻松实现翻倍，首篇推文的大流量甚至可以让商品销量翻数倍。

> **提醒：**
>
> 需要注意的是，公众号推文对如下商品是明显不适合的。
> - 曾经上过推文，但表现不佳的商品。
> - 价格过高，不符合"全网最低价"原则的商品。
> - 用户定位不符合的商品，例如，公众号粉丝为女性用户，却推送男性商品。
> - 电商"黑五类"产品，以及季节属性明显不符的商品。

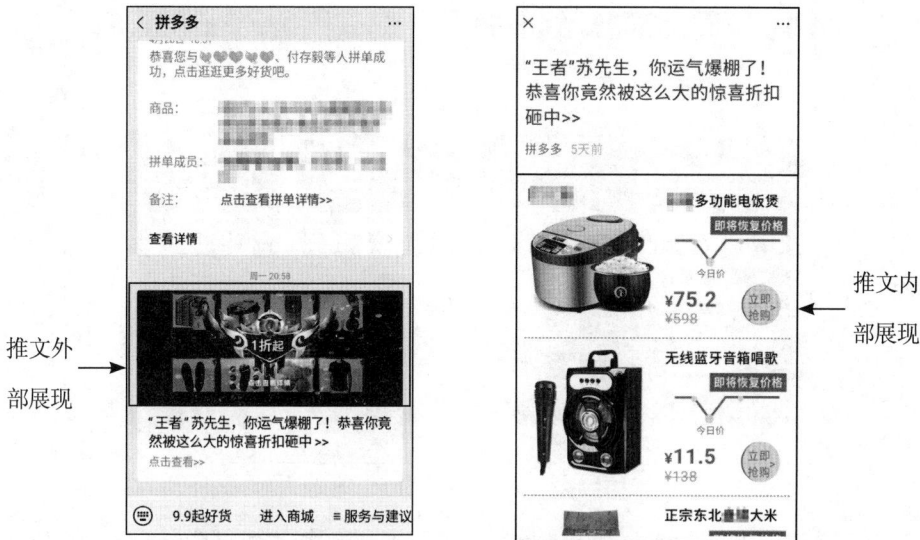

图5-7　拼多多公众号推文资源位展示效果

因此，商家要掌握好公众号推文的选品时间，通过多多进宝着重提升商品销量，使其达到公众号推文的门槛。

4. 站外渠道：合作渠道

多多进宝的站外合作渠道包括以下4类。

（1）代理型：如一淘、返利网、花生日记、美逛、好省等返利代理App。

（2）内容型：包括内容管理系统（Content Management System，CMS）和各种商品库，如什么值得买、快手等，商家可以结合社群属性进行用户运营。

（3）流量型：包括各种自媒体平台，如今日头条、微信公众号、小程序等。

（4）传统型：如美柚、论坛等中小淘客渠道。

推手可以通过多多进宝官网生成推广链接，将其分享到各个渠道进行推广，下面介绍具体操作方法。

步骤 1　进入多多进宝主页，选择相应的推广对象，如商品、店铺或主题，点击"一键推广"按钮，如图5-8所示。

图5-8　点击"一键推广"按钮

步骤 2　执行操作后，弹出"推广设置"对话框，推手可以选择已有推广位，也可以新建推广位，然后点击"确认"按钮，如图5-9所示。

步骤 3　执行操作后，弹出"推广主题"对话框，推手可以选择"双人团"或者"单人团"拼团形式，以及各种链接形式，如图5-10所示为短链接。

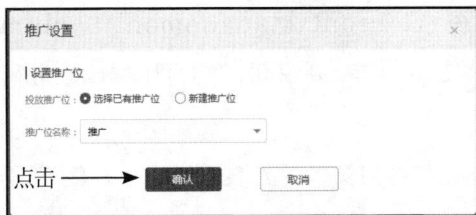

图5-9　点击"确认"按钮

图5-10　生成推广主题链接

步骤 4　推手还可以生成长链接、图片以及导出推广链接，如图5-11所示。

步骤 5　以图片为例，点击"复制图片"按钮，然后进入站外推广渠道页面，在发布内容时粘贴图片，即可通过站外渠道分享推广商品，如图5-12所示为通过微信朋友圈来分享商品。

步骤 6　当好友在朋友圈看到广告图后，即可通过长按扫码的方式进入主题页面，下单购买商品，如图5-13所示。

图5-11　生成其他形式的推广主题链接

图5-12　通过微信朋友圈分享商品　　　图5-13　进入推广主题页面

　　另外，多多进宝还推出了"赏金计划"，为有优质推广渠道的推手提供高收益补贴礼包，"多多客"可以领取高性价比的"赏金礼包"，提升推广收益。

5.4　通用推广：持续爆量

　　商家可以制定合理的佣金来吸引推手，通过各种站外渠道来助力商品推广，并通过优惠券来刺激站外消费者购买。下面介绍创建多多进宝活动的具体操作方法。

步骤 1 进入拼多多管理后台的"多多进宝→进宝首页"界面，在右侧的"推广设置"板块中点击"去设置"按钮，如图5-14所示。

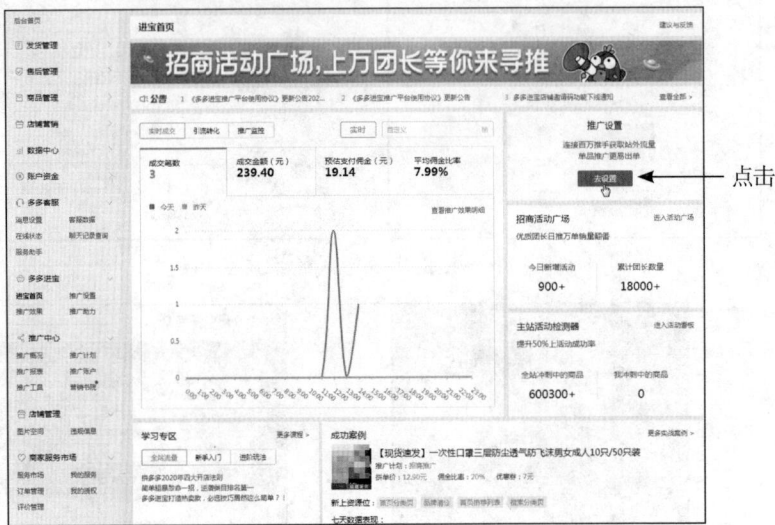

图5-14 点击"去设置"按钮

步骤 2 进入"进宝推广设置"界面，选择推广主体，包括通用推广、专属推广、招商推广、全店推广等，以通用推广为例，点击"新建通用推广"按钮，如图5-15所示。

图5-15 点击"新建通用推广"按钮

步骤 3 进入"新建商品推广"界面，商家可以在下方的列表框中选中相应商品，也可以在搜索框中输入商品ID来查询，如图5-16所示。

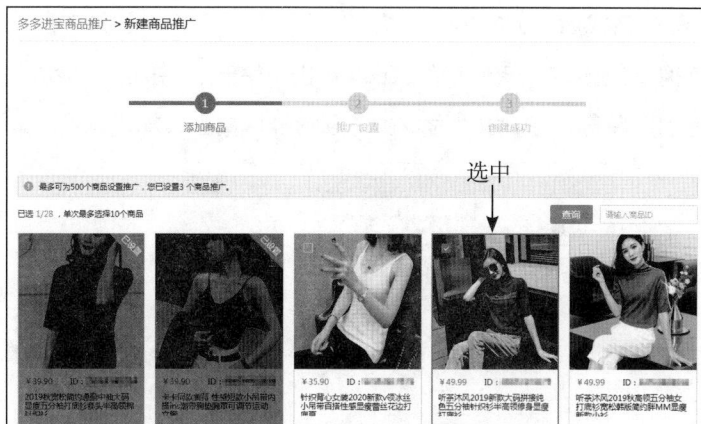

图5-16　选择推广商品

步骤　4　选择要推广的商品后，❶在下方的"设置佣金比率"文本框中输入相应的批量佣金比率；❷点击"下一步"按钮，如图5-17所示。

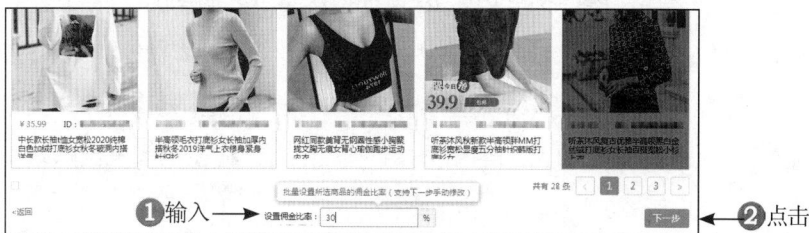

图5-17　设置佣金比率

步骤　5　进入"推广设置"界面，在此可以调整单个商品的佣金比率以及添加优惠券，如图5-18所示。

图5-18　"推广设置"界面

步骤　6　商家可以在"推广设置"界面，点击"添加优惠券"按钮创建优惠券，如图5-19所示。添加优惠券能让商品对消费者更有吸引力，能大幅度提升商品购买率。设置完成后，点击"确认"按钮，即可创建多多进宝推广活动。注意：优惠券金额不得超过团购最低价格的70%。点击"发布"按钮进入"添加优惠券"界面，选中"使用"单选按钮，即可为多多进宝的推广商品添加优惠券。

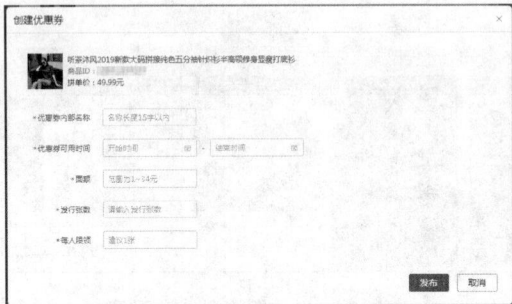

图5-19　创建优惠券

　　需要注意的是，推手都喜欢高佣金（普遍在30%左右）的商品。同时，商家要注意推广商品的价格、选品和评价，例如价格过高的商品即使佣金很高，也难获得很好的转化。因此，商家需要从这些方面去优化商品，并主动寻找好的推手。

　　通用推广主要依托多多进宝合作媒体的推广渠道，为商家带来更多站外优质流量。商家成功设置商品的通用推广计划后，商品将在多多进宝网站和App端获得展示，如图5-20所示。

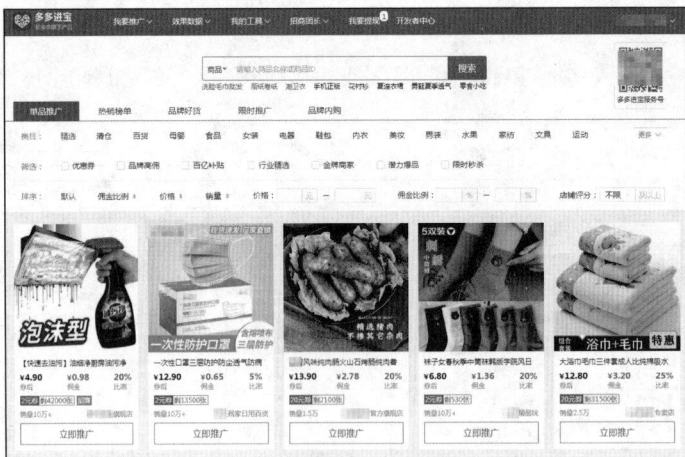

图5-20　多多进宝网站中的商品推广

　　多多进宝通用推广计划的相关策略如下。注意：个人店铺最高只能设置50%的佣金，如果有特殊情况，那么商家可以联系运营小二进行咨询。

　　（1）设置佣金比率：通用推广佣金比率≥全店推广佣金比率，范围为

0.1%~80%，通常20%~80%的佣金能够更好地吸引推手。

（2）设置优惠券：如果商品价格高于10元，那么商家可以添加优惠券，金额设置越高越能激发推手的积极性，但注意要给自己留下合理的利润空间。

5.5 专属推广：迅速起量

专属推广是指商家可以针对某个专属推手，来创建专属推广计划，并在其中设置双方约定好的佣金比率和优惠券，只有对应推广者ID的推手能够获得该计划的推广权限，其他推手无法获取。

如果商家在推广某个商品时，想要更好地控制商品的推广节奏和销量，来实现特定的推广目标，尽可能地避免产生损失，那么专属推广就是不错的选择。另外，对专属推手来说，还可以打造"独家推广"的宣传噱头，提升推广力度。专属推广能够帮助商家建立和优质推手的良好合作关系，实现双方的预期目标。

商家可以进入拼多多管理后台的"进宝推广设置"界面，点击"新建专属推广"按钮，如图5-21所示。

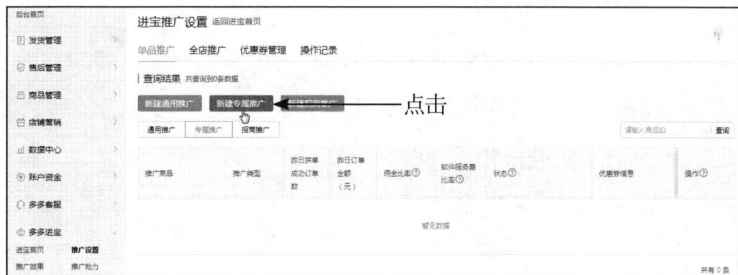

图5-21　点击"新建专属推广"按钮

进入"新建商品专属推广"界面，选择要推广的商品，点击"下一步"按钮，进入"推广设置"界面。在此输入推广者ID和佣金比率（专属推广佣金比率必须大于等于全店推广），点击"确认"按钮即可，如图5-22所示。

商家与推手之间商定好特定的佣金比例及优惠券金额，佣金比率设置范围为1%~90%。由推手进行推广，商家则凭借专属推广的订单数向推手结算佣金。需要注意的是，商家必须先设置通用推广计划，然后才能设置专属推广。对于有自己的渠道资源的商家来说，专属推广可以帮助他们的商品迅速起量。

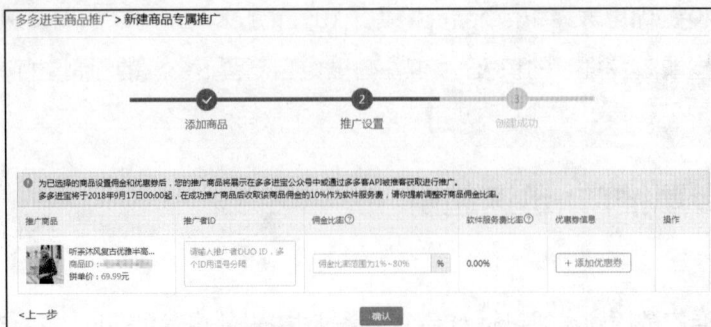

图5-22 设置商品专属推广计划

5.6 招商推广：打破困局

商家发布招商推广后，由招商团长号召的所有推手，皆可享有该推广计划的佣金比率。创建商品招商推广计划的主要流程如下。

步骤 1 商家提前和招商团长进行联系，并协商招商团长佣金比率、"多多客"佣金比率和优惠券等信息。

步骤 2 商家进入后台设置招商推广计划，进入拼多多管理后台的"进宝推广设置"界面，点击"新建招商推广"按钮，如图5-23所示。注意：商家需要创建通用推广后，才能新建招商推广。

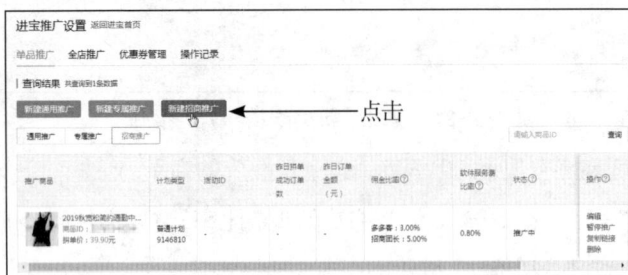

图5-23 点击"新建招商推广"按钮

步骤 3 添加相应商品后，点击"下一步"按钮，进入"推广设置"界面，在此设置招商团长ID、佣金比率以及优惠券信息，软件服务费比率由系统自动生成，如图5-24所示。注意：招商推广"多多客"佣金比率必须大于等于全店推广、通用推广佣金比率。设置完成后，点击"确认"按钮，即可创建招商推广计划。

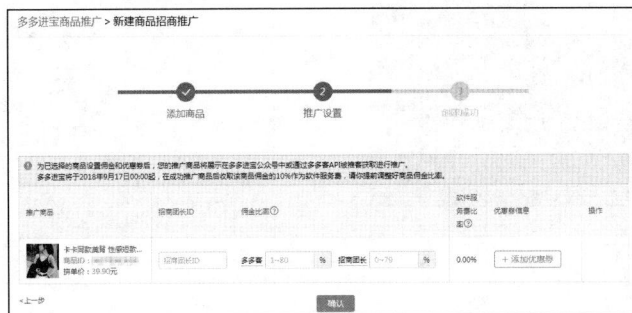

图5-24　商品招商推广设置界面

步骤　4　同步招商推广计划和链接给招商团长。在"招商推广"计划列表的操作栏中，点击"复制链接"按钮，即可复制推广商品的分享链接，如图5-25所示。

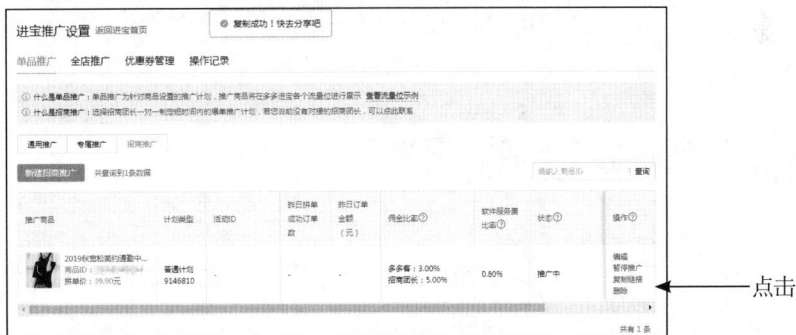

图5-25　复制链接

步骤　5　招商团长分发链接给"多多客"推手，然后由他们转发链接到自己的渠道来推广商品。如图5-26所示为通过微信来分享商品推广链接。

> **提醒：**
>
> 在招商推广计划中，商家除了要在线上结算推手佣金，通常还需要在线下结算给招商团长的服务佣金。多多进宝为了规范结算流程，推出了官方的团长佣金线上结算渠道。商家可以与招商团长商议，共同确定招商团长的佣金比率。商家设置团长佣金线上结算渠道后，无须再去线下结算团长的服务费，双方商定好后按需填写相关的设置即可。

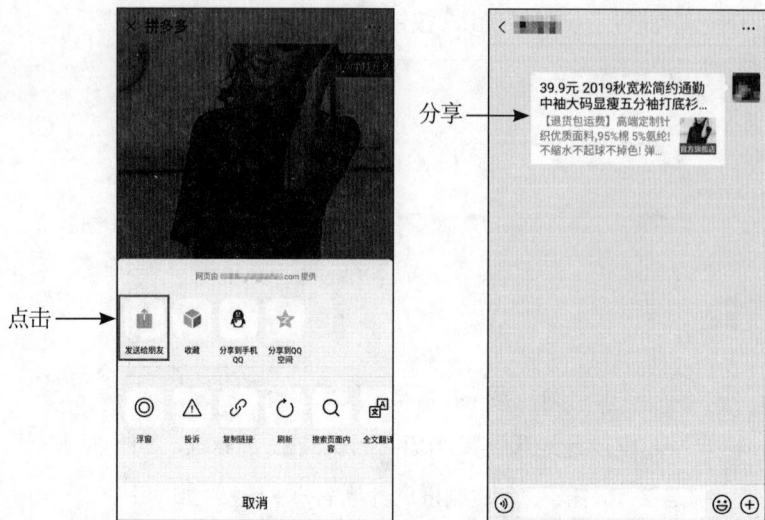

图5-26　通过微信来分享商品推广链接

5.7　全店推广：增加曝光

开通全店推广计划，可以让商家更容易与推手达成长久合作，从而提高商家的推广效率，以及增加店铺商品的曝光量。在多多进宝的"进宝推广设置"界面中切换至"全店推广"选项卡，即可看到店铺的推广信息，如图5-27所示。

图5-27　"全店推广"选项卡

点击"编辑"按钮，弹出"编辑全店推广"对话框，可以设置全店推广的佣金比率，如图5-28所示。注意：商家在与推手结算佣金时，单品推广计划优先于全店推广计划。

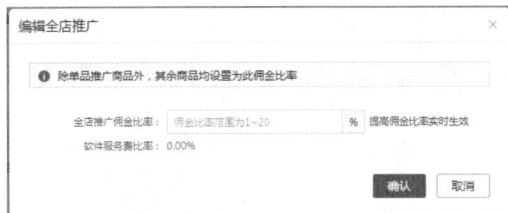

图5-28　编辑全店推广

商家可以在"进宝推广设置"界面切换至"操作记录"选项卡，查看"全店推广记录"事项，包括创建时间和操作记录，如图5-29所示。

图5-29　查看全店推广记录

创建多多进宝全店推广计划后，商家的店铺即可展示到多多进宝官网的"店铺推广"页面中，同时会显示店铺LOGO、店名、店铺类型、主营类目、店铺销量、店铺评分、佣金比率以及热销商品，如图5-30所示。

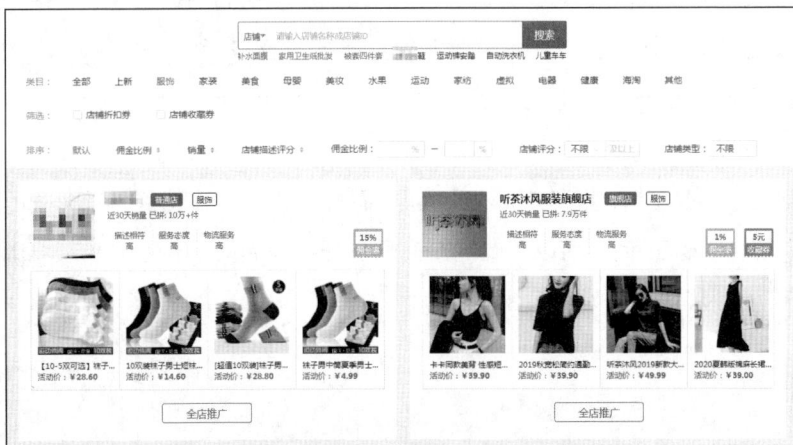

图5-30　多多进宝官网的"店铺推广"页面

推手可以点击"全店推广"按钮，弹出"推广设置"对话框，在其中可以设置推广券和推广位，如图5-31所示。点击"确定"按钮，弹出"推广店铺"对话框，推手可以点击"复制"按钮复制推广店铺的短链接或长链接，如图5-32所示。推手将链接发布到自己的推广渠道，即可实现全店推广。

图5-31　全店推广设置

图5-32　复制推广店铺链接

> **提醒：**
> 多多进宝的推广短链接有效期只有60天，过期失效后需要重新获取。

5.8　助力推广：招商活动

商家可以通过拼多多管理后台的"多多进宝→推广助力→招商活动广场"界面，在此即可看到招商活动的活动信息（活动主题和招商团长信息）、招商团长近30天数据（单品目标完成率、单品平均成交单量、推广商品总数、总成交金额）、报名截止时间、活动起止时间、营销要求（"多多客"佣金、优惠券面额）等信息，如图5-33所示。

商家选择要参与的活动后，在"操作"区中点击"立即报名"按钮，即可进入"活动报名"界面。商家可以在此选择商品参与招商活动，并设置费率，即可完成招商活动的报名操作，如图5-34所示。

图5-33　"招商活动广场"界面

图5-34　"活动报名"界面

当商家发现招商的效果比较差时，可以解绑替换招商团长，寻找更优秀的人来合作推广。目前，多多进宝支持商家解绑现有招商团长，替换为其他招商团长，操作后可以立即生效。商家可以进入"多多进宝"商家后台，在右上方点击"我要替换团长"按钮，如图5-35所示。然后分别输入"已绑定的邀请码"和"要替换的邀请码"，点击"确认"按钮即可。

图5-35　解绑替换招商团长

如果在绑定过程中提示"此招商团长没有绑定多多进宝商家的权限"，则商家应该寻找有绑定自己店铺权限的招商团长，或者与下一任要绑定的招商团长商议好之后，再进行解绑替换操作。

> **提醒：**
> 每个商家每个月仅有一次替换机会，替换时必须慎重考虑。

同时，招商团长也可以进入多多进宝主页，在顶部导航栏中选择"招商团长→发布招商活动"选项来发布招商活动。注意：发布招商活动需要满足一定的条件，具体内容如图5-36所示。

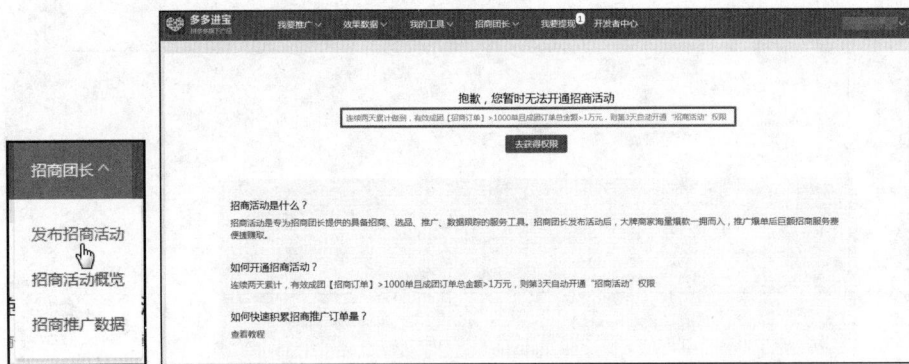

图5-36　发布招商活动的条件

推手注册招商团长没有门槛，只要推手已注册拥有多多进宝官方网站的账号——多多客ID，就可以直接成为招商团长。为扶持招商团长业务发展，官方给予团长多项补贴和福利政策。招商团长的基本权益可以分为如下3个等级。

（1）一级权益：门槛为"连续两天累计招商订单>1 000单"且"连续两天累计招商订单总金额>1万元"，可以获得以下权益。注意：多多进宝平台仅对团长招商订单中的有效订单进行考核，其中不包括虚拟商品订单、超低价或超高价商品订单以及无效刷量订单等。

● 享有发布招商活动权限。

● 一级团长拥有子账号权限，被主账号绑定后可获得主账号所有权益（绑定子账号权益除外）。

● 可通过官方聊天工具（knock）接受商家聊天邀请。knock是多多进宝官方提供的电脑端聊天软件，可以方便招商团长与商家进行即时沟通。

（2）二级权益：门槛为"周期内累计招商订单>5万单"且"周期内累计招商订单总金额>50万元"，可以获得以下权益。

● 享有发布招商活动权限。

● 拥有主账号权限，可绑定5个子账号。

● 可主动通过官方聊天工具（knock）联系商家。

● 拥有锁定商品补贴权限。团长在一定要求下对特定商品进行招商后，可以锁定该商品，并获得该商品今后半年的补贴。

● 招商推广有效订单可获得佣金3%的官方补贴。这是多多进宝官方给予团长的主要补贴，即招商团长产生的有效招商订单，每单都有招商补贴，计算公式如下。

招商补贴=（多多客佣金+招商佣金）×3%（或5%）

> **提醒：**
> 其中，"周期"是指多多进宝平台针对招商团长制定的固定考核周期，具体时间为每月的16日0点至次月的13日24点，即一个新周期的第一天为当月16日，最后一天则为次月13日，而每月的14～15日这两天内产生的招商订单补贴能够正常结算，但不会计入权限考核周期。

（3）三级权益：门槛为"周期内累计招商订单>30万单"且"周期内累计招商订单总金额>300万元"，可以获得以下权益。

● 享有发布招商活动权限。

● 拥有主账号权限，可绑定20个子账号。

● 可主动通过官方聊天工具（knock）联系商家。

● 拥有锁定商品补贴权限。

● 招商推广有效订单可获得佣金5%的官方补贴。

● 做"锦鲤"任务可获得3倍补贴。

> **提醒：**
> 多多进宝官方针对三级招商团长推出了"锦鲤"任务，由招商团长和绑定的子账号一起完成。招商团长的团队完成"锦鲤"任务后，可以在下一个"周期"中享受更高的招商补贴比率权益（招商补贴=佣金×15%）。

5.9 绿色通道：优先排期

"多多进宝&主站活动绿色报名通道"是多多进宝官方和秒杀活动、9块9特卖、每日好店、爱逛街、新衣馆联合推出的针对多多进宝商家的报名通道，通过此通道报名的商品享有优先审核排期的权益。商家可以在"活动助力"界面切换至"资源位绿色通道"选项卡，选择相应的主站活动资源位，如图5-37所示。

图5-37　选择主站活动资源位

点击"立即领取报名资格"按钮，跳转到报名条件界面，系统会检测商家的活动资格，店铺条件达标即可抢绿色通道名额，若商家满足其中的条件，则可点击"设置商品推广"按钮，如图5-38所示。

执行操作后，进入"新建商品推广"界面，❶添加相应的推广商品；❷并设置佣金比率，如图5-39所示。点击"下一步"按钮，即可设置商品推广。注意：一个店铺最多可为500个商品设置推广。

图5-38　点击"设置商品推广"按钮

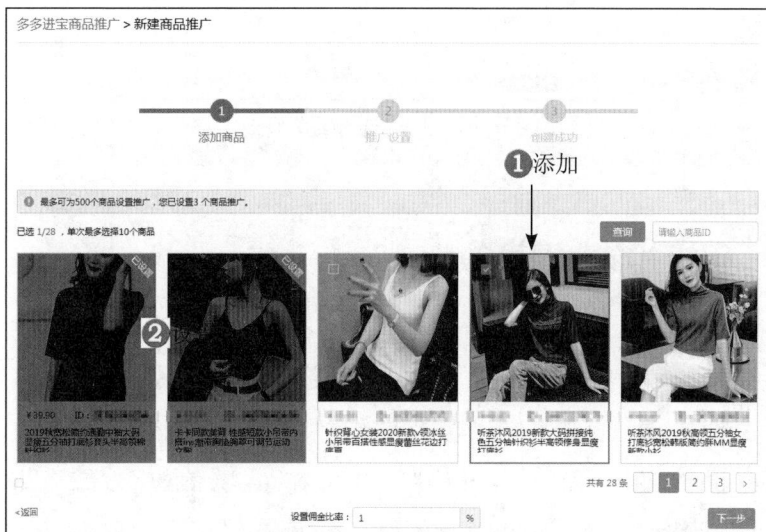

图5-39　新建商品推广

多多进宝官方发放的绿色通道领取资格，在统计商家的商品销量时，会自动剔除不合规的订单数，因此商家要注意使用合规手段来冲销量。平台会在每天9点开始限量发放绿色通道名额，满足条件的商家也要注意发放时间，否则很可能抢不到名额。

> **提醒：**
>
> 绿色通道名额有限，同一个商家 5 天内只能领取 1 次绿色通道名额。

推手可以在"多多进宝"官网导航栏中，选择"我要推广→精选频道"选项进入"精品频道"页面，来一键推广各种活动资源位商品，如图5-40所示。"精选频道"帮推手选取了众多好卖的爆款商品，这些商品的转化率非常高，推手无须在选品上花太多时间。

图5-40　"精选频道"页面

5.10 用折扣券: 提高效率

多多进宝推出"店铺折扣券"功能，商家设置后可以在多多进宝官网显示，从而让推手一键进行全店推广，提高商家的推广效率和引流效果。商家可以进入"多多进宝→进宝推广设置→全店推广"界面，在优惠券信息下方点击"去设置"按钮，弹出"设置优惠券"对话框，点击"新建优惠券"按钮，如图5-41所示。

弹出"创建优惠券"对话框，设置优惠券类型、优惠券名称、有效期限、折扣值、最大优惠金额、发行张数以及领取量等信息，如图5-42所示。设置完毕后，点击"创建"按钮，即可新建店铺折扣券。

图5-41　点击"新建优惠券"按钮

图5-42　设置店铺折扣券

创建店铺折扣券后，商家可以进入"优惠券管理"界面，切换至"店铺优惠券"选项卡，在此可以查看优惠券的使用情况等数据，也可以在操作区中点击"结束"按钮停止优惠券的发放，如图5-43所示。

单品推广 全店推广 优惠券管理 操作记录
店铺优惠券 商品优惠券
状态：生效中

优惠券名称	折扣值	最大优惠金额	优惠券有效时间	限领额（人）	发行量	领取量	使用量	优惠券状态	操作
8折店铺折扣券	8	100元	起：2019-08-02 00:00:00 止：2019-08-04 23:59:59	1张	100	0	0	生效中	结束
多多客2	6	40元	起：2019-08-06 00:00:00 止：2019-08-07 23:59:59	1张	1	0	0	生效中	结束

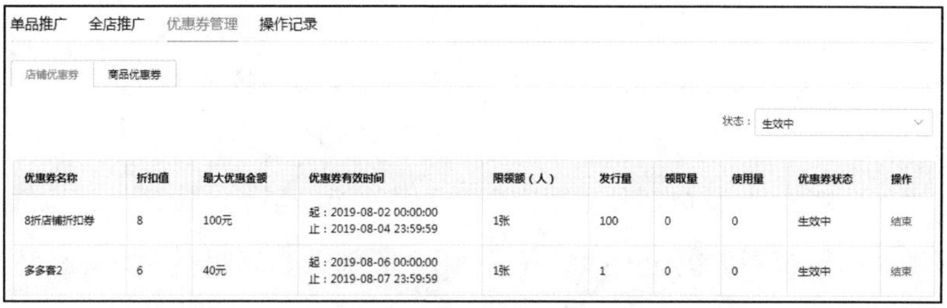

图5-43 "优惠券管理"界面

提醒：

结束领取后，优惠券将不能继续领取，但不影响已领取的优惠券的使用。

优惠券会通过多多进宝网站显示，推手在官网进入"店铺推广"页面，选择相应店铺后，点击"全店推广"按钮，即可一键进行全店铺的商品推广。另外，推手也可以将生成的链接发送给手机端用户，用户即可在手机端领取该店铺的折扣券。

商家创建店铺折扣券或店铺收藏券后，推手在多多进宝中选择推广店铺时，通常更喜欢选中这两个筛选条件，而且这些优惠券也更能够提升消费者的购买欲望，如图5-44所示。

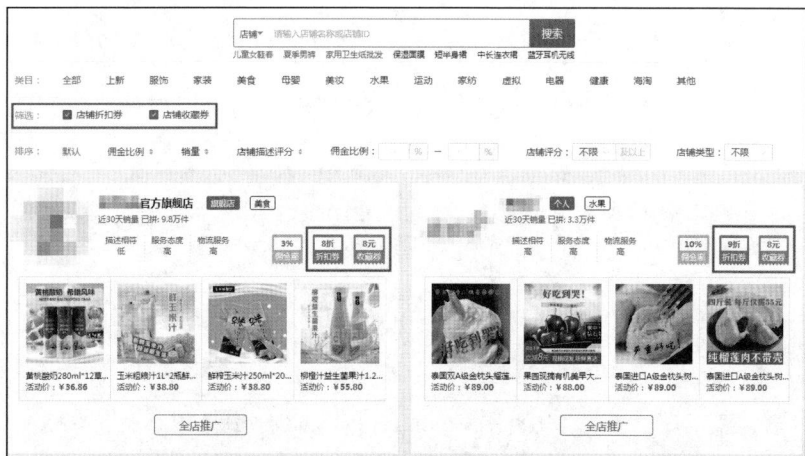

图5-44 筛选拥有店铺折扣券和店铺收藏券的推广店铺

5.11 组合推广：提升销量

商家在使用多多进宝推广引流时，最关心的莫过于这两个问题，即如何运用多多进宝迅速提升商品销量，以及如何运用多多进宝稳住首页流量。简单来说，多多进宝对商品销量的助推作用，主要表现在"快速起量"和"持续爆量"两方面。

对于低销量或者零销量的商品来说，商家比较关心如何用多多进宝来快速起量，这点主要通过优化商品的推广计划，还有配合推手资源来实现；老商家则更在乎如何运用多多进宝来"持续爆量"。本节将介绍正确解锁多多进宝配合其他工具的各种推广玩法，适合各种新老商家使用。

1. 多多进宝+活动：提升商品销量排名

商家可以通过多多进宝配合活动推广，来提升商品的销量排名和自然搜索排名。影响类目排名的因素是全维度的GMV，全维度的GMV同时也包括多多进宝的GMV数据。

商家可以先预估或者测试一下，通过多多进宝来提升排名或者通过付费推广来提升排名，哪一个成本更高，哪一个实现推广目标的时间最短。当商家遇到销量瓶颈的时候，也可以通过多多进宝突破瓶颈，提高GMV，从而获得更高的商品排名。

通常情况下，在大促或者大流量活动后，商品销量都会面临下滑的趋势。商家除了用付费推广来提升GMV，应对活动结束后转化率变差的情况外，也可以通过多多进宝来应对，具体策略如图5-45所示。

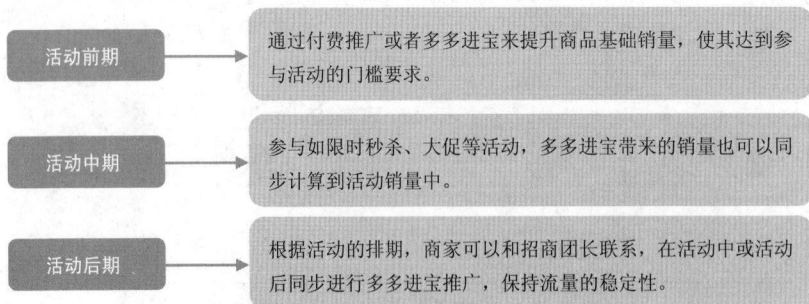

活动前期	通过付费推广或者多多进宝来提升商品基础销量，使其达到参与活动的门槛要求。
活动中期	参与如限时秒杀、大促等活动，多多进宝带来的销量也可以同步计算到活动销量中。
活动后期	根据活动的排期，商家可以和招商团长联系，在活动中或活动后同步进行多多进宝推广，保持流量的稳定性。

图5-45　多多进宝配合活动推广的基本策略

> **提醒：**
>
> 商家要先和团长协商佣金比例，基本在 30% 左右，服务费基本是一元，但是服务费需要计算到产品最终的销售客单价里面。然后设置优惠券的比例，通常客单价在 10 元以内的商品优惠券为 1~2 元，客单价在 20 元以内的商品优惠券可设置为 2~4 元，这是一个正常的推广比例。

在活动结束后流量下滑时，商家可以同时配合"多多进宝+付费推广"，稳定活动原有的数据量，保持ROI持平即可。

2. 多多进宝+场景：提升产品总体销量

商家可以利用多多进宝结合场景推广增加产品的权重，从而提升产品的总体销量。多多进宝是商家推广产品、提高销量的制胜法宝，商家可以自主设置优惠券和佣金比例，实现商品的销售和推手获利的双赢。

> **提醒：**
>
> "多多进宝＋场景推广＋自然搜索＝综合流量 GMV"，这就相当于建房子，商家先通过多多进宝把房子的地基打好，然后用场景推广进行封顶，最后通过自然搜索进行房间内部的装修，从而获得综合流量 GMV，得到舒适的入住效果。

在使用多多进宝推广时，商家可以配合场景推广，获得更好的引流效果，如图5-46所示。场景推广的综合排名会受到产品销量、点击率、转化率、广告出价等因素的影响，商家根据产品进行合理的出价设置。场景推广会根据产品的权重提高，展现量和排名也会随之提高。随着展现量的提高，点击率通常也会随着提高。

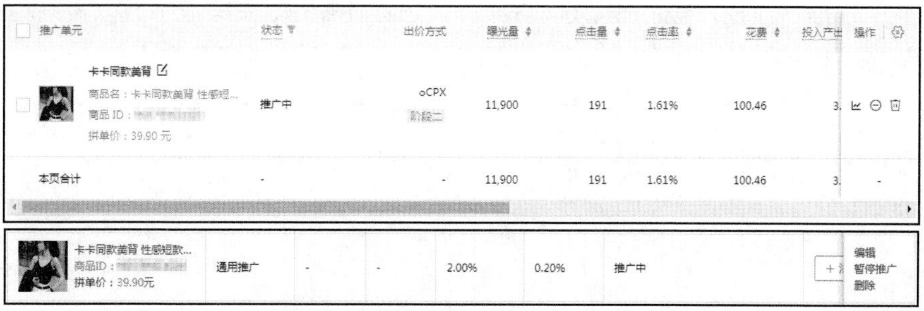

图5-46　通过"多多进宝+场景"共同推广商品示例

如果点击率不升反降，那么此时商家需要优化创意主图，让点击率保持稳定或者处于不断提升的趋势中，从而让产品权重不断走高。在点击率提升的同时，商家可以适当地调整场景推广的出价，从而提升ROI，放大产品的利润空间。

5.12 数据分析：把控效果

多多进宝推出了站外推广效果分析功能，可以帮助商家实时掌握主推商品的站外推广效果，查看商品是否得到推手青睐，同时可以提供翔实数据助力商家测款。站外推广效果分析功能主要包括实时成交、引流转化和推广监控3个部分。

（1）实时成交：包括成交笔数、成交金额、预估支付佣金、平均佣金比率等数据情况，如图5-47所示。

（2）引流转化：包括推广商品的点击数、访客数、拼单成功买家数以及访客转化率等数据情况，如图5-48所示。

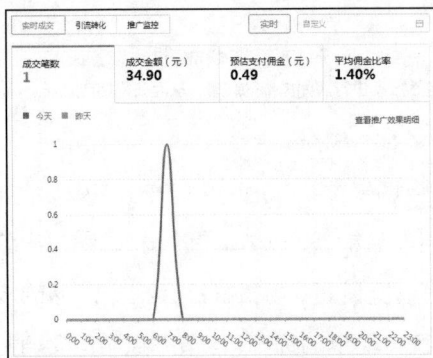

图5-47　实时成交数据

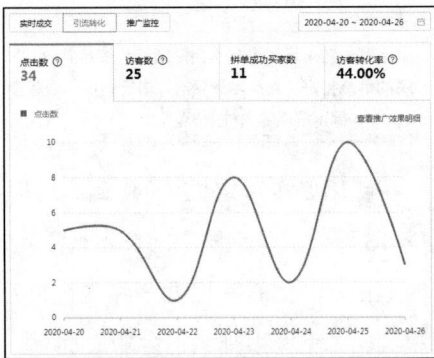

图5-48　引流转化数据

（3）推广监控：包括优惠券领取数、优惠券使用量、在推推手数以及商品收藏数等数据情况，如图5-49所示。

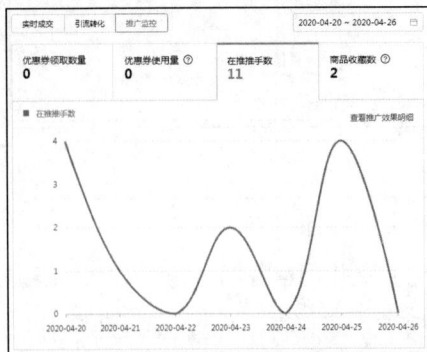

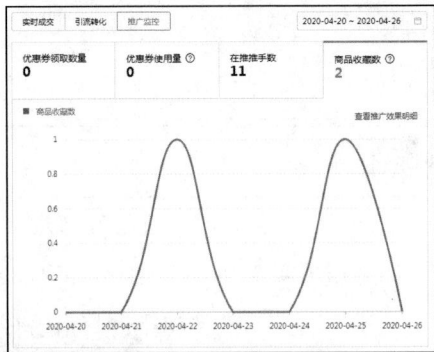

图5-49　推广监控数据

商家可以在页面中，点击“查看推广效果明细”按钮，也可以在左侧导航栏中选择“多多进宝→推广效果”选项，进入“进宝推广效果”界面查看各个“多多进宝”活动的推广效果详情数据，如图5-50所示。其中，“预估软件服务费”数据指标会根据推手等级不同而有所差异，商家实际支付的佣金和软件服务费因此也会不同，商家实际支付总金额不变。

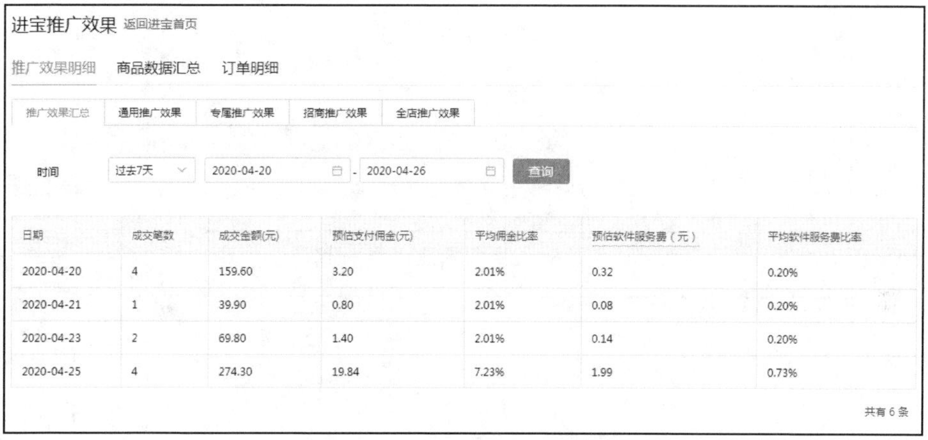
进宝推广效果 返回进宝首页
推广效果明细 商品数据汇总 订单明细
推广效果汇总 通用推广效果 专属推广效果 招商推广效果 全店推广效果
时间 过去7天 2020-04-20 - 2020-04-26 查询
日期 成交笔数 成交金额(元) 预估支付佣金(元) 平均佣金比率 预估软件服务费（元） 平均软件服务费比率
2020-04-20 4 159.60 3.20 2.01% 0.32 0.20%
2020-04-21 1 39.90 0.80 2.01% 0.08 0.20%
2020-04-23 2 69.80 1.40 2.01% 0.14 0.20%
2020-04-25 4 274.30 19.84 7.23% 1.99 0.73%
共有 6 条

图5-50　查看推广效果明细

提醒：

对于推手来说，可以进入多多进宝官网的“效果数据”页面，通过实时交易数据分析功能快速了解自己的推广情况，对活动投放效果进行实时监测；通过推广数据总览功能可以对比历史数据情况，从而对投放效果进行合理优化；通过推广效果趋势图功能可以了解数据的波动情况，便于推手调整自身的推广策略。

在“进宝推广效果”界面切换至“商品数据汇总”选项卡，商家可以在此查看商品成交数据和商品曝光数据，通过分时段展示帮助商家实时监控商品的推广和销量数据，如图5-51所示。

切换至“订单明细”选项卡，可以查询由多多进宝产生的商品订单详情，如图5-52所示。点击“导出订单明细”按钮，可以导出多多进宝的订单报表，帮助商家更好地进行数据分析，来作为调整多多进宝活动的推广商品和佣金比率的依据。

图5-51　查看商品成交数据

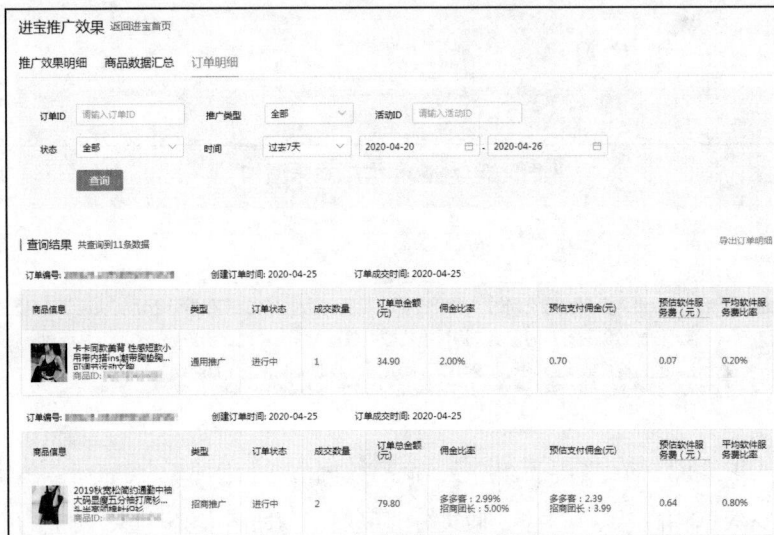

图5-52　查询多多进宝订单详情

第6章

大促活动，巨量曝光

如今，各种促销活动节日成就了电商平台的盛况，商家也需要榨干脑浆想出各种奇招，在大促活动中占据一席之地。拼多多大促活动的玩法虽多，但万变不离其宗，商家需要根据活动时间轴来做好前期准备和活动方案，让买家更便捷地去获取福利，给他们带来更好的大促氛围和购物体验。

要点展示：

掌握活动价、优惠券等大促活动的注意事项

学会"百亿补贴""双11""双12"等热门大促玩法

掌握"出游季""健康节"等平台大促活动操作方法

掌握"男人节""亲子节"等个性化大促活动玩法

6.1 注意事项: 把握好大促活动的节奏

商家可以利用平台的大促活动为店铺引流、拉新, 实现店铺销量再创新高的目标。但是, 如果商家不能很好地把握大促活动的节奏, 那么不仅会让店铺利益受到损失, 还会给店铺造成难以挽回的负面影响。下面笔者总结了两点拼多多大促活动运营的注意事项, 商家一定要小心防范。

1. 填错活动价

在报名活动时, 商家需要注意不要填错活动价, 否则会造成价差损失, 后期更改活动价还需要先下架资源位并重新报名, 这样不仅失去了先发优势, 错失大流量的机会, 而且会影响商品权重。商家可以在"营销活动"界面查看"已报名"活动, 查看活动价生效的时间, 避免与大促活动重合, 如图6-1所示。

图6-1　查看"已报名"活动

点击"查看更多"按钮, 进入"营销活动 > 报名记录"界面, 切换至"活动中"选项卡, 在此可以查看已报名活动的记录, 包括活动信息、报名商品、提交时间、活动时间、活动状态, 以及降价和取消活动等, 如图6-2所示。

选择相应活动, 点击"我要降价"按钮, 弹出"填写降价信息"对话框, 商家可以在此选择商品规格和价格类型 (一口价、折扣), 来批量设置活动价格, 如图6-3所示。注意: 降价后的活动价不能高于原提报价。

图6-2　查看已报名活动的记录

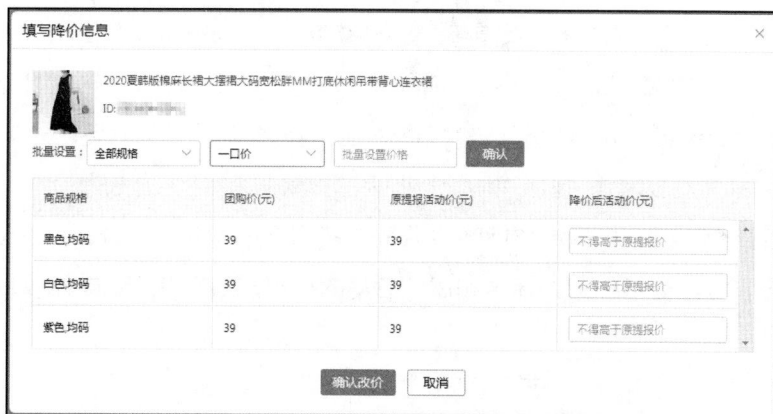

图6-3　设置活动降价信息

2. 优惠券设置

商品详情页的价格并没有直接算上优惠券的折扣，因此商家要关注自己设置的优惠券的使用时间，不要与活动时间重叠，避免造成损失。

商家可以通过"店铺营销→营销工具→优惠券→优惠券管理"方式查看优惠券，如图6-4所示。如果商家发现有优惠券与活动价重叠，那么可以自己盘算一下买家最终支付的价格，是否有足够的利润空间。

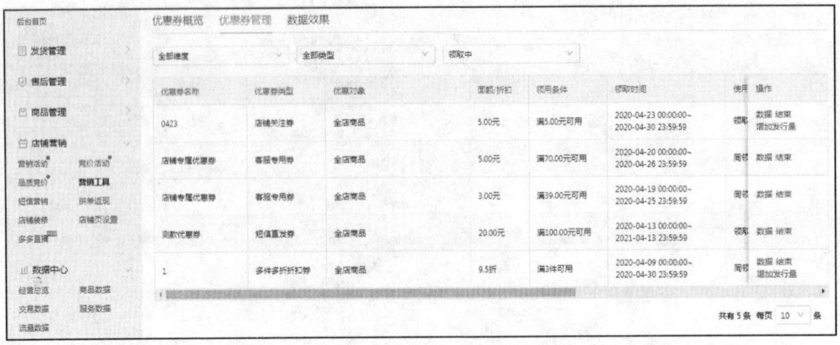

图6-4 "优惠券管理"界面

6.2 "百亿补贴"：助你获得更大加权权重

"百亿补贴"活动是指拼多多官方给提供优质商品的商家进行精准补贴，报名成功的商品能够在站内外各个渠道获得更多免费流量，以促进商品有更好的销量。

参与"百亿补贴"活动的商品，平台会在成本价的基础上给予一定比例的补贴，帮助消费者买到更具价格优势的品牌商品。针对参与活动的商品补贴款，商家可以自主选择发放形式，包括"推广红包"和"货款汇入"两种方式。

同时，"百亿补贴"活动的商品会优先在拼多多的搜索位和分类页等位置进行展示，在标题处增加大促标志和展示活动的横幅，让产品销量暴增，如图6-5所示。

图6-5 通过搜索位和分类页等优质资源位展示活动商品

"百亿补贴"活动的报名入口为"商家管理后台→营销活动→平台补贴"，商家可以进入报名页面查看具体的活动报名要求，如图6-6所示。

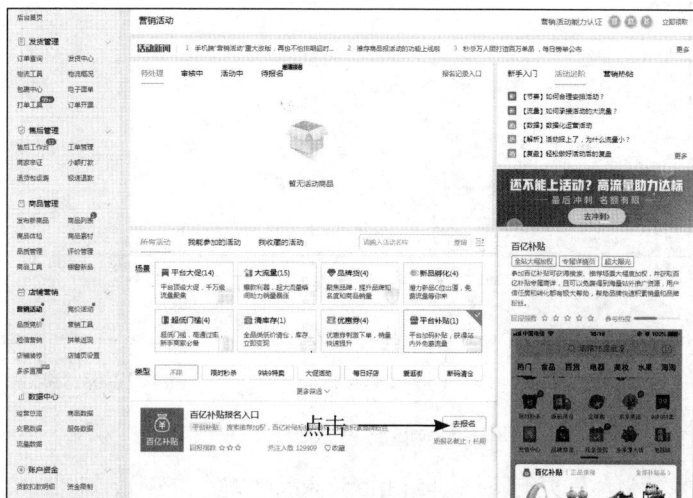

图6-6　"百亿补贴"活动的报名入口

选择"百亿补贴"活动后，点击"去报名"按钮，进入"百亿补贴报名入口"界面，点击"立即报名"按钮，选择活动商品，并提交报名信息，即可快速报名，如图6-7所示。

图6-7　"百亿补贴报名入口"界面

目前，报名"百亿补贴"活动需要有对接运营，若商家已经报名成功后续需要报销，则建议商家先与自己的对接运营确认相关流程。商家可以通过拼多多管理后台的"店铺管理→商家/店铺信息→基础信息"方式，查看是否有对接运营，如图6-8所示。若无对接运营信息（例如招商对接小二、招商对接联系方式无内容），则说明商家还没有对接运营，需要先优化运营。

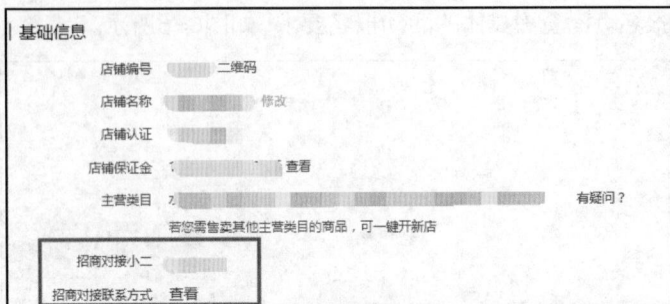

图6-8　查看对接运营信息

　　报名"百亿补贴"活动成功后，商家不仅可以获得相应标签，同时还将获得优先审核权和更高的审核通过率，以及在各频道、搜索和推荐场景中获得更大的加权权重。"百亿补贴"活动有以下频道流量入口。

- 拼多多App首页的不规则banner（原品牌特卖位置），如图6-9所示。
- 拼多多App首页banner的第一帧广告位（不定期）。
- 拼多多开屏广告（不定期），如图6-10所示。
- 站内优惠活动通知的消息推送。

图6-9　首页不规则banner

图6-10　拼多多开屏广告

- 通过什么值得买、快手、抖音、今日头条、朋友圈广告等热门App渠道，对活动商品进行官方免费曝光。

6.3 "618"大促：转化率大幅上涨的活动

拼多多的"618"大促活动一共有10个报名通道，主要分为1个全类目搜索池、5个类目限量抢以及4个特色会场，如图6-11所示。

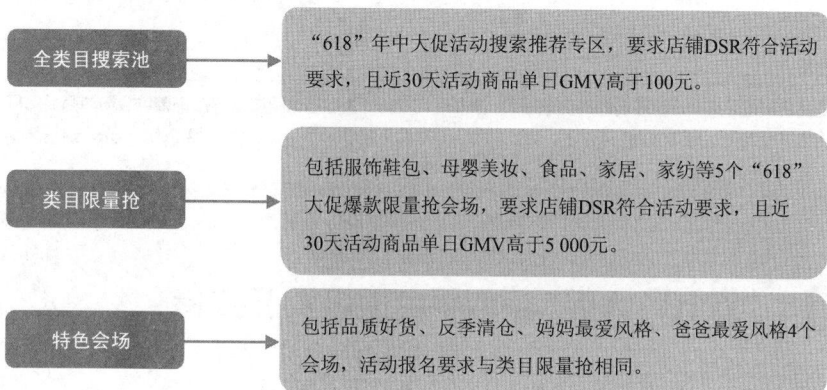

全类目搜索池	→	"618"年中大促活动搜索推荐专区，要求店铺DSR符合活动要求，且近30天活动商品单日GMV高于100元。
类目限量抢	→	包括服饰鞋包、母婴美妆、食品、家居、家纺等5个"618"大促爆款限量抢会场，要求店铺DSR符合活动要求，且近30天活动商品单日GMV高于5 000元。
特色会场	→	包括品质好货、反季清仓、妈妈最爱风格、爸爸最爱风格4个会场，活动报名要求与类目限量抢相同。

图6-11 拼多多的"618"大促活动报名通道

从上述可以看到，全类目搜索池的活动门槛最低，类目限量抢活动则对商品的价格及货值的要求较高，而特色会场主要是平台定向邀请商家参与的，商家无法主动报名。如图6-12所示为拼多多"618大促-反季清仓会场"的报名界面。

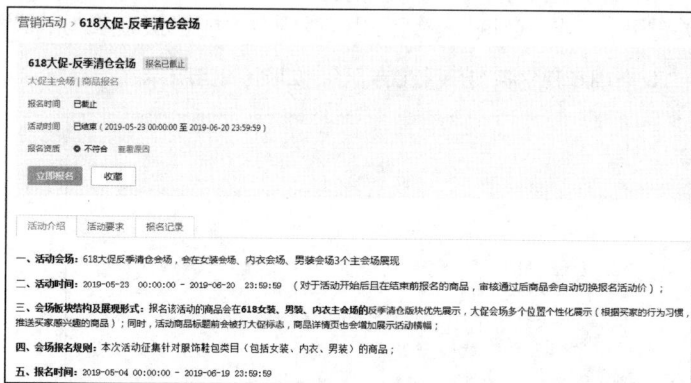

图6-12 拼多多618大促-反季清仓会场的报名界面

需要注意的是，商家如果选择参与"618大促爆款限量抢"活动，那么选择活动商品后，还要设置3个价格，分别为1个活动价和2个阶梯价，如图6-13所示。

| 活动价 | → | 针对商家要报名的活动商品，活动页面会显示建议价。当限量库存抢完后，恢复活动价。 |

| 阶梯价 | → | 阶梯价分为两个价格，一个是在类目主打当日生效的阶梯价，另一个是在高潮返场期生效的阶梯价。阶梯价不能超过活动价，且一般为拼单价的一半。 |

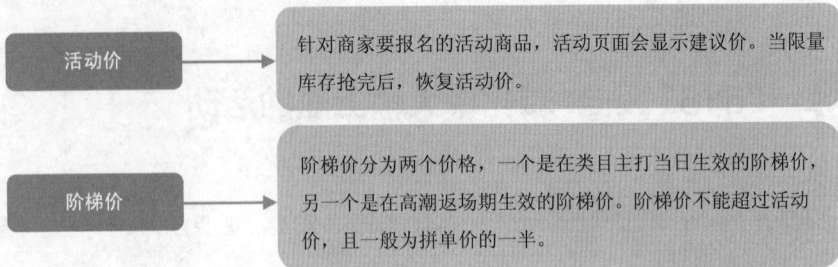

图6-13 "618大促爆款限量抢"活动的价格设置技巧

提醒：

商品的货值越高，活动报名的成功率越大。例如，"618"大促爆款限量抢－服饰鞋包会场的商品单日货值至少需要达到10 000元以上，即阶梯价×库存≥10 000元。例如，阶梯价为10元，则商品库存应为1 000件以上。

6.4 "双10"大促：获取平台顶级资源支持

"双10"大促是指拼多多推出的双十周年庆搜索推荐专区活动，报名该活动的商品会在平台搜索位和推荐位等位置优先展示，以及在大促活动会场的多个位置进行个性化展示。

商家可以进入"拼多多管理后台→店铺营销→营销活动"界面，在搜索框中输入活动关键词，点击"查询"按钮，即可找到自己能够报名参与的"双11"大促活动，例如"双十周年庆-满119返20专区"，如图6-14所示。

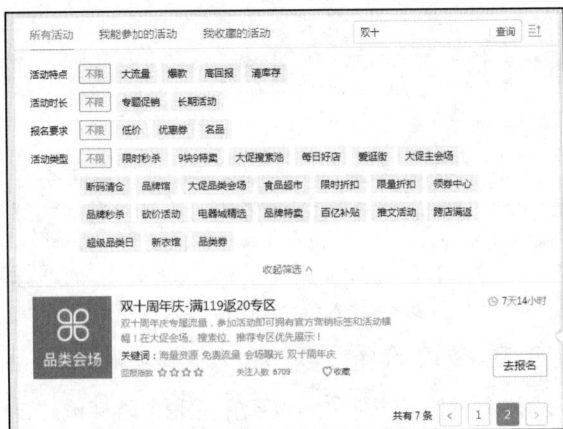

图6-14 搜索"双十"大促活动

选择该活动点击进入其报名界面，可以看到活动介绍、活动要求和报名记录，点击"立即报名"按钮，选择活动商品并提交相应报名信息即可，如图6-15所示。

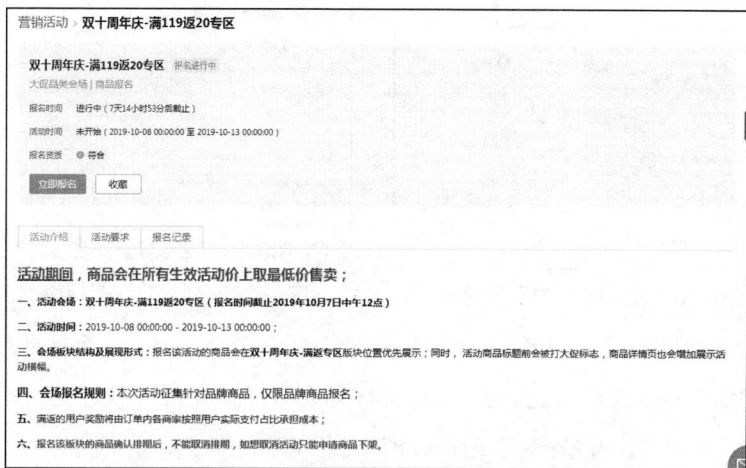

图6-15　"双十"大促活动报名界面

拼多多的"双十"周年庆活动有多个板块，不同的活动其会场板块结构及展现形式也各不相同，如"双十"周年庆搜索推荐专区、"双十"周年庆爆款会场商品、"双十"周年庆-满119返20专区等，商家可以根据自己的客户群和产品特点来选择。

"双十"大促采用千人千面的推荐机制，会根据买家的行为习惯，推送他们感兴趣的商品。同时，活动商品标题前会被打上"大促"标志，商品详情页也会增加展示活动横幅，来提升大促活动的热度。

6.5　"双11"大促：打造爆款的良好时期

"双11"购物狂欢节是指每年11月11日的网络促销日，如今已成为中国电子商务行业的年度盛事。商家可以进入拼多多管理后台的"店铺营销→营销活动"界面，通过搜索"双十一""双11"或"11.11"等关键词，查询"双11"活动报名入口以及相关活动会场的报名要求，如图6-16所示。

拼多多平台的"双11"大促活动通常有1个主会场和多个主题会场，如搜索推荐专区、满减店铺、品牌商品、品类券专区、爆款会场商品、领券中心大额券等，如

图6-17所示为"双11"活动报名界面。

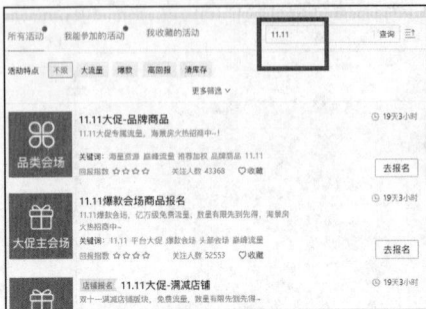

图6-16　查询"双11"活动

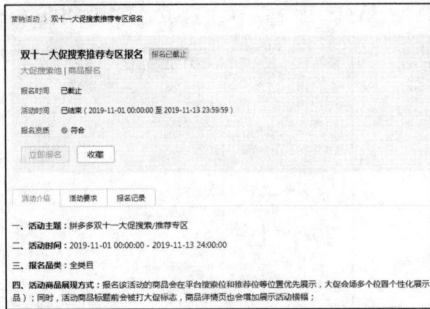

图6-17　"双11"活动报名界面

不管是商家还是消费者，都非常期待"双11"这种大促活动。尤其是对商家来说，都想要在这一天获得更多的订单，这样才会有好的收入。所以，这就需要商家在"双11"之前做好准备，对活动进行预热，相关事项如图6-18所示。

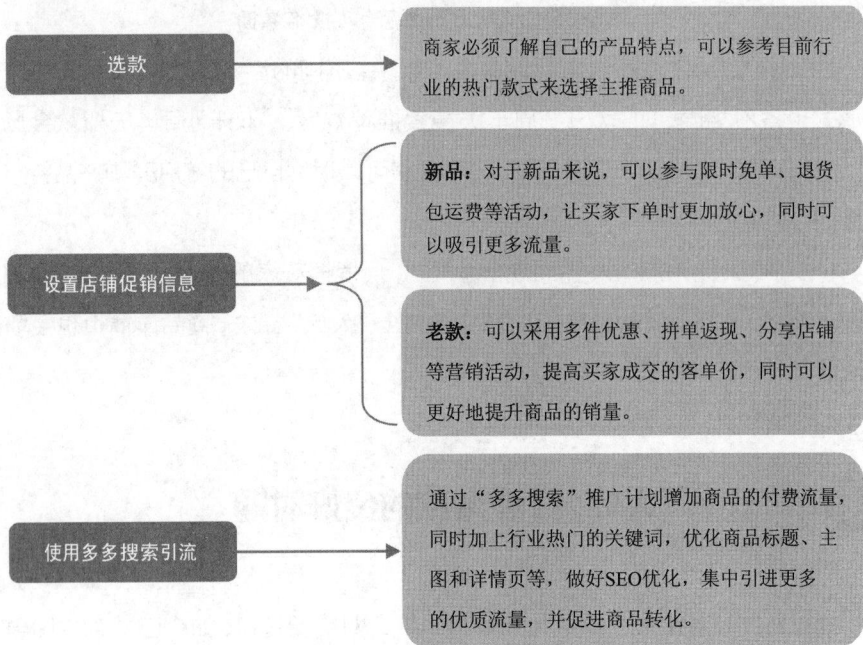

选款 → 商家必须了解自己的产品特点，可以参考目前行业的热门款式来选择主推商品。

设置店铺促销信息 → **新品**：对于新品来说，可以参与限时免单、退货包运费等活动，让买家下单时更加放心，同时可以吸引更多流量。

老款：可以采用多件优惠、拼单返现、分享店铺等营销活动，提高买家成交的客单价，同时可以更好地提升商品的销量。

使用多多搜索引流 → 通过"多多搜索"推广计划增加商品的付费流量，同时加上行业热门的关键词，优化商品标题、主图和详情页等，做好SEO优化，集中引进更多的优质流量，并促进商品转化。

图6-18　大促活动前的预热准备

"双11"当天平台要的就是销量数据，那些被大众追求的爆款，肯定会优先被系统推荐。因此，在"双11"活动当天，推广引流仍然是商家的主要任务，商家可以从促销活动和付费推广两方面入手，具体方法如图6-19所示。

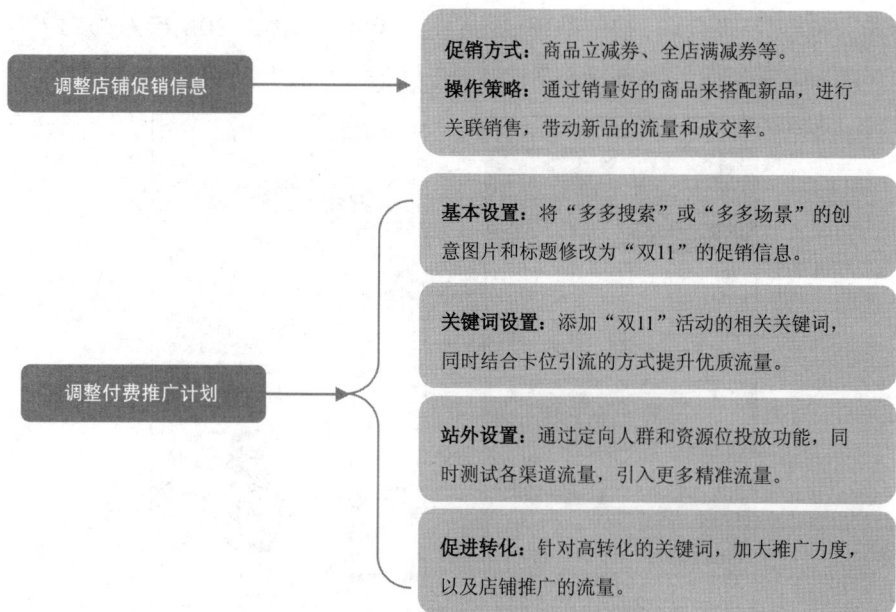

图6-19　大促活动当天的推广技巧

经过"双11"活动后，产品排位基本已经是在同类目的前排了，但是如果想长时间保持爆款效应，那么商家必须要懂得做巩固工作，相关技巧如下。

（1）保持店铺促销活动：可以继续沿用之前的促销信息，为那些在"双11"当天没有下单的买家提供同样的优惠，保持爆款流量的稳定性。

（2）调整付费推广方案：更换掉"双11"活动的创意图片和关键词，尤其是对于那些几乎没有流量的关键词，一定要及时进行替换和优化，并添加一些行业点击转化率较高的关键词，让优质流量集中在ROI较高的关键词上。查看推广报表，根据转化率调整推广计划，控制无效成本。

（3）多多进宝+付费推广："多多进宝"推广可以帮助爆款商品稳固销量，保证商品排位，同时用付费推广进行辅助，可以稳固商品流量，延长爆款的生命周期。

6.6　"双12"大促：店铺再创新高的机会

"双12"大促活动在每年的12月左右开展。拼多多"双12"大促活动有三大会场，分别为品类会场、搜索推荐会场和特色会场。如图6-20所示为"双12"大促活动的展示资源位，在活动商品标题前会打上"12·12"的大促标签。

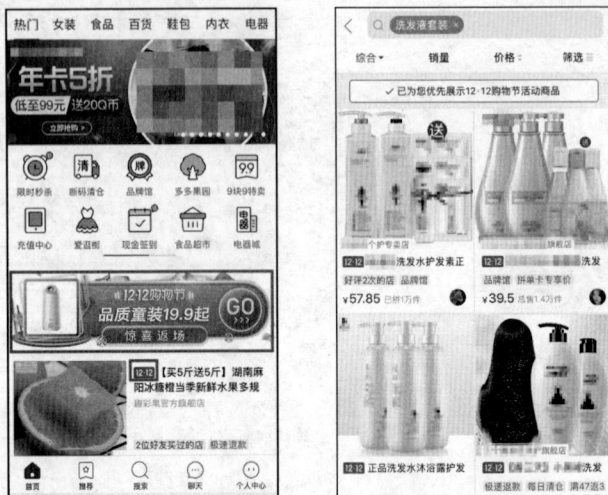

图6-20　"双12"大促活动的展示资源位和活动商品标签

（1）品类会场：包括食品生鲜、女装、内衣裤袜、美妆个护、母婴、家纺家具、男装、家居、家电、运动户外、鞋包、时尚穿搭等分会场。

（2）搜索推荐会场：12·12狂欢节搜索推荐专区。

（3）特色会场："双12"营销商品。

"双12"大促活动可以分为预热期、爆发期和返场期3个阶段。

● 预热期：从"双11"活动结束（11月12日）到"双12"活动开始（12月1日）这段时间为预热期，商家的主要任务为累计店铺/单品销量、营造活动氛围、积蓄店铺流量、提前优化转化率。

● 爆发期：从"双12"活动开始（12月1日）到返场活动开始（12月13日）这段时间为爆发期，商家的主要任务为营造抢购氛围、刺激购买转化、提升客单价、为持续销售造势。

● 返场期：从返场活动开始（12月13日）到返场活动结束（12月16日）这段时间为返场期，商家的主要任务为维持活动氛围、实现持续销售。

6.7 "出游季"大促：增加流量并提升转化

"出游季"大促活动对品类有一定的门槛，报名的商品必须为运动户外、美妆、车品、箱包配件以及虚拟部分类目等。商家可以进入"出游季"大促活动报名页面，查看具体的活动报名要求，如图6-21所示。

图6-21　"出游季"大促活动报名页面

如果商家的品类不符合要求，那么即使符合报名资质，在选择活动商品时，也无法添加活动商品，同时系统会给出不可参与活动的具体原因，如图6-22所示。

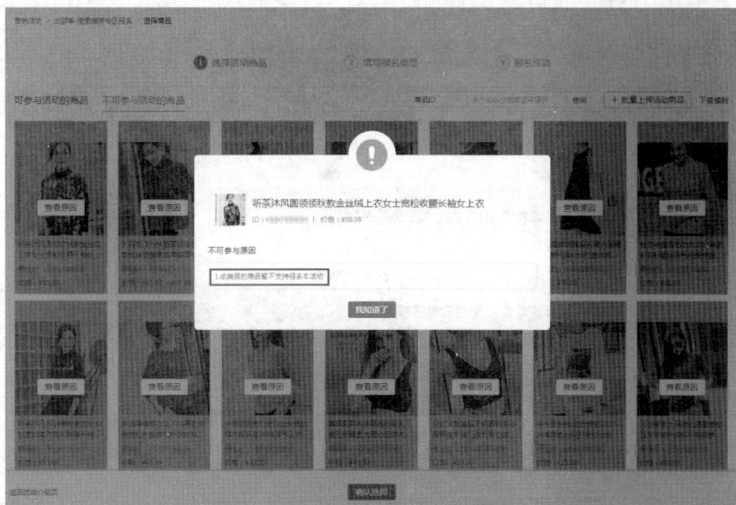

图6-22　查看不可参与活动的原因

"出游季"大促活动的商品展现方式如下。

- 在"出游季"大促会场中的多个位置上，个性化展示活动商品。
- 在活动商品标题前会被打上大促标签，商品详情页增加展示活动横幅。

拼多多的平台大促活动可以分为两类，即大促搜索池和品类会场。其中，"出游季"就属于大促搜索池活动，即报名成功的活动商品，会在相应的关键词搜索结果页面中获得优先展示，同时系统还会在各个资源位上推荐优质的活动商品。

也就是说，系统会给活动商品打上"出游季"活动标签，并且给予点击率、转化率等数据表现好的商品更多流量扶持。大促搜索池对于商家的主要作用如下。

（1）增加搜索流量：活动标签能够增加商品的搜索权重，提升商品搜索流量的竞争力，从而提高商品排名。

（2）提升转化率：拥有活动标签的商品，更能吸引用户点击和下单，因此转化率也会更高。

6.8 "健康节"大促：轻松聚焦千万级流量

拼多多平台的"健康节"大促活动包括3个报名入口，分别为品类会场的"全民健康节-满60返6（限资源位商品）"和"全民健康节-满60返6（非资源位商品）"，以及大促搜索池的"健康节大促-搜索推荐专区报名"，如图6-23所示。

图6-23 "健康节"大促活动的报名入口

以"全民健康节-满60返6（限资源位商品）"为例，在活动列表中选择"全民健康节-满60返6（限资源位商品）"活动，点击"去报名"按钮进入活动报名页面，点击"立即报名"按钮即可进行报名，如图6-24所示。

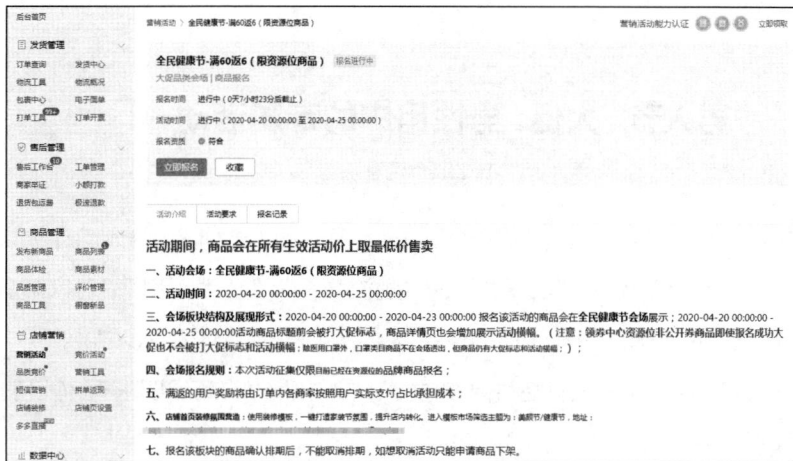

图6-24　"健康节"大促活动报名页面

　　"健康节"大促活动要求报名的店铺必须经营特定的主营类目，包括美容个护、家居生活、数码电器、医药健康、食品保健、水果生鲜、运动户外、服饰箱包、家纺家具家装、母婴玩具、汽配摩托以及海淘商品等。报名成功的活动商品会在平台搜索推荐位等位置获得优先展示，如图6-25所示。

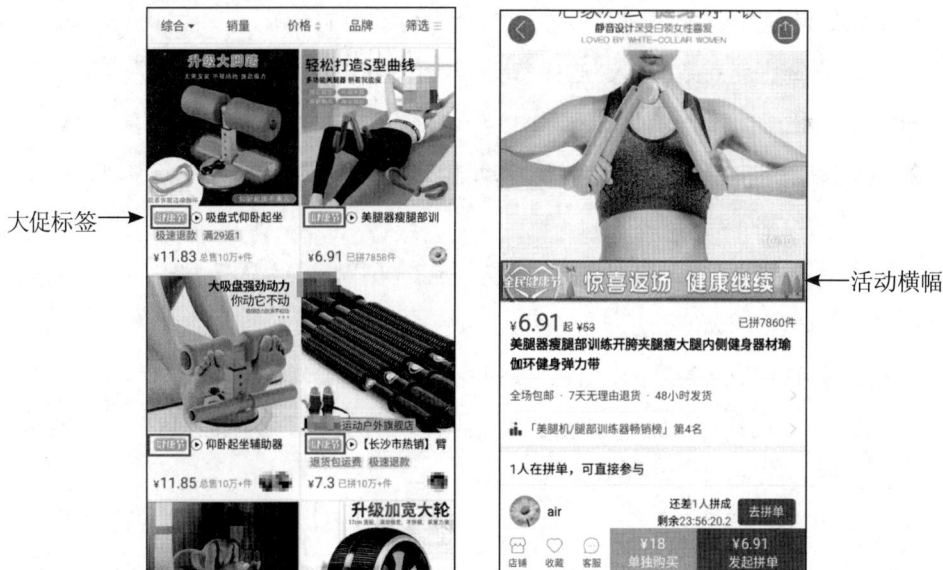

图6-25　搜索结果页的大促标签和商品详情页中的活动横幅

6.9 "男人节"大促：男性用户的专属活动

"男人节"是拼多多为男性用户准备的大促活动，分为以下两大活动板块。

（1）特色会场：包括"酷玩娱乐""潮流风尚""硬派型男""居家暖男"和"宠妻狂魔"5个场景，参与活动的商品要求近30日的GMV峰值>500。

（2）大促搜索池：没有特殊场景要求，参与活动的商品要求近30日的真实GMV峰值>100。

报名店铺近90天的动态评分均需超过同行业30%的商家。"男人节"大促活动的具体报名流程如下。

（1）登录商家后台：进入拼多多管理后台后的"营销活动→所有活动"界面，筛选"大促主会场"，找到"男人节特色活动"。

（2）查看报名要求：进入活动详情页面，查看"男人节"大促活动的报名要求，如果商家符合要求，那么可以点击"立即报名"按钮。

（3）选择报名商品：进入"选择商品"界面，选择需要参加"男人节"大促活动的商品，并点击"确认选择"按钮。

（4）设置商品价格：系统会给出活动建议价，为商家提供参考，商家可以用小于建议价的价格参与报名。

（5）提交报名信息：检查填写信息无误后，点击"确认提交"按钮完成报名操作，即可开始做活动准备。

在男人节活动造势期间，商家可以从商品主图、营销方案和详情页等方面进行优化营造活动氛围。例如，在商品主图中体现"男人节"专享优惠券，在详情页中展现"男人节"专享礼品等。

6.10 "亲子节"大促：获取精准的人群曝光

"亲子节"大促活动包括3个报名入口，跨越了大促搜索池和品类会场，可以帮助活动商品覆盖更加精准的人群，如图6-26所示。

图6-26 "亲子节"大促活动的报名入口

以"亲子节大促-搜索推荐专区报名"主题活动为例，进入该大促活动的报名页面，商家可以查看详细的活动时间、报名时间和报名品类及要求，符合报名资质的商家可以直接点击"立即报名"按钮，如图6-27所示。

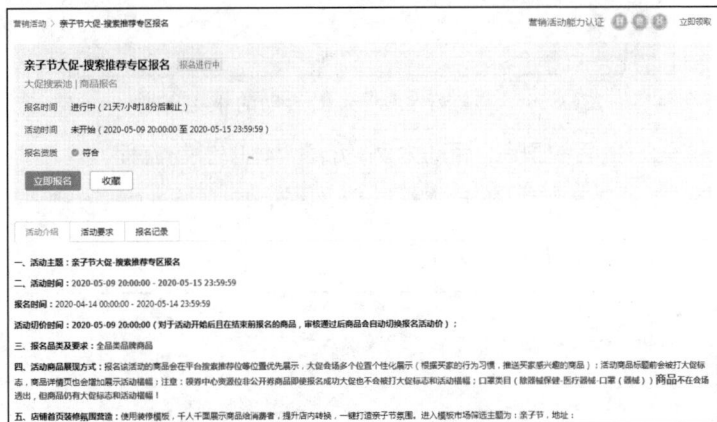

图6-27 "亲子节"大促活动报名页面

如图6-28所示为搜索推荐专区活动的商品审核流程。当商家的报名商品通过平台审核后，必须尽快确认活动排期，以免逾期导致活动资格被取消。

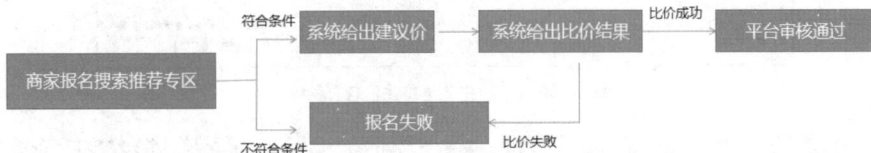

图6-28 搜索推荐专区活动的商品审核流程

6.11 "美好生活"大促：平台级综合型大促

"美好生活"大促活动比较适合日常推广，而且参与门槛比较低，全类目（除虚拟）商品都可以报名，是商家弯道超车的好机会，其报名入口如图6-29所示。

图6-29　"美好生活"大促活动的报名入口

下面以"美好生活中国造"活动为例，介绍具体的参与流程。

步骤　1　选择相应的活动类型后，进入"美好生活"大促活动的报名页面，点击"立即报名"按钮，如图6-30所示。

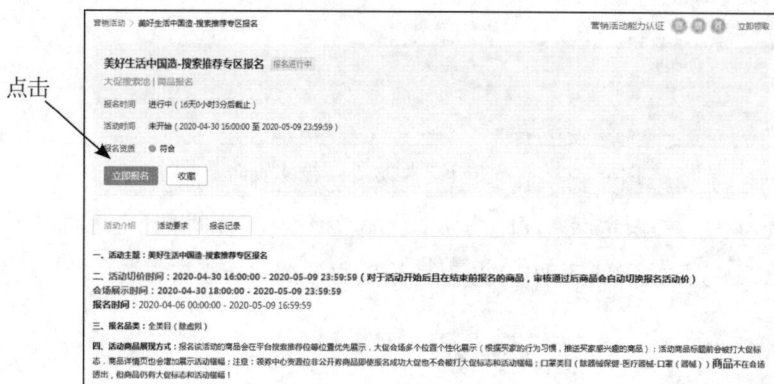

图6-30　点击"立即报名"按钮

步骤　2　进入"选择商品"界面，❶在"可参与活动的商品"列表框中选择相应的商品；❷点击"确认选择"按钮，如图6-31所示。商家可以根据综合排序、上架时间排序和销量排序等标签来筛选商品，也可以输入商品ID来快速查找商品，同时还可以点击"批量上传活动商品"按钮添加多个活动商品。

图6-31　选择商品

步骤　3　进入"填写报名信息"界面，在此设置活动商品的价格，❶商家可以批量设置活动价，也可以针对某个商品库存保有单位（Stock Keeping Unit，SKU）单独设置活动价；❷选中"我已阅读并同意《活动报名须知》"复选框，如图6-32所示。

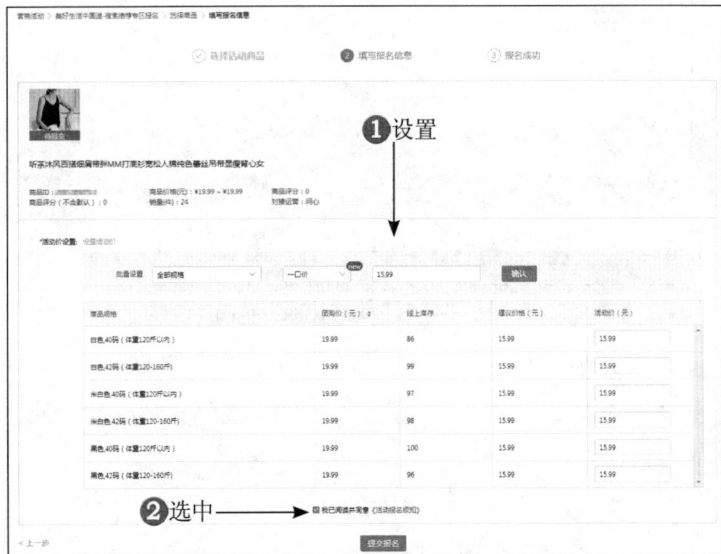

图6-32　填写报名信息

步骤　4　点击"提交报名"按钮，进入"报名成功"界面，显示报名成功信息，并等待活动开始即可，如图6-33所示。

图6-33　报名成功

步骤 5 点击"查看报名记录"按钮，进入"报名记录"界面，即可在"全部"列表中看到报名成功的活动，如图6-34所示。

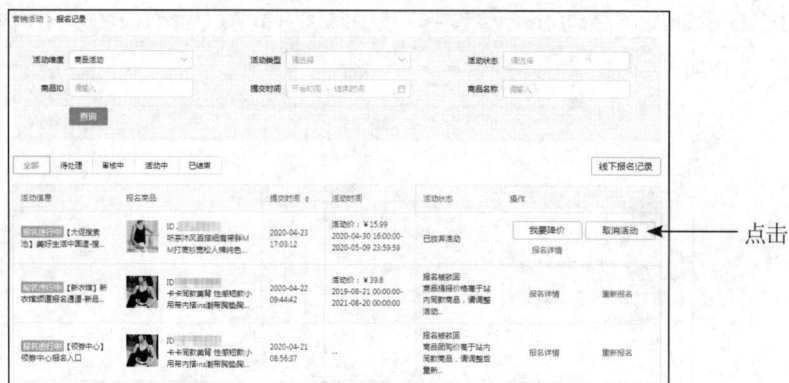

图6-34　"报名记录"界面

步骤 6 点击图6-34中的"取消活动"按钮，可以快速进行下线活动。点击图6-34中的"报名详情"按钮，可以查看活动的报名详情信息，包括活动进度和提报详情，如图6-35所示。

图6-35　查看活动的报名详情信息

6.12 "女神节"大促：享受流量的集中倾斜

"女神节"大促活动是针对女性用户推出的专属活动，同时开辟了"白领丽人""可爱小仙女""气质名媛""潮流女孩""文艺才女""富贵妈妈""运动达人""科技女王""快乐主妇"等特色会场。

商家可以在活动期间，前往营销活动中心的大促活动报名界面，选择相应的特色会场报名。需要注意的是，活动商品需要符合特色会场的场景要求。例如，"潮流女孩"特色会场的人群风格定位如下。

- 穿着大胆、新奇、充满个性，甚至怪异。

- 玩转都市混搭，特立独行。

- 中性、凸显个性，前卫。

- 对潮流元素、酷帅有特别的青睐。

同时，"潮流女孩"特色会场对商品特征有一定的要求。以鞋子为例，要求款式年轻，可以是休闲风格的板鞋、老爹鞋、运动鞋、帆布鞋等，如图6-36所示。

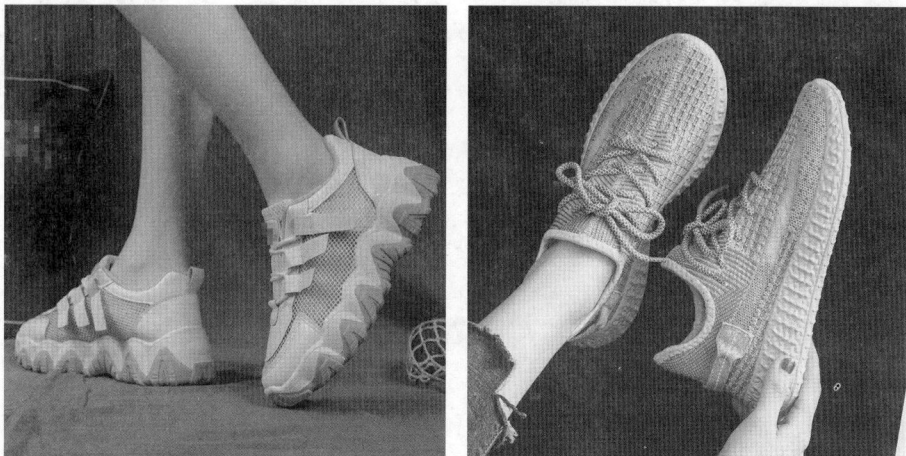

图6-36 "潮流女孩"特色会场的商品特征示例

在"女神节"大促活动期间，拼多多平台每天都会推出女性消费专场，联合各大品牌促销让利。商家不仅需要紧跟平台的营销节奏，还需要及时做好店铺自运营工作，根据目标人群进行商品布局，配合活动进行营销及推广优化，从品质和服务上迎合用户的喜好，从而实现客户沉淀。

> **提醒：**
>
> 在拼多多平台上，大促搜索池几乎是每个大促活动的标配，而且活动门槛通常都很低，因此报名的商品也非常多，是一个非常大的商品池。建议商家查看自己的大促搜索池活动资质，对于符合要求的活动都应尽量去报名。另外，每个大促活动都有一定的活动期限，错过时间后则不可再参与当次活动，商家要注意查看。

第7章

营销活动，千万流量

在拼多多平台上，做活动营销就是一种快速获得粉丝的方法，能够挖掘平台上的更多隐性流量，给产品和店铺带来更多的展示机会，让商家彻底抓住粉丝的心。因此，对商家来说，营销活动是一个很大的逆袭机会，能够获得长久的流量曝光。

要点展示：

"9块9特卖""爱逛街""领券中心"等特价活动

"限时秒杀""断码清仓""每日好店"等大流量活动

"电器城""新衣馆""品牌秒杀"等品牌商品活动

普适性更强、偏硬通货商品的"省钱月卡"活动

7.1 "9块9特卖"：获得源源不断的长尾流量支持

"9块9特卖"活动的定位为"低价物美的小物频道"，适合价格在29.9元以下的小商品，其中价格不超过10元的商品非常好卖，其活动资源位如图7-1所示。

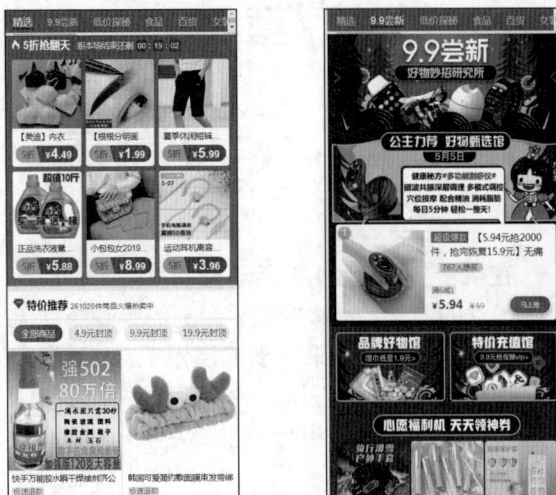

图7-1 "9块9特卖"活动的部分资源位

商家可以在拼多多管理后台的"店铺营销→营销活动"界面，在"我能参加的活动"下方点击"9块9特卖"标签，即可看到自己当前可以参与的"9块9特卖"活动的报名入口，如图7-2所示。

图7-2 "9块9特卖"活动的报名入口

以"9块9【首页banner爆款】报名通道"活动为例，选择该活动后进入报名页面，商家可以点击"收藏"按钮收藏该活动，同时还可以在下方查看相关的活动介绍、活动要求和报名记录，如图7-3所示。

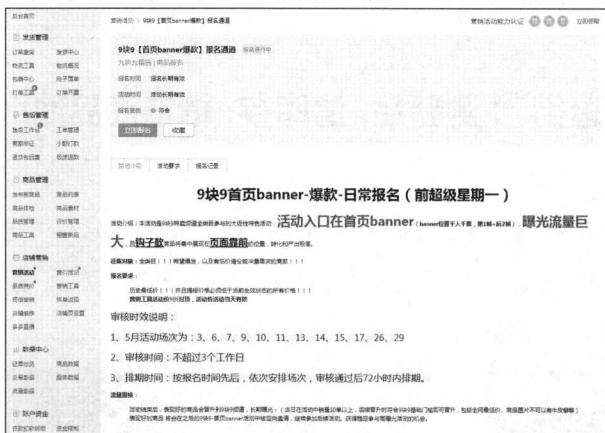

图7-3　"9块9【首页banner爆款】报名通道"活动的报名页面

点击"立即报名"按钮，进入"选择商品"界面，商家可以在此选择活动商品，提交报名信息后即可参与活动。如果商家没有看到可参与活动的商品，那么可以进入"不可参与活动的商品"界面，点击"查看原因"按钮，查看不可参与活动的具体原因，如图7-4所示。

图7-4　查看不可参与活动的具体原因

> **提醒：**
>
> "9块9特卖"活动的基本要求为：店铺需要开通并使用电子面单服务；店铺不得处在处罚期；店铺近90天描述、物流、服务评分要高于行业平均水平的25%；医药健康类目店铺需要有相关资质才可报名。

7.2 "爱逛街"：测新品，清库存，精选商品池继续曝光

"爱逛街"活动的主要功能在于新品推广，该活动对新品的扶持力度非常大，适合物美价廉的男装、女装、箱包配饰、童装、内衣、鞋靴、美妆、运动以及偏向成熟大龄消费群体的商品参与，其资源位如图7-5所示。

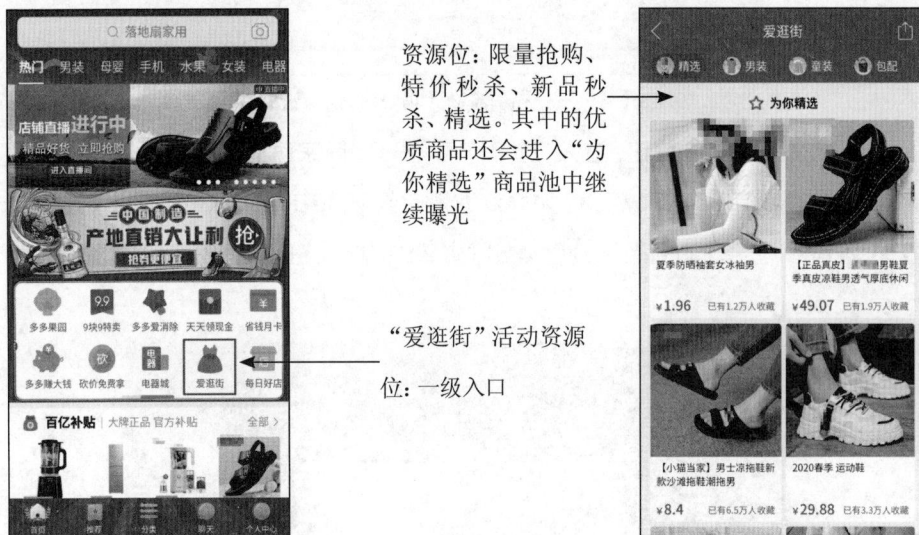

资源位：限量抢购、特价秒杀、新品秒杀、精选。其中的优质商品还会进入"为你精选"商品池中继续曝光

"爱逛街"活动资源位：一级入口

图7-5　"爱逛街"活动资源位

商家可以在拼多多管理后台的"店铺营销→营销活动"界面，在搜索框中输入"爱逛街"并点击"查询"按钮，即可看到"爱逛街"活动的所有报名入口，如图7-6所示。

商家选择相应的资源位报名入口后，可以查看具体的活动流程、活动规则以及活动要求等介绍内容，点击"立即报名"按钮即可参与活动，如图7-7所示。

图7-6 "爱逛街"活动的报名入口

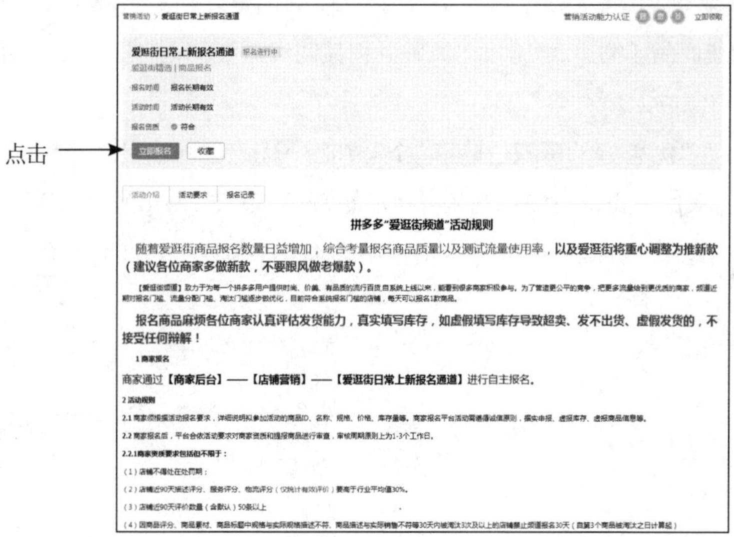

图7-7 查看"爱逛街"活动的介绍

7.3 "领券中心"：减少购买决策时长，刺激消费者尽快下单

拼多多的"领券中心"活动在"个人中心"界面有一个单独的频道入口，这里是平台商家为买家集中发放优惠券的地方，可以帮助消费者买到更具性价比的商

品，如图7-8所示。

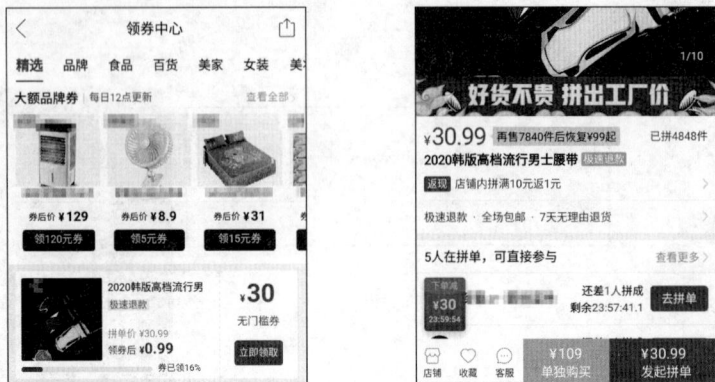

图7-8 "领券中心"活动频道和优惠商品详情页面

如果买家没有通过"领券中心"频道进入商品详情页面，那么是看不到这个无门槛商品优惠券的。也就是说，"领券中心"频道中的优惠券都是隐藏非公开的状态，不会显示在商品详情页、搜索页、类目页和其他资源位，只能展示在"领券中心"频道中的资源位上。

"领券中心"优惠券的资源位除了"个人中心→优惠券"入口外，还包括"推荐好券""多多果园→点击果树掉落领券中心专属券"以及"App消息推送"中。商家可自主在拼多多管理后台的营销活动中报名参与"领券中心"活动，如图7-9所示。

图7-9 "领券中心"活动类型

商家选择相应的资源位报名入口后，可以进入"领券中心"活动的详情页面，查看具体的活动流程、活动规则以及活动要求等介绍内容，如图7-10所示。

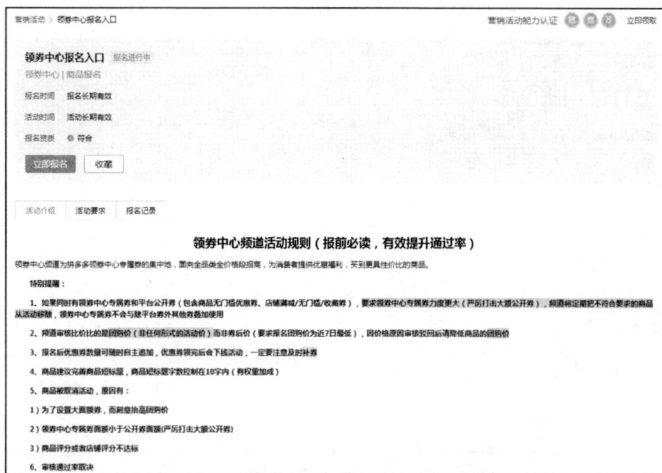

图7-10　查看"领券中心"活动的介绍

"领券中心"活动的报名流程如图7-11所示。

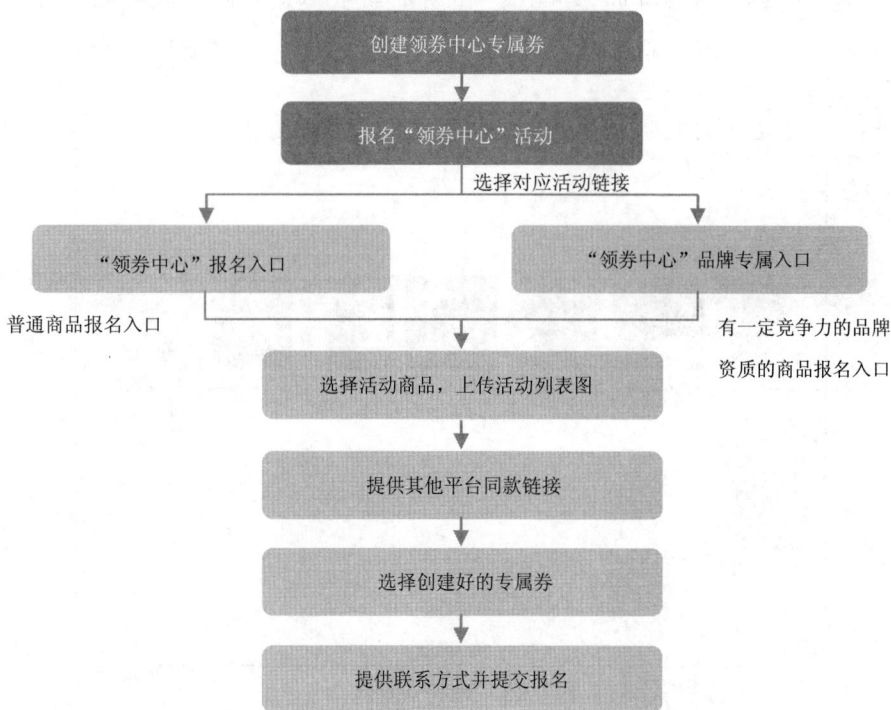

图7-11　"领券中心"活动的报名流程

需要注意的是，商家在报名"领券中心"活动前，需要先创建"领券中心券"，再去相关活动页面报名。商家可以进入拼多多管理后台的"店铺营销→营销工具→优惠券→创建优惠券"界面，填写相应优惠信息，来创建"领券中心券"，如图7-12所示。

图7-12　创建"领券中心券"

创建"领券中心券"后，商家可以在"领券中心"活动的详情页面中点击"立即报名"按钮，系统会自动校验店铺内的所有商品，满足"领券中心"活动资质要求的商品即可显示在"可参与活动的商品"列表中，商家可以在此选择活动商品并确认选择，如图7-13所示。

图7-13　选择活动商品

点击"确认选择"按钮，进入"填写报名信息"界面，❶在此需要上传活动列表图和设置优惠券；❷选中"我已阅读并同意《活动报名须知》"复选框；❸点击

"提交报名"按钮，等待系统审核即可，如图7-14所示。

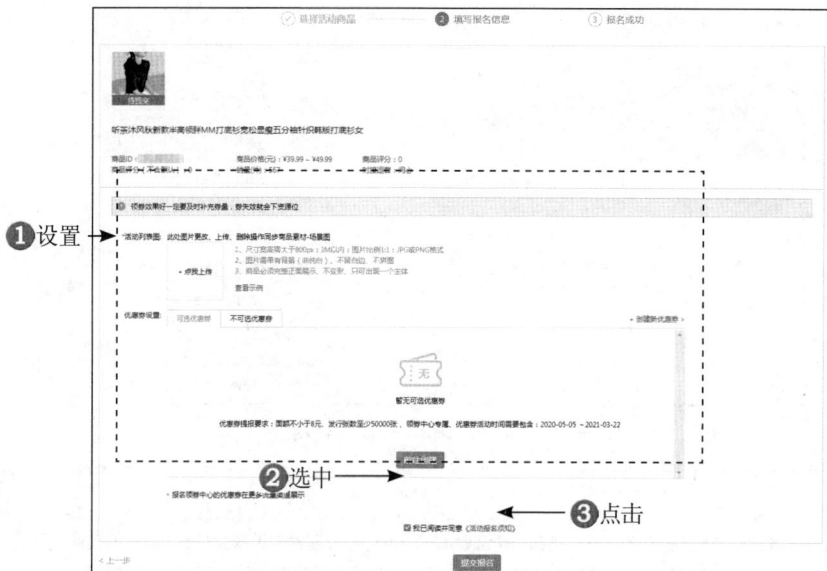

图7-14 填写报名信息

"领券中心"活动的审核时效为48小时，审核通过后即可进行上线活动。商家参与"领券中心"活动后，可以获得如下好处。

- 让商品获得更多展示资源位，以及获取精准流量。
- 助力新品推广，快速将新品打造为爆款。
- 帮助商家稳固爆款排名，提升市场竞争力。
- 刺激消费者的购物欲望，提高店铺的整体销售额。

当商家创建的"领券中心券"被买家领完，或者活动到期时，系统会自动下线"领券中心"活动。另外，商家也可以通过如下两种操作方式，来取消"领券中心"活动。

- 在后台的"领券中心报名入口"页面中的"报名记录"选项卡中，点击"取消活动"按钮自主取消活动，如图7-15所示。
- 在后台的"优惠券管理→商品券"界面选择相应的"领券中心券"，在操作栏中点击"结束"按钮，关闭优惠券，同时会自动进行下线活动。

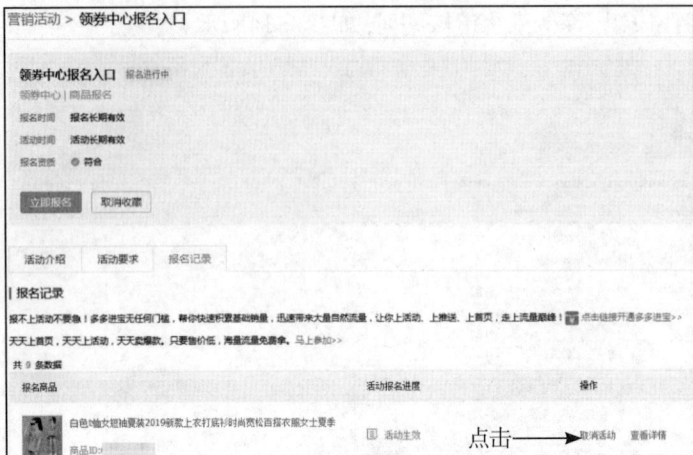

图7-15　取消"领券中心"活动

> **提醒：**
>
> 如果商家故意拉高商品的拼单价，然后创建一个面额高于领券中心专属券的大额公开券，或者商品评分及店铺评分不达标，那么此时平台会定期将这些不符合要求的商品从"领券中心"活动资源位中移除。

7.4　"限时秒杀"：拥有千万级流量，提升流量和转化率

　　"限时秒杀"活动的定位为"大流量和快速成单"，适用于有一定出货能力且需要快速积累销量的质优价好的商品。"限时秒杀"活动的流量入口位于App首页导航栏的第一个位置，不仅拥有千万级流量，而且转化率非常高，其频道页面如图7-16所示。

　　"限时秒杀"活动对所有拼多多商家开放，报名门槛比较低，可以帮助商家提升商品的搜索排名，以及助力商品冲刺分类页排序，同时还会增加商品的个性化推荐权重。商家可以在拼多多管理后台的"店铺营销→营销活动"界面，在"我能参加的活动"下方点击"限时秒杀"标签，即可看到自己当前可以参与的"限时秒杀"活动的报名入口，如图7-17所示。

"限时秒杀"活动频道页面中包括正在疯抢、即将开抢、更多预告、万人团和品牌秒杀等资源位

图7-16 "限时秒杀"活动的频道页面

图7-17 "限时秒杀"活动的报名入口

选择相应的"限时秒杀"活动报名入口,点击"去报名"按钮,进入活动报名界面,如图7-18所示。注意:"限时秒杀"活动对商品有一些基本要求和审核标准,包括价格、标题、图片和库存等,商家可以进入活动报名页面查看具体要求。

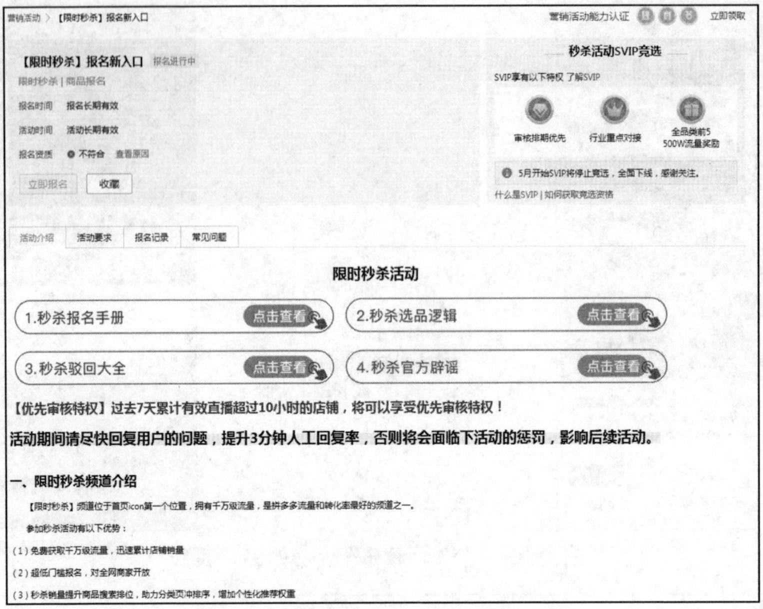

图7-18 "限时秒杀"活动的报名页面

在"限时秒杀"的"活动介绍"选项卡中，商家可以在下方查看报名流程和相关注意事项（见图7-19），以及商品要求、审核标准和活动规则。

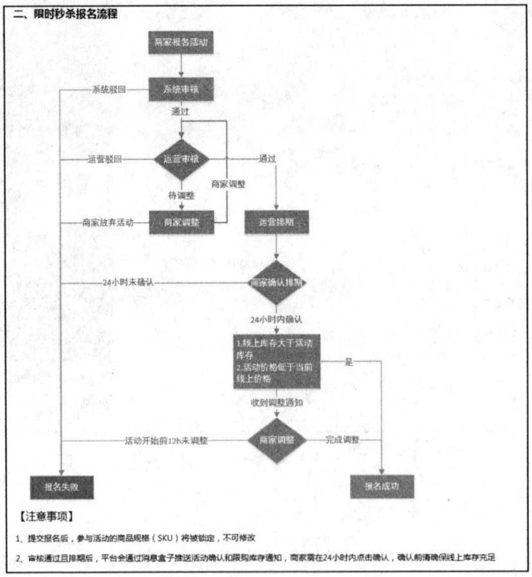

图7-19 查看"限时秒杀"活动的报名流程和相关注意事项

7.5 "断码清仓"：品牌生意的第一站，冲刺品牌最高GMV

"断码清仓"是拼多多平台打造的一个"电商清仓卖场"，活动入口位于拼多多首页的第二个icon位，同时，商家参与"断码清仓"活动后，可以获得拼多多App和官方公众号的长期推送，以及大促期间的导流支持和首页长期导流banner，能够覆盖千万消费者。"断码清仓"活动的流量庞大且稳定，非常适合商家快速集中清掉知名品牌的断码货、尾货。如图7-20所示为"断码清仓"活动的报名入口。

图7-20   "断码清仓"活动的报名入口

选择相应的报名入口，即可进入"断码清仓"的报名详情页面，活动的报名流程如图7-21所示。

在"断码清仓"活动报名页面中，点击"立即报名"按钮，进入"选择商品"界面，❶商家可以在"可参与活动的商品"列表中选择相应的商品；❷点击"确认选择"按钮，如图7-22所示。

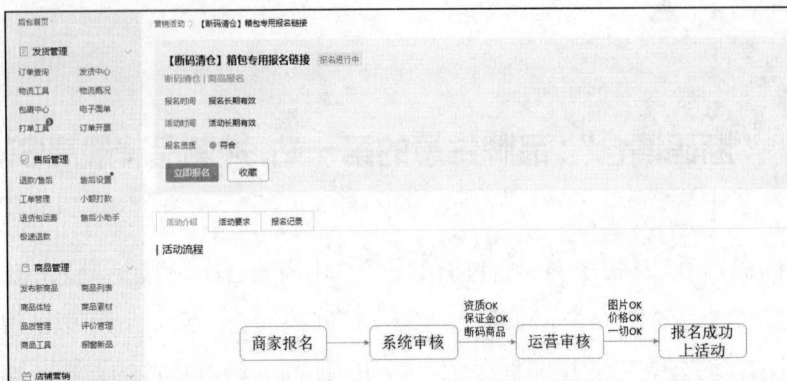

图7-21 "断码清仓"活动的报名流程

图7-22 选择商品

执行操作后，进入"提交报名信息"界面，设置相应的品牌、活动价、活动列表图、联系方式、商品属性等选项，点击"提交报名"按钮，如图7-23所示。需要注意的是，参与"断码清仓"活动的商品活动价必须设置为在品牌应季品价格的1~5折之间，否则报名申请会被系统驳回。

图7-23 提交报名信息

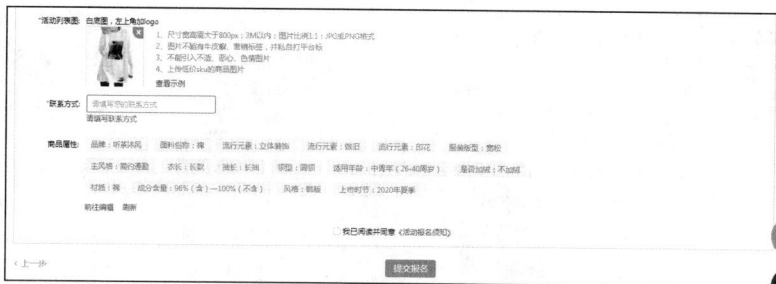

图7-23　提交报名信息（续）

　　需要注意的是，商家的品牌必须入驻断码清仓频道，这样商品才能报名参加活动。商家可以在"断码清仓"活动报名界面的"活动介绍"选项卡中，点击相应链接来发起品牌入驻申请，如图7-24所示。

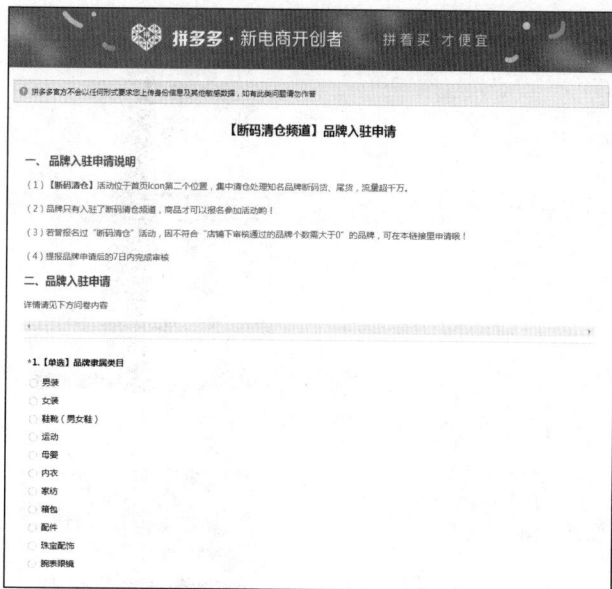

图7-24　发起品牌入驻申请

　　另外，在"断码清仓"活动报名界面的"活动介绍"选项卡中，商家还可以查看活动的报名流程及规则，如图7-25所示。了解这些活动参与技巧，能够提高商家报名"断码清仓"活动的成功率。

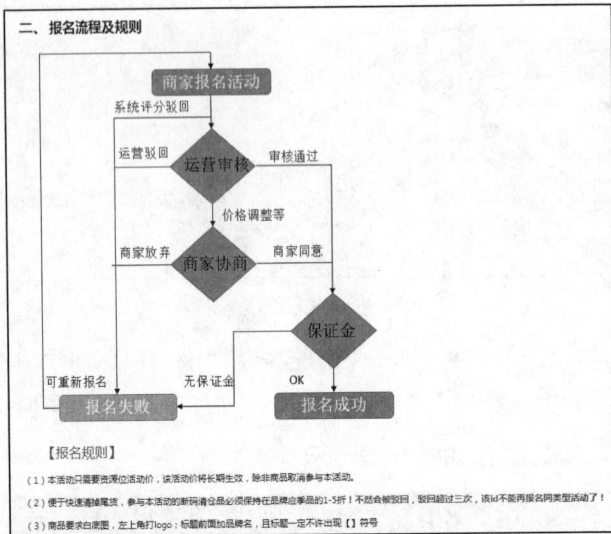

图7-25   "断码清仓"活动的报名流程及规则

7.6 "每日好店"：老客沉淀，形成商家的私域流量循环

　　"每日好店"是针对那些风格统一、品类统一、质好价优的店铺推出的活动频道，可以帮助商家实现全店曝光，快速积累粉丝，抓住精准流量，提高转化率和店铺销售额，其频道主界面如图7-26所示。

图7-26   "每日好店"的部分资源位

"每日好店"活动面向全体商家开通报名，报名入口如图7-27所示。

图7-27　"每日好店"活动的报名入口

点击"去报名"按钮，即可进入"每日好店"活动的报名界面，如图7-28所示。商家成功报名"每日好店"活动后，系统会针对频道中点击率高、转化率好、收藏率高的店铺给予更多流量奖励。因此，商家可以在活动期间提报更多的款式和设置更多的店铺优惠，来提升店铺的整体数据。

图7-28　"每日好店"活动的报名界面

在"每日好店"活动的报名界面切换至"报名记录"选项卡，可以查看商家的报名记录信息，包括活动信息、报名信息、提交时间、排期时间和活动状态，如图7-29所示。在操作栏中点击"查看详情"按钮，可以进入报名详情界面，查看

"每日好店"的活动进度和提报详情。

图7-29 查看"每日好店"活动的报名记录信息

　　另外，新店铺在没有DSR的情况下，也可以通过寄样或者提供站外的同店链接等方式，来证明店铺的商品质量，从而获得"每日好店"的参与资格。

7.7 "电器城"：品牌电器商家的聚集地，提高商品辨识度

　　"电器城"活动的定位为"品牌电器的聚集地"，适合参与该活动的商品包括手机、厨房电器、大家电、数码产品、电脑，以及生活个护、文化以及办公等领域的品牌电器，如图7-30所示。

　　"电器城"活动的报名入口如图7-31所示。例如，"电器城"好货推荐活动的资源位位于"电器城"的"精选"界面，拥有"电器城"最大的流量。

　　在"电器城"活动的报名入口点击"去报名"按钮，进入报名详情页面，可以查看相关的活动介绍、活动要求和报名记录，如图7-32所示。需要注意的是，店铺必须为"电器城"认证店铺，才有"电器城"活动的报名资质。

图7-30 "电器城"活动资源位

图7-31 "电器城"活动的报名入口

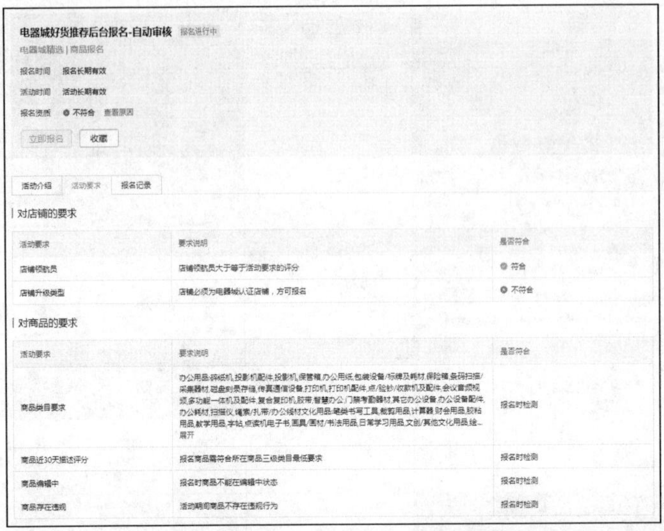

图7-32 "电器城"活动报名详情页面

"电器城"活动的店铺类型只能是专营店、专卖店或者旗舰店，参与活动的商家需要额外缴纳5万元店铺保证金，并且拥有相关品牌的完整授权链，目前该活动只能通过线下报名，入驻流程如图7-33所示。

图7-33 "电器城"活动的入驻流程

入驻"电器城"的商家必须保证商品100%为正品，并且承诺"假一赔十"。同时，根据不同的商品类型，商家还需要提供全国联保、送货入户、只换不修、退货包运费、必开发票、顺丰包邮以及分期付款等相关增值服务。

7.8 "新衣馆"：活动营销玩法多样，助商家迅速传播商品

"新衣馆"活动的主旨是为买家带来时尚且"价美物优"的流行服饰商品，适合推广新品和品质商品，能够获得平台提供的百万精准流量支持。

"新衣馆"活动的报名商品仅限女装、女鞋、箱包、男装、男鞋、内衣裤袜、服饰配件、腕表眼镜、童装童鞋以及运动等一级类目，而且不能处于预售状态。

商家可以通过拼多多管理后台的"店铺营销→新衣馆"频道进行自主报名，如图7-34所示。

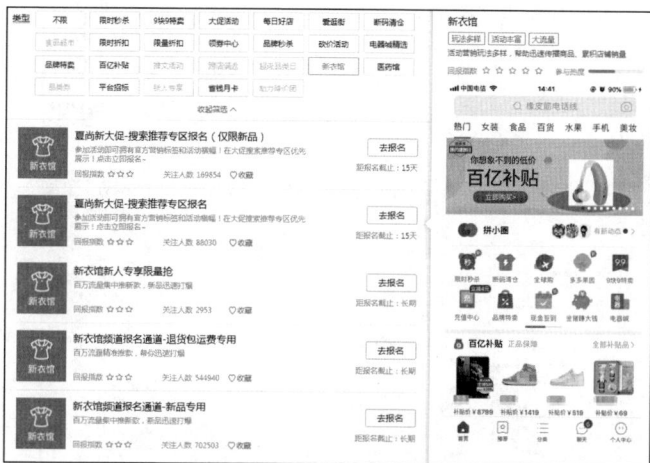

图7-34　"新衣馆"活动的报名入口

商家可以根据自己的主推商品款或营销目的来选择适合的报名渠道，例如，需要为新品拉新引流的商家可以选择"新衣馆新人专享限量抢"，如图7-35所示。需要注意的是，商家需要认真评估报名商品的发货能力，填写真实的库存数据。如果商家填写虚假库存数据，导致出现超卖、发不出货、虚假发货等不良行为，就会受到平台处罚。

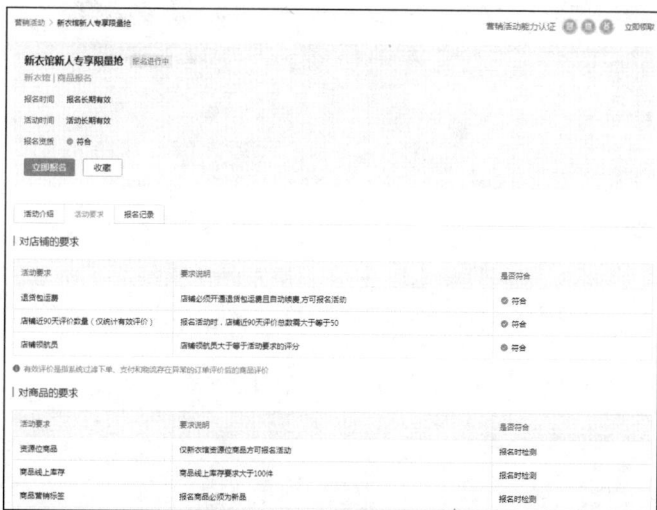

图7-35　"新衣馆新人专享限量抢"活动报名详情页面

商家报名"新衣馆"活动后，平台会按照活动要求审查商家和提报商品的资质，审核周期通常为1~3个工作日。报名通过后，商家可以切换至"报名记录"选项卡，查看"新衣馆"活动的报名详情，如图7-36所示。

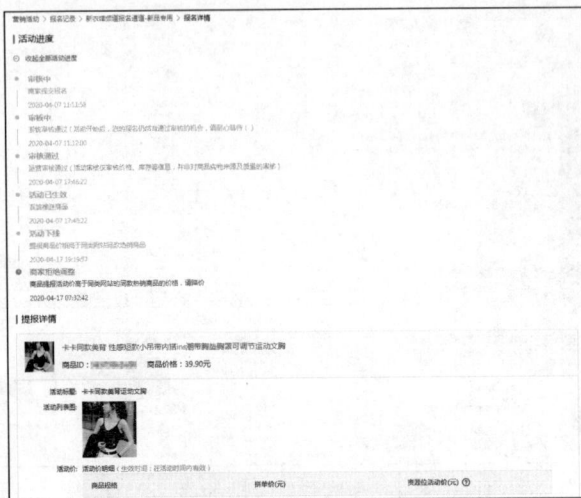

图7-36　查看"新衣馆"活动的报名详情

7.9　"品牌秒杀"：打造品牌好货，为店铺多维度引流曝光

"品牌秒杀"活动非常强调品牌特性，同时给予强大的活动资源位，来扶持优质的品牌商家。如图7-37所示为"品牌秒杀"活动的报名入口。

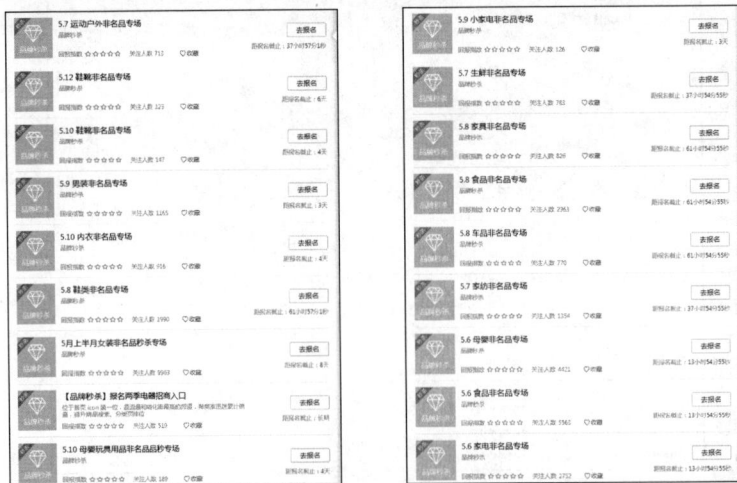

图7-37　"品牌秒杀"活动的报名入口

商家可以根据自己的主营类目来选择合适的报名入口，点击"去报名"按钮，即

可进入"品牌秒杀"活动的报名详情页面, 如图7-38所示。例如, 经营女装的商家可以选择"5月上半月女装非名品秒杀专场"活动, 女装全类目商家都可以进行报名。

图7-38 "品牌秒杀"活动的报名详情页面

在"品牌秒杀"活动的报名详情页面的"活动介绍"选项卡中, 商家可以查看详细的报名流程和相关注意事项, 如图7-39所示。"品牌秒杀"活动的商品展示位于"限时秒杀"频道的"品牌秒杀"界面, 可以为商品带来千万级流量, 从而帮助商家迅速增加店铺销量。

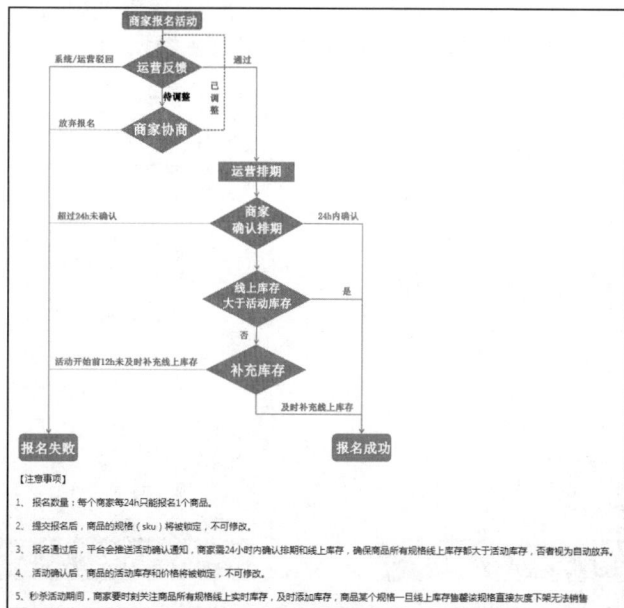

图7-39 "品牌秒杀"活动的报名流程和相关注意事项

7.10 "省钱月卡"：百万曝光，引流作用非凡的资源位活动

"省钱月卡"是一个可以有效提升客单价和用户黏性的营销工具，可以为店铺长期带来回访和回购，其活动资源位入口位于拼多多App的"首页"第2屏和"个人中心"页面，如图7-40所示。

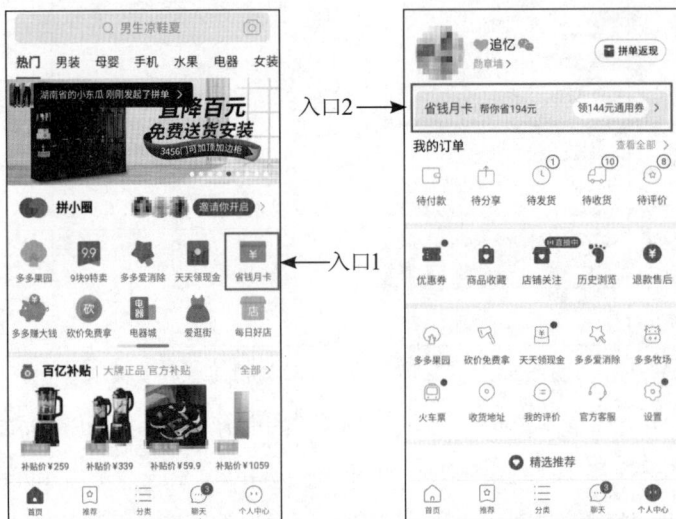

图7-40 "省钱月卡"活动的资源位入口

用户开通"省钱月卡"后，可以享受更多优惠券，包括无门槛券和满减券，如图7-41所示。这些优惠券对经常在拼多多上购买商品的用户来说，是比较划算的。

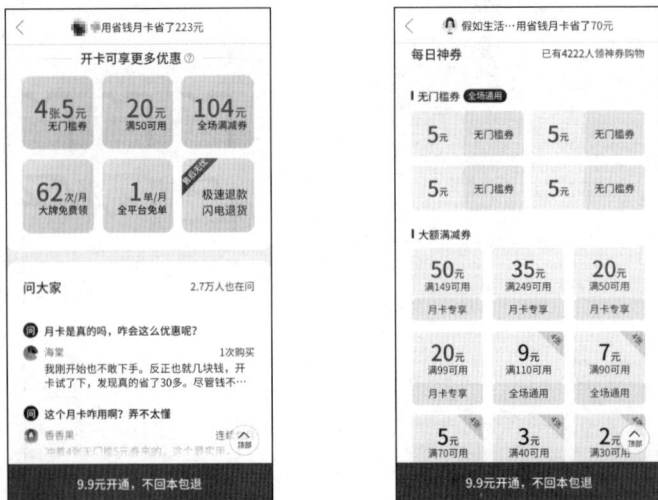

图7-41 "省钱月卡"活动的优惠券

同时,用户还能拥有活动免单特权、拼单送好礼、免费试用、售后无忧、月卡精选等服务和权益,如图7-42所示。

图7-42 "拼单送好礼"和"免费试用"活动资源位

其中,针对"拼单送好礼"和"免费试用"这两个"省钱月卡"活动资源位,平台推出了相关的活动报名入口,包括"省钱月卡-免费试用(精选池)"和"省钱月卡-拼单送好礼",商家可以根据需求前往后台选择,如图7-43所示。

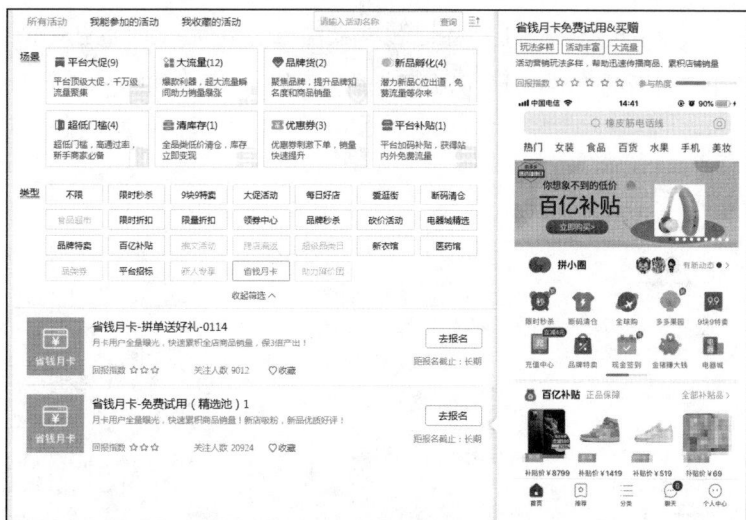

图7-43 "省钱月卡"活动的报名入口

(1)"省钱月卡-拼单送好礼"活动:商家提报的商品将作为"赠品"免费送

给用户,并自行承担成本,平台不提供补贴,其活动报名详情页面如图7-44所示。
参与该活动后,系统会拉取店铺内的全部商品进入"月卡拼单送好礼"的下单商品
池,面向月卡用户全量曝光,不仅曝光流量非常大,而且转化率极高,同时平台还
会为商家提供3倍产出(赠品发放总成本×3)的保障。

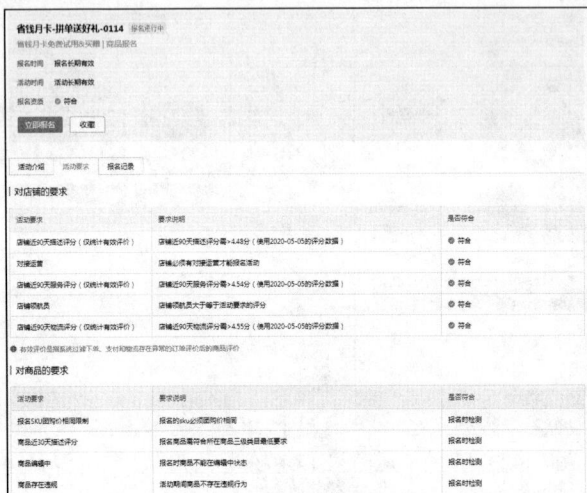

图7-44　"省钱月卡-拼单送好礼"活动报名详情页面

（2）"省钱月卡-免费试用（精选池）"活动:开通省钱月卡的用户可以申请0
元试用商品,对新品或新店来说,可以快速累积商品基础销量、提升好评率,同时让
店铺收藏量和商品收藏量得到大幅提升。需要注意的是,活动商品的成本由商家自
行承担,同时0元活动价不会计入历史最低价,具体活动要求如图7-45所示。

图7-45　"省钱月卡-免费试用（精选池）"活动要求

第8章

社交活动，裂变传播

拼多多的成功之处正是在于很好地将社交和电商进行融合，从而获得了大量的活跃用户，这也是商家需要重点关注的地方。拼多多的社交活动显而易见都有极强的社交属性，通常会要求消费者分享活动，发动多人共同参与，从而帮助商品或店铺实现裂变传播引流。

要点展示：

掌握"砍价免费拿""多多鱼塘"等免费商品活动玩法

熟悉"多多果园""多多农场"等虚拟游戏的活动玩法

熟悉"多多爱消除"等游戏化营销活动的思维逻辑

掌握报名参与拼多多平台招标活动的操作方法

8.1 "砍价免费拿"：高曝光、高流量、享补贴

很多人第一次接触拼多多，大都是在微信群和朋友圈里面，一些亲朋好友发来的"砍价免费拿"活动链接。用户只需在24小时内邀请到足够多的朋友帮忙"砍价"，即可免费获得商品，如图8-1所示。这些帮忙"砍价"的用户，在"砍价"的同时，也会注册为拼多多的用户。同时，对于参与"砍价免费拿"活动的商家来说，平台会给予他们一定的商品成本补贴。

图8-1 "砍价免费拿"活动

"砍价免费拿"活动中集合了丰富的社交营销玩法，如"幸运抽大奖""浏览评论找小刀""接金币多砍"以及"领取好友红包"等，如图8-2所示。用户打开活动链接页面后，可以将其分享给微信和QQ好友，邀请他们帮助其一起砍价，邀请的人数越多，就可以砍到越低的价格。

"砍价免费拿"活动是一种非常实用的裂变营销工具，可以让拼多多形成"病毒式"的传播效果，尤其是将其投放到各种活跃的微信社群后，宣传规模将呈现出指数增长，引流效果和范围会大幅扩大。"砍价免费拿"活动的营销优势如下。

（1）"病毒式"传播：用户自发分享"砍价免费拿"活动链接，从而引发更多的用户去分享拼多多，它可以让商家的产品或品牌在不经意中通过微信大范围传播到很多人群中，并形成"裂变式""爆炸式"或"病毒式"的传播效果，让商品拥有高曝光、高流量。

（2）快速引流：当用户"砍价"成功后，必定会进行消费，对于拼多多来说，引流效果显著，而且这些用户都是拼多多的潜在优质用户，他们对产品或服务有很大的兴趣，这等于在无形中帮助拼多多对客户进行了一次筛选。通过"砍价免费拿"活动卖出的商品，同样会计入店铺销量中，可以为新品积累基础销量。

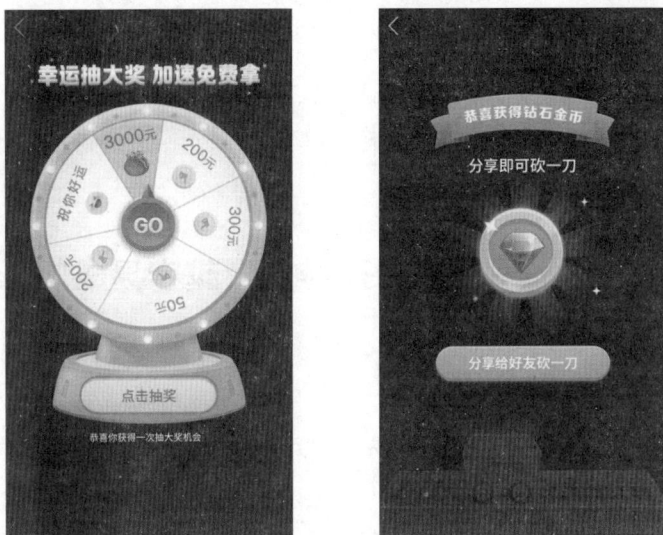

图8-2　"砍价免费拿"活动中的社交玩法

（3）精准营销：拼多多可以通过"砍价免费拿"活动快速收集用户的信息，而且可以将其导出来，这些数据给拼多多的个性化营销和精细化运营提供了很好的依据。

"砍价免费拿"活动是一种非常重要的营销手段，商家可以在拼多多管理后台的营销活动或竞价活动页面查找活动报名入口，如果没有查询到报名入口，就说明店铺不满足报名条件。根据活动商品有无同款，"砍价免费拿"活动的报名入口也有所差异，如图8-3所示。

| 无同款商品 | → | 报名入口为"拼多多管理后台→店铺营销→营销活动→砍价免费拿/助力享免单活动报名"。 |

| 有同款商品 | → | 报名入口为"拼多多管理后台→店铺营销→竞价活动→砍价免费拿等活动竞价"。竞价时间为每周四16：00～每周五16：00，成功竞价后即可替换同款商品上活动资源位。 |

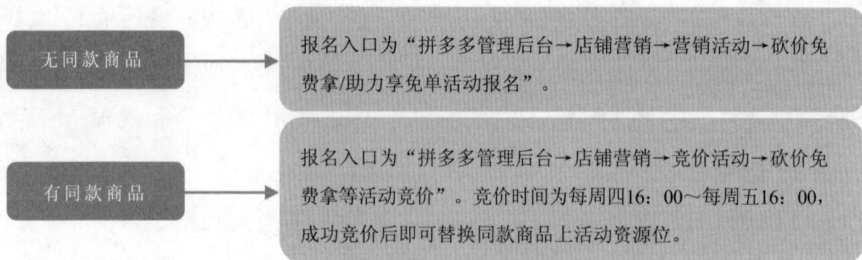

图8-3 "砍价免费拿"活动的报名入口

"砍价免费拿"活动的报名要求如下。

- 活动保证金≥5 000元。
- 店铺必须有对接运营。
- 已报名"秒杀"活动的商品无法参加。
- 活动商品的线上库存>500件。

8.2 "多多鱼塘"：参与好友越多，越容易成功

"多多鱼塘"是拼多多官方提供的另一个免费拿商品活动，会随机对部分用户开放，用户可以通过"养鱼"来免费领取商品，已获得的商品可以在活动主页面中查询记录，如图8-4所示。

图8-4 "多多鱼塘"活动

用户可以通过完成任务或邀请好友助力等途径来获得"鱼食"道具，具体获得的"鱼食"道具数量以记录中显示的数量为准，如图8-5所示。

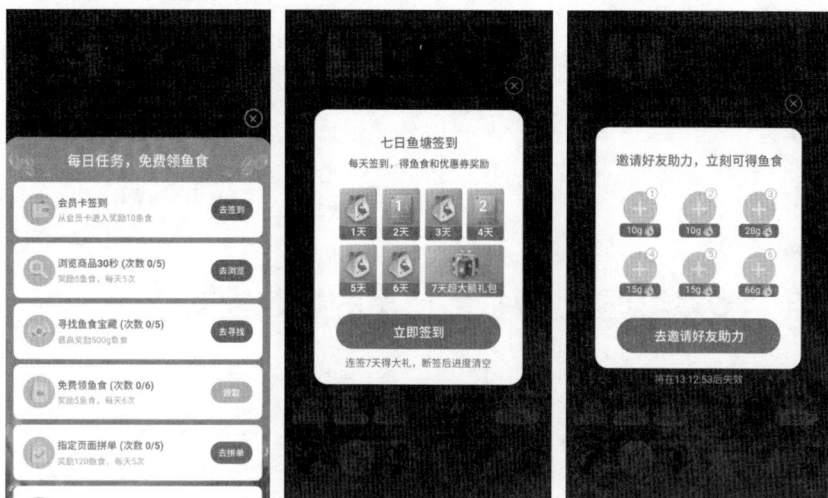

图8-5　通过完成任务或好友助力获得"鱼食"道具

"鱼食"道具可以用于喂养"鱼苗"，每次喂食后"鱼苗"的进度会增长，单条"鱼苗"达到100%进度后即可收获，如图8-6所示。用户在有效期内收获所有"鱼苗"，即可免费领取对应商品，逾期系统将清空"养鱼"进度和"鱼食"道具。

图8-6　喂养"鱼苗"

"多多鱼塘"活动中的各种任务，不仅可以让用户获得优惠，还能够增加用户的活跃度，同时在用户分享邀请好友助力的过程中，还能让更多人看到活动，从而为商品带来更多曝光和流量。

商家要获得"砍价免费拿"或者"多多鱼塘"等活动资源位，可以通过平台招标活动来为平台供货的方式，只要平台选中你的商品作为活动奖品，就可以轻松获得大流量和高销量。商家需要注意的是，报名这些活动通常都需要缴纳足够的活动保证金，当活动保证金不足时应及时充值，否则逾期将视为放弃活动。

8.3 "多多果园"：拼多多首页的趣味社交活动

"多多果园"的活动入口位于拼多多首页以及"个人中心"界面，这些都是高曝光资源位，参与活动即可坐拥超高流量。"多多果园"活动可以帮助商家轻松提升销量，活动商品均会计入店铺销量。对于成为"多多果园"供货商家的商家，平台都会报销商品成本和运费成本，帮助商家降低推广成本。

进入"多多果园"活动界面后，用户可以在此种植和培养树苗，当树苗长大结果后，用户可以获得免费的水果，如图8-7所示。点击"领水滴"按钮，可以通过完成各种活动任务，如添加好友、每日免费领水、寻找宝箱、收集水滴雨以及邀请好友来种树等，获得对应的水滴道具奖励，如图8-8所示。

图8-7　"多多果园"活动界面

图8-8　"领水滴"任务

　　另外，点击"多多果园"活动界面右上角的"助力领水"图标，可以邀请好友助力，获得水滴和化肥等道具奖励，如图8-9所示。点击"多多果园"活动界面左下角的"领化肥"图标，用户还可以进入限定页面完成拼单任务，来获得水滴和化肥等道具奖励，如图8-10所示。

图8-9　"助力领水"活动

图8-10　拼单任务活动

　　上述介绍的只是"多多果园"的部分广告资源位，其中还有很多趣味社交活动，里面都包含了丰富的广告资源位，很适合商家植入各种场景来推广商品或店铺。

　　目前，只有水果生鲜和食品保健这两个主营类目的商家才能报名成为"多多果园"供货商，而且必须缴纳店铺保证金，同时对客服回复率、客服投诉率、DSR评分等指标均有一定的要求。"多多果园"活动的具体商品要求如下。

- 商品的线上库存>1 000件。
- 商品必须处于上架状态。
- 活动时不得随意减少库存和下架商品。
- 报名商品近30天描述评分，需符合所在商品三级类目最低要求。
- 商品要满足平台颁布的"招标商品清单"要求。
- 商家要确保商品描述与实际发货商品相符。

满足要求的商家可以联系对接运营人员，报名参与"多多果园"活动，然后接受平台的审查，审核通过后会陆续开始派单。如图8-11所示为"多多果园供货报名通道（含运费模板）"活动报名入口和店铺要求。

图8-11　"多多果园供货报名通道（含运费模板）"活动报名入口和店铺要求

"多多果园供货招标"活动是指平台通过发布需要招标的水果和食品品种、数量、规格等要求，寻找有优质货源的商家为消费者在"多多果园"中种树并结果的订单供货，由平台和商家结算成本。商家通过供货能快速为店铺和商品累积基础销量，同时获得大量的商品曝光量和复购客户。

需要注意的是，拼多多的"招标商品清单"会根据时令季节进行更新，商家报名的商品SKU品质、规格、重量等都需要满足平台要求，并确保与实际发货商品描述相符。同时，活动订单的发货与售后等要求与正常商品一致，商家需按时按规发货。

当用户确认收货后，商家可在7天后申请平台补贴。例如，某订单签收时间为2020年5月21日，则商家可以在2020年5月28日之后申请补贴，流程如图8-12所示。

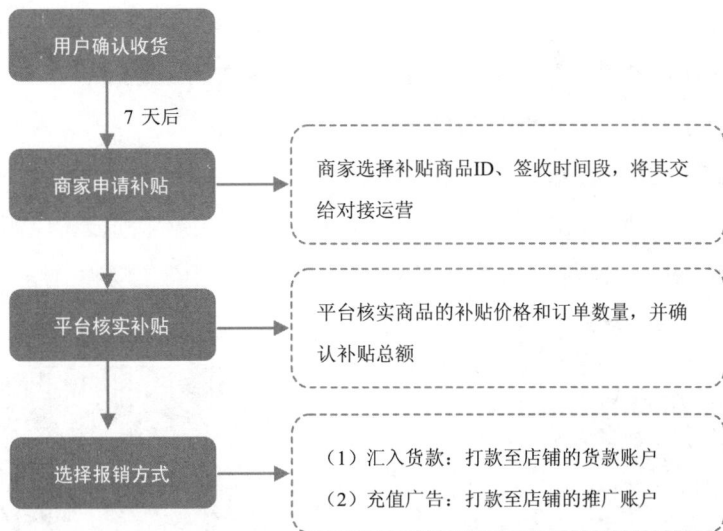

图8-12 补贴流程

8.4 "多多牧场"：抓取个性化场景流量的渠道

"多多牧场"有多个活动入口，如"多多果园"主页、"个人中心"界面以及专属App等，点击后即可进入活动主界面，如图8-13所示。

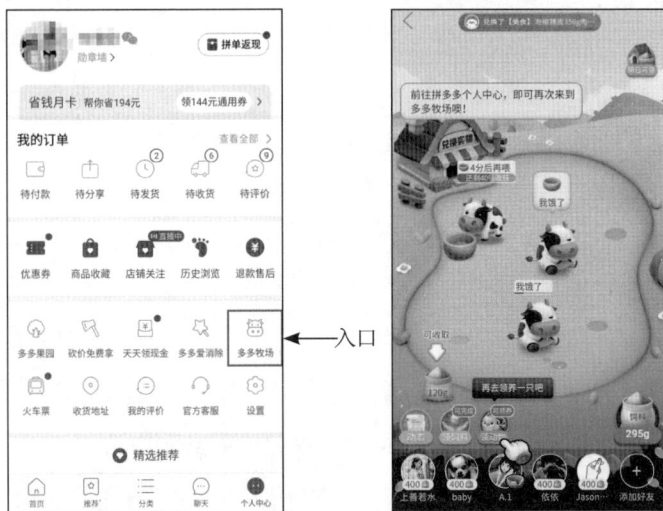

图8-13 "多多牧场"的活动入口和活动主界面

在"多多牧场"活动主界面中，点击底部的"领动物"按钮，可以领取奶牛、母鸡和猪等动物，如图8-14所示。根据用户的登录次数，会逐渐扩充牧场容量，从而领到更多的动物，这样可以有效增强用户黏性。

点击底部的"领饲料"按钮，打开"领饲料任务"菜单，用户可以通过完成任务来获取饲料道具，如浏览商品1分钟、指定页面拼单得饲料、邀请新用户一起玩、去好友家偷吃饲料、从拼多多进入牧场、去看看能换什么实物、明日登录、分享图片领饲料等，如图8-15所示。

图8-14　领动物

图8-15　领饲料任务

有了足够的饲料道具后，即可给动物喂食，同时会显示成长进度，如图8-16所示。当进度条满了后，用户即可收获对应的"作物"，如鸡蛋、牛肉、牛奶等，可以进入"商品兑换"界面，用这些"作物"兑换鸡蛋、猪肉、牛奶、牛肉、鸭肉等实物商品，如图8-17所示。

另外，当动物吃饱后，会要求用户进行互动，如"陪我玩玩""我要摸摸"等，这些互动可以增加收获速度、减少养殖时间。当用户的牧场中养殖的动物数量增加后，还可以不断添加新的动物进入牧场，来兑换更多的物品。

图8-16　喂养动物

图8-17　"商品兑换"界面

　　总的来说，"多多牧场"活动的互动性要高于其他活动，能够让用户在其中玩得更久、更开心，从而给推广商品带来更多曝光和转化。"多多牧场"活动是一个可以通过做好数据来提升权重的机会，随着巨大的流量曝光，商家可以通过优质的活动主图吸引用户点击，为商品带来有效的坑产数据。

8.5 "多多农场"：借助高曝光，轻松拉动销量

　　"多多农场"的活动入口位于"多多果园"主页，进入"多多农场"主界面后，用户可以进行领取种子、扩展土地和播种等操作，如图8-18所示。在土地上点击"可扩建"按钮，即可扩建土地，从而提高种植效率，如图8-19所示。

　　点击种植的植物，弹出"加速种植"菜单，用户可以完成一些任务，来加快植物的成长速度，如每日得加速剂、寻找宝箱、助力有礼、邀请新用户一起玩、拼单得加速剂等任务，如图8-20所示。

图8-18　"多多农场"主界面

图8-19　扩建土地

　　另外，用户可以开启悬浮窗功能，获得更多权益，包括"宝箱收益+10%""宝箱可领提醒""作物收获提醒"等，能够极大地提高用户打开"多多农场"活动的次数。在"多多农场"活动主界面底部点击"播种"按钮，用户可以选择种各种菜，菜成熟后可以兑换金币或实物商品，如图8-21所示。

图8-20　加速种植任务

图8-21　"播种"玩法

　　在"多多农场"活动主界面底部点击"金币娱乐"按钮，可以参与"金币夺宝"和"赚金币大赛"活动，赚到更多"金币"道具，如图8-22所示。"金币"道具可以兑换水滴、化肥和优惠券，如图8-23所示。

图8-22　"赚金币大赛"活动　　　图8-23　金币兑换奖励

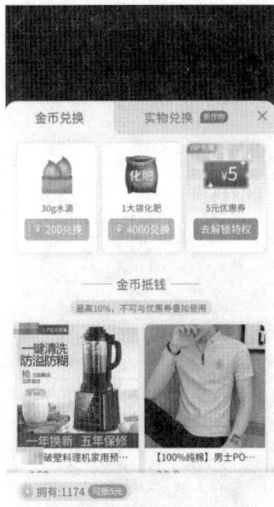

通过"多多农场"活动，可以给活动商品快速引入大量的流量，帮助商家降低流量成本、提升ROI，活动商品也因这些流量而获得更多的销量、GMV等。商家要做的就是提升产品的竞争力，并结合付费推广来精准匹配人群、强化商品标签，让商品通过个性化的活动资源位展现在精准人群面前。

8.6　"多多大赚钱"：提供高额流量和商品曝光量

"多多赚大钱"的活动入口位于拼多多App首页，商家可以借助这种高曝光资源位轻松拉动商品销量，如图8-24所示。"多多赚大钱"活动是在互动游戏中，让用户获取优惠与奖励，同时还能获得相应的收益，这对喜欢网购的用户来说确实是一个非常好的互动形式。

在"多多赚大钱"活动主界面，用户可以点击"收取金币"按钮领取"金币"，同时还能获得升级奖励，底部有3个功能模块，分别为"金币任务""娱乐中心"和"我的金猪"。

（1）"金币任务"：用户可以完成各种"金币任务"每天领"金币"，如"浏览商品20秒""领取梦工厂电力""参与金币抵现金""完成印钞机加速"等，同时还可以领取每日活跃度礼包，如图8-25所示。

图8-24   "多多大赚钱"活动界面

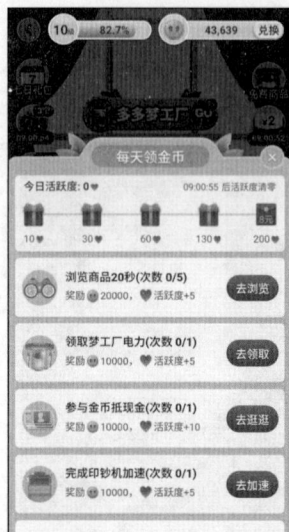

图8-25   "领金币"任务

（2）"娱乐中心"：点击该按钮可以打开"兑换中心"菜单，包括"金币换现金""天天印钞机""多多梦工厂"以及"限时金币兑换"等兑换活动，这些活动中包括大量的多多场景推广资源位，如图8-26所示。例如，选择"金币换现金"活动，进入"金币兑现金"界面，用户在"多多赚大钱"活动中获得的金币可以折算为相应的现金优惠券，在购买该场景中的商品时，可以抵扣部分货款，享受特惠折扣，如图8-27所示。

（3）"我的金猪"：包括"我的背包""我的装扮"和"拜访好友"3个互动功能，相关作用如下。

● "我的背包"功能可以用来收藏各种活动道具和材料。

● 利用"我的装扮"功能可以对"多多赚大钱"活动界面进行个性化的装修设计，如图8-28所示。

● 利用"拜访好友"功能可以去好友的活动界面，查看好友的动态，以及召回好友，一起来玩游戏。召回对应的好友数量，用户还能获取相应的红包奖励，好友则可以获得"回归礼包"，如图8-29所示。

图8-26　"兑换中心"菜单

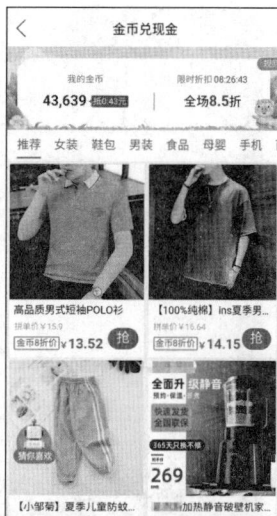

图8-27　"金币兑现金"界面

图8-28　"我的装扮"功能

图8-29　"拜访好友"功能

另外，在"多多赚大钱"活动主界面中，还包括很多福利活动，如"宝箱送礼""七日礼包""免费商品""拼单返现""超级礼盒"等。例如，点击"七日礼包"按钮，用户可以通过签到来获得礼包奖励，如图8-30所示。再如，通过"超级礼盒"任务，用户可以在该页面的商品中寻找礼盒，打开可获得超值奖励，如图8-31所示。

图8-30 "七日礼包"活动界面　　图8-31 "超级礼盒"活动界面

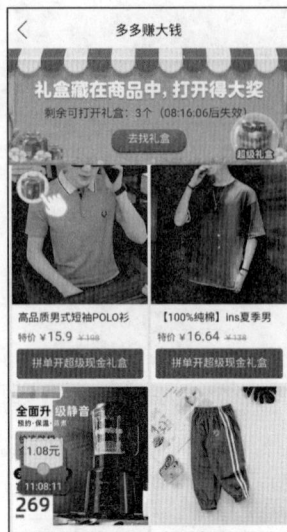

> **提醒：**
> "多多赚大钱"活动提供了各种丰富的社交玩法，用户可以邀请好友成为自己的"财神"，每个"财神"会在一定时间内持续为你产出"金币"，"财神"过期后需要用户再次邀请，每人每天可以助力3次。另外，用户每天邀请满5个"财神"后，还能获得瓜分现金或现金券的资格。

8.7 "多多梦工厂"：免费流量快速积累基础销量

"多多梦工厂"的活动入口就位于"多多赚大钱"主界面，也是一个激励用户通过分享链接来免费领商品的社交活动。初次进入活动主界面时，系统会要求用户选择一个喜欢的商品，选好后点击"确定领取"按钮，如图8-32所示。

用户可以选择相应的商品款式和收货地址，然后点击"去制造"按钮进入"多多梦工厂"主界面，"工厂"将开始制作该商品，如图8-33所示。"工厂"开启之后，当前商品制造的有效期为14×24小时，超时则本次制造商品任务失败。

"工厂"的运行需要有"电力"作为能源，当"电力"不够时，用户可以通过做任务来领"电力"，如打卡、浏览商品、拼单、搜商品关键词等，让机器能够继续加工，增加生产进度，如图8-34所示。

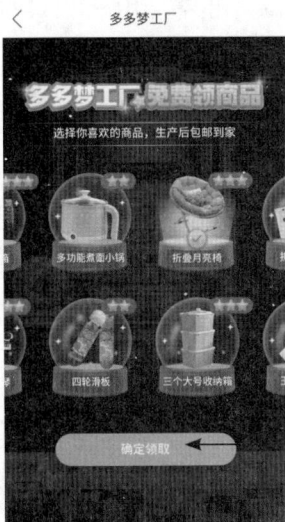

图8-32 选择喜欢的商品

图8-33 "多多梦工厂"主界面

例如，完成浏览任务和拼单任务可以领取"电力"，如图8-35所示。需要注意的是，用户拼单后如果退单，那么系统会收回当次奖励，恶意退单还将会取消活动资格。同时，拼单任务领取的"电力"奖励数值按照订单实付金额来计算。

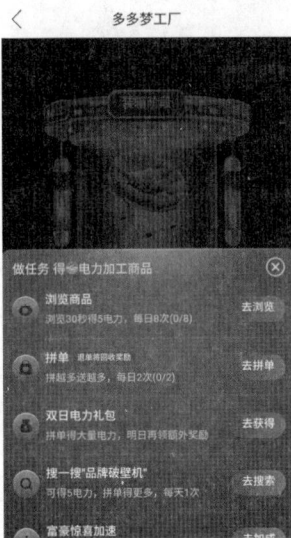

图8-34 做任务领"电力"

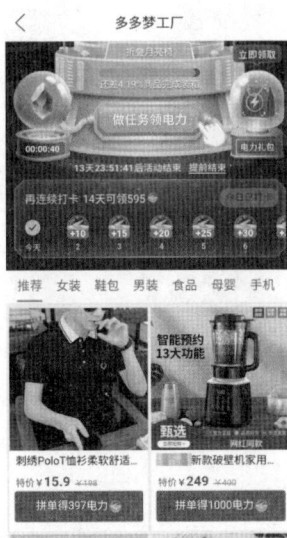

图8-35 拼单任务

当"工厂"的进度条达到100%，并依次经过"加工阶段""装箱阶段""发货阶段"后，用户在规定时间内完成这3个阶段则进入审核期，审核通过后即可生成订单，若未通过则不会生成订单。最后的实物商品领取需要用户选择收货地址，注意在有效期内及时领取。

所有成功参与"多多梦工厂"活动的商品，都将作为奖品免费邮寄给成功生成订单的用户，同时平台还会给商家报销活动成本。对于参与"多多梦工厂"活动的商家来说，不仅可以免费获得平台提供的高额流量和商品曝光量，而且用户在活动中兑换的商品还可以累计到该商品和店铺的销量中，用于积累商品的基础销量。

8.8 "多多爱消除"：边玩边买的娱乐化消费体验

"多多爱消除"是位于拼多多首页的一款趣味社交活动，不仅可以吸引好友一起互动，而且可以使用户从中获取收益与优惠券奖励，吸引大量用户参与，如图8-36所示。用户可以将小游戏的链接分享给好友，越多好友点击链接，则用户获得大量道具奖励的机会就越高。

图8-36 "多多爱消除"活动页面

"多多爱消除"不是单纯的现金激励，而是通过趣味游戏来增强用户的互动性，并通过社交游戏和电商的结合，让用户获得边玩边买的娱乐消费体验。

用户通关越多，抽奖的门槛也会越高，这也符合一般游戏的逻辑，满足用户的挑战心理，使其吸引力更大。同时，用户可以在限定时间内邀请好友助力来获得"钻石"道具，以及"召回用户有奖"的弹窗提示，这些都能够帮助平台快速拉新，并且促进社交关系沉淀，提升用户留存率。

8.9 "天天领现金"：让商品获得千万级流量曝光

拼多多平台的定位为"社交电商"平台，因此在首页中放置了大量的社交营销活动，"天天领现金"活动就是其中的典型代表。用户参与"天天领现金"活动后，可以通过领取好友分享的红包或者邀请好友助力的方式获得现金奖励。

"天天领现金"活动的玩法简单有趣，主要包括以下几种。

（1）整点福利：每到整点时，用户都可以领红包，如图8-37所示。

（2）百万红包雨：每天会定期开放"红包雨"活动，用户可以点击"从天而降"的红包，然后分享给好友，即可打开红包，如图8-38所示。

图8-37　整点福利　　　　　　　　图8-38　百万红包雨

（3）福利红包：通过"多多赚大钱"活动，获得现金红包，累积到"天天领现金"红包余额中。

（4）面对面扫码：生成一个二维码，好友可以使用微信"扫一扫"功能扫描二维码，帮助用户进行助力，可以获得超大金额红包。

（5）月卡福利：开通拼多多月卡，可以领取额外的红包奖励。

（6）"拼小圈"红包：免费开通"拼小圈"功能，即可领取相应的红包奖励。

（7）"猜红包"：玩"猜红包"游戏，从3个红包中找到有现金的红包，即可获得对应的奖励，如图8-39所示。

（8）抢现金礼包：购买无门槛券，即可获得提现加速红包，如图8-40所示。

（9）寻找福星：邀请"幸运福星"的好友助力，领取超大额度的现金奖励。

（10）明星送现金：观看明星推广视频，看完后即可获得红包奖励。

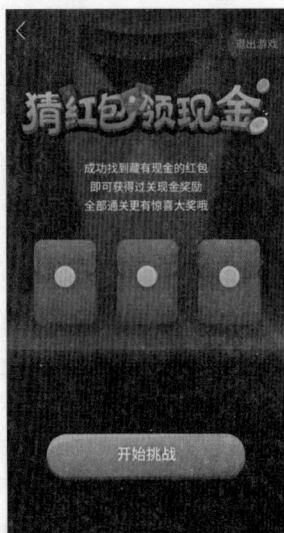

| 图8-39　"猜红包"游戏 | 图8-40　抢现金礼包 |

当用户通过完成各种任务，在24小时在内将红包的总金额积累到100元以后，即可提现到微信零钱中，如图8-41所示。注意：红包只会保留72小时，如果用户逾期未进行提现，那么所累积的现金会失效。

"天天领现金"活动入口1在拼多多App首页，活动入口2位于个人中心页，这些资源位都可以给商品带来高额流量。同时，活动商品还能获得额外的搜索和个性化推荐的流量加权，增加更多的曝光量。

图8-41　现金红包满100元即可提现

8.10 "推文"活动：迅速传播让商品"爆上加爆"

拼多多会在平台上筛选GMV表现优异的商品，通过微信公众号推文为其提供免费资源位，这就是"推文"活动。所有关注了"拼多多"公众号的用户，平台每月都会向其发送4条商品推文信息，如图8-42所示。

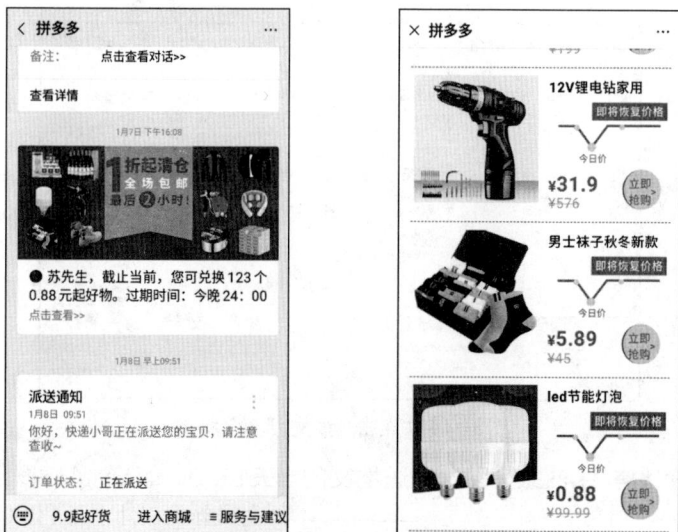

图8-42　"拼多多"公众号的推文

在推文内部展示效果中，商品的标题需要控制在8字以内，商家可以使用"品牌+二级关键词+商品属性词"的方式来创建标题，同时商品主图要使用高清的白底图或场景图。另外，拼多多公众号会根据商品的受众人群和量级来发送不同形式的推文，为商品带来更精准的流量，从而最大化提升商品转化率，如图8-43所示。

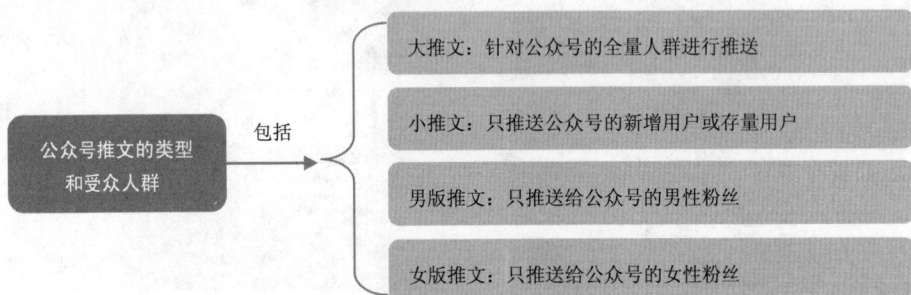

图8-43　公众号推文的类型和受众人群

"推文"活动的基本流程如下。

（1）运营选品：在"推文"活动的前一天，拼多多的"推文组"运营人员会依据商品近期在平台的GMV数据表现进行选品。

（2）商家报名：平台会根据选品结果，通过消息盒子的方式告知被选中商品的商家，收到活动邀请的商家可以前往拼多多管理后台搜索"推文"活动，并设置相应的商品价格和标题进行报名。商家可以在"所有活动"的"类型"选项区中，点击"推文活动"标签来快速筛选推文活动，如图8-44所示。

图8-44　点击"推文活动"标签

（3）确认信息：商家可以在发送推文的当天14：00确认商品标题是否正确，

确认无误后公众号会正式推送活动商品信息。

　　商家如果想要获得"推文"活动的资格，就需要在推文发送日期的前几天做好商品的GMV，相关技巧如图8-45所示。

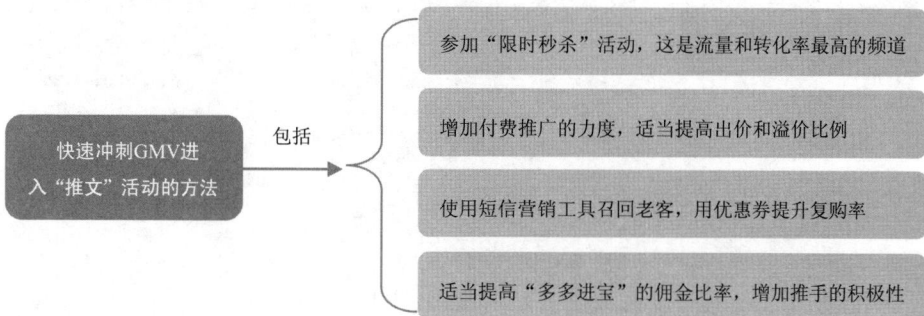

图8-45　获得"推文"活动资格的方法

> **提醒：**
> 商家使用限时秒杀工具冲刺GMV时，一定要注意活动时间，要在"推文"活动前一天使用秒杀，因为"推文"活动当天的秒杀商品是无法进入资源位选品池的。另外，商家也可以联系对接运营，用店铺中的其他爆款来替换入选"推文"活动的秒杀商品。

8.11　"平台招标"：形成社交裂变高效触达用户

　　拼多多平台中的大部分免费商品活动采用平台招标的方式来选品，如多多爱消除、多多果园、多多牧场、多多赚大钱、砍价免费拿、助力享免单等。平台招标是指平台制定要招标的商品款式，有同款商品的商家可以报名竞标，只要竞标成功，则商家即可为平台举办的市场活动供货，同时平台会给商家补贴商品的成本价。

　　参与平台招标活动的商品，可以形成社交裂变传播效应，更加高效、精准地触达消费者，每天都能获得千万级流量。平台招标活动的主要优势如图8-46所示。

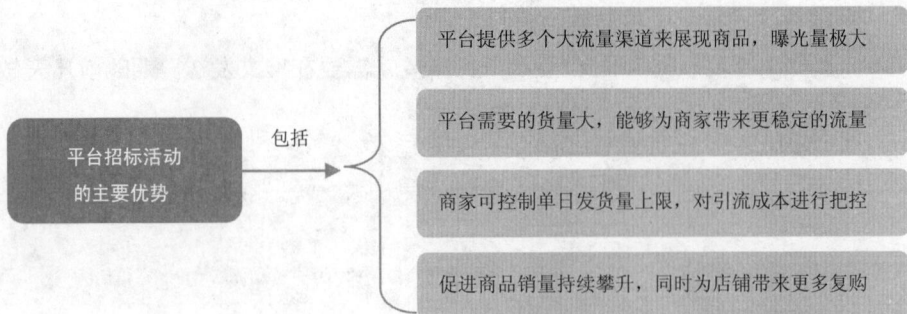

图8-46　平台招标活动的主要优势

下面介绍报名参与平台招标活动的操作方法。

步骤　1　商家可以进入拼多多管理后台的"店铺营销→营销活动"界面，❶在"所有活动"的"类型"选项区中点击"平台招标"标签，即可快速找到能参与的平台招标活动，❷点击"去报名"按钮，如图8-47所示。

图8-47　找到平台招标活动

步骤　2　执行操作后，进入"平台招标"活动界面，在"平台招标商品"列表中选择平台正在采购的招标商品，点击"查看详情"按钮，如图8-48所示。商家在选择招标商品时，可以通过设置店铺主营类目和商品类目，来快速找到店铺同款商品。

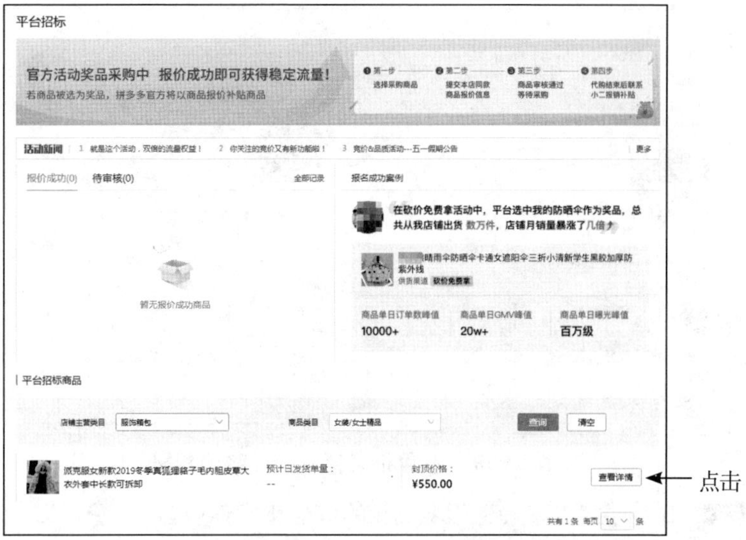

图8-48 点击"查看详情"按钮

步骤 3 执行操作后,进入"招标商品详情页"界面,在此可以查看招标商品的报价上限、商家的报名资质以及活动介绍和活动要求,满足条件的商家可以点击"我要报价"按钮,如图8-49所示。

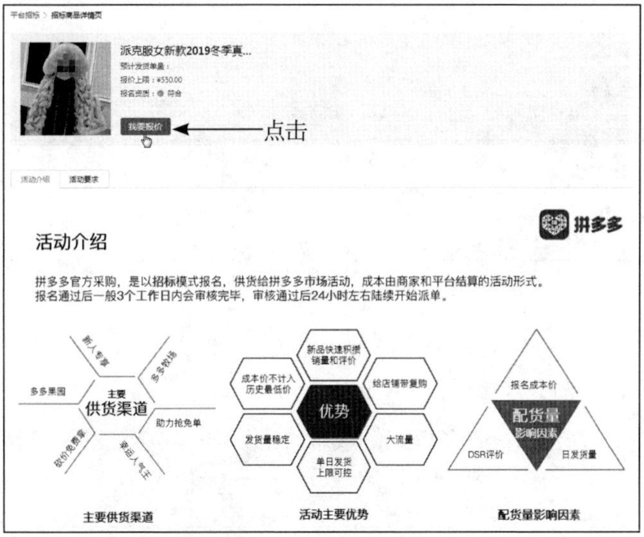

图8-49 点击"我要报价"按钮

步骤 4 进入平台招标活动的报名界面,首先添加报名商品和匹配热销SKU,如图8-50所示。

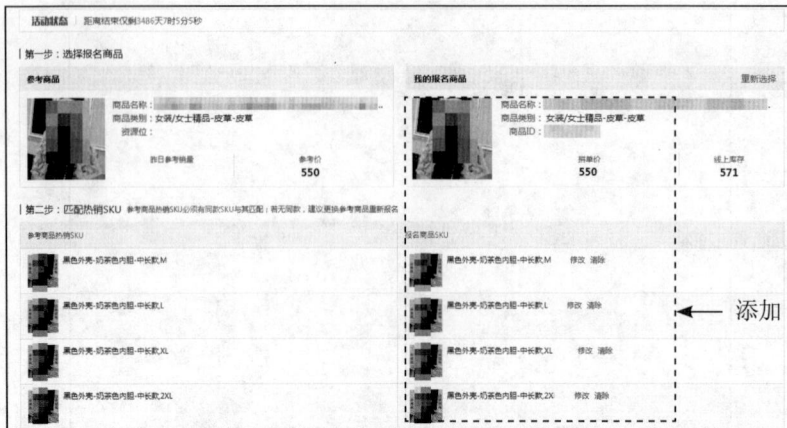

图8-50　添加报名商品和匹配热销SKU

步骤 5 ❶接下来设置报名商品的价格和库存，包括批量设置SKU成本价、商品可发货总库存以及商品单日可发货订单量；❷选中"我已经阅读并且同意《活动报名须知》"复选框；❸点击"提交报名"按钮即可，如图8-51所示。

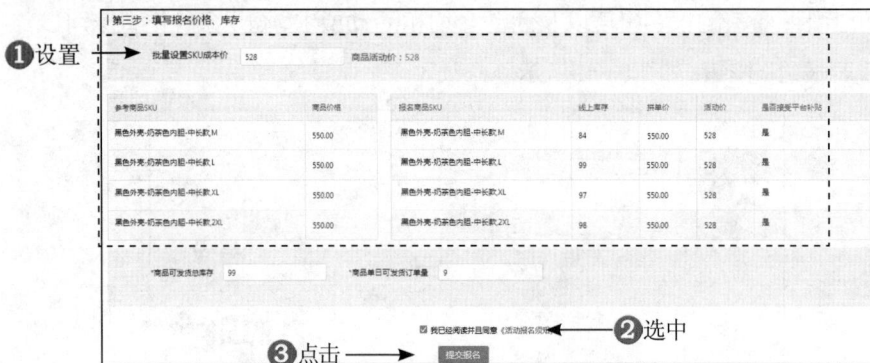

图8-51　设置报名商品的价格和库存

商家提交本店同款商品报价信息后，商品审核通过后即可等待平台采购，待购买结束后联系对接运营报销补贴。补贴的计算公式为"补贴价格＝商品成本价−活动订单支付金额"，商家提报的成本价即为全国包邮发货的价格。

> **提醒：**
>
> **注意：** 已报名通过的商品，商家可以申请修改成本价和库存，平台会在两个工作日内进行审核，审核通过后即可根据新的商品信息来结算成本。

第9章

店铺活动，拉伸GMV

拼多多的店铺营销活动以优惠券为主，包括拼单返现、优惠券、限时限量购、多件优惠、限时免单、分期免息、累计全网销量以及先用后付等，商家可以选择适合自己的营销活动，来更好地提升店铺内的商品销量，从而拉伸整个店铺的GMV数据。

要点展示：

优惠券、拼单返现、多件优惠等促销活动技巧

限时限量购、限时免单等活动实现流量加速爆发

分享店铺、评价有礼等活动实现店铺的裂变拉新

多多直播、短信营销、先用后付等店铺营销工具

9.1 优惠券：预热活动，获取新粉丝

优惠券是拼多多商家最常用的营销工具，能够快速提升GMV和销售额，是商家打造爆款的"不二法宝"。拼多多的优惠券类型非常多，具体如图9-1所示。

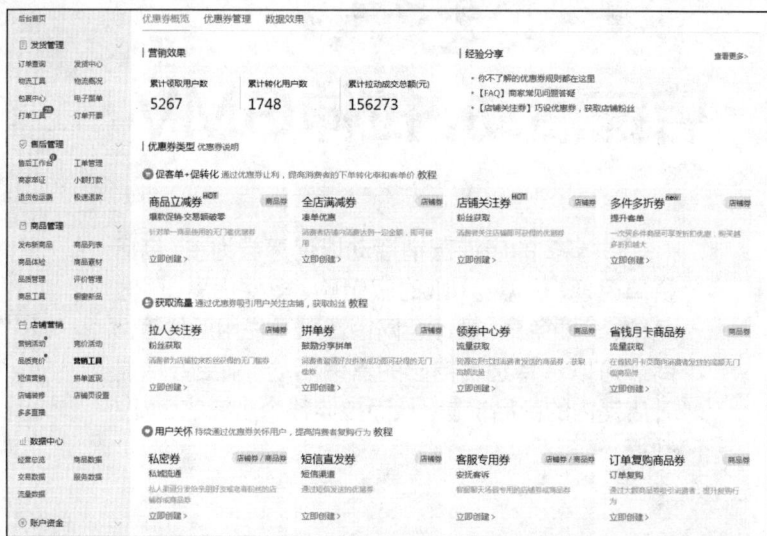

图9-1 拼多多的优惠券类型

（1）商品立减券：针对单一商品使用的无门槛优惠券，可以帮助商家实现爆款促销和交易额破零等目标。

（2）全店满减券：消费者在店铺内消费达到一定金额后即可使用，通过这种凑单优惠的形式能够提高客单价。

（3）店铺关注券：消费者关注店铺即可获得的优惠券，能够帮助商家快速获取大量粉丝。

（4）多件多折券：消费者一次买多件商品可享受折扣优惠，购买的商品数量越多，则获得的折扣越大，能够有效提升客单价。

（5）拉人关注券：消费者为店铺拉来粉丝可获得的无门槛券，能够让店铺实现裂变吸粉。

（6）拼单券：消费者邀请好友拼单成功即可获得的无门槛券，可以鼓励消费

者进行分享拼单。

（7）领券中心券：通过领券中心资源位形式对消费者发送的商品券，可以获取高额流量。

（8）省钱月卡商品券：在"省钱月卡"页面向消费者发放的高额无门槛商品券，通过优惠券可以吸引用户关注店铺，从而帮助商家获取粉丝。

（9）私密券：商家通过私人渠道分发给亲朋好友或老顾客、粉丝的店铺券或商品券，适用于有大量私域流量的商家。

（10）短信直发券：通过短信渠道发送的优惠券，商家可以持续通过这种优惠券关怀用户，提高消费者的复购率。

（11）客服专用券：客服聊天场景专用的店铺券或商品券，主要用于安抚客户投诉时的情绪，减少店铺差评。

（12）订单复购商品券：通过大额商品券吸引消费者，提升复购行为。

例如，商品立减券主要针对单品使用，同时也是一种间接、灵活的价格调整策略，能够帮助商家有效打败竞品和打造爆款。商家可以在"优惠券概览"界面中，选择"商品立减券"并点击"立即创建"按钮，填写相应的优惠信息，如图9-2所示。"商品立减券"的信息包括优惠券类型、优惠券名称、领取时间、添加商品、每人限领数量等，点击"创建"按钮即可创建优惠券。

图9-2　创建优惠券

> **提醒：**
>
> 优惠券名称不能超过15字，只是商家用来区分自己的优惠券所用，并不会展现在买家端。优惠券的领取时间最多为30天，这个时间同时也是使用优惠券的有效期。需要注意的是，优惠券的发行张数最多为50 000张，优惠金额必须为正整数，而且不能超过商品的团购价。

9.2 拼单返现：获得新增消费者和订单

拼单返现工具是指在一个自然日内，买家在某个商家的店铺累计消费满一定金额，即可获赠一张平台优惠券，优惠券成本由商家自行承担。拼单返现活动对商家的主要好处如下。

（1）大流量：活动商品优享搜索提取权，搜索结果会靠前展示。

（2）高点击：活动商品将获得专属标签，吸引更多消费者点击。

（3）支付转化：消费者可以获赠平台优惠券，这对他们的吸引力非常大。

（4）客单价提升：消费者为了获取平台优惠券，会下单购买更多商品。

（5）成交额大幅提升：拼单返现工具可帮助商家提升15%～17%的店铺GMV。

拼单返现营销工具不仅能够为商品带来更多流量和点击量，而且能引导用户转化，提升店铺销售额。商家可以设置一个合理的门槛和返现金额，同时可以结合自己商品的利润空间和可让利金额，提供店铺券让买家叠加使用，吸引他们再次复购。

拼单返现营销工具包括"单店满返"和"跨店满返"商家可以在拼多多管理后台的"店铺营销→营销工具→拼单返现→单店满返"界面中，点击"一键创建"按钮或者"自定义创建"按钮，创建拼单返现营销活动，如图9-3所示。

图9-3 "单店满返"界面

例如，点击"自定义创建"按钮，进入"创建拼单返现"界面，设置相应的返现条件、返现金额、设券张数，系统会自动计算出活动预算金额，如图9-4所示。设置完成后，点击"立即创建"按钮进入充值界面，商家可以选择货款可用余额或微信支付等方式，来支付活动的对应预算。

图9-4　创建拼单返现

提醒：

在拼单返现活动过程中，活动预算会持续消耗，当本周预算全部消耗后，活动会暂停。商家可以开启自动续费功能，这样系统每周会自动续费来补足当周的活动预算。拼单返现活动结束后，商家可以从营销保证金账户中将剩余预算提现到银行卡。

创建拼单返现营销活动后，会通过标签方式展示到首页、推荐页、搜索结果页、商品详情页中，吸引用户点击，提升商品点击率。同时，拼单返现活动还会通过拼单返现标签、商详页标签、返现消息提醒、返现进度条提醒以及领券消息提醒等渠道来展现商品，刺激用户再次下单，提升店铺客单价。

9.3　多件优惠：增加原消费者复购机会

商家可以进入拼多多管理后台，在左侧导航栏中选择"店铺营销→营销工具"选项进入其界面，在右侧窗口中选择"多件优惠"工具即可进入其界面，点击"创建"按钮，如图9-5所示。

图9-5 点击"创建"按钮

执行操作后，进入"创建多件优惠"操作界面，商家需要设置相应的优惠活动信息，包括活动时间、活动商品、优惠设置和活动备注，如图9-6所示。设置完成后，点击"创建活动"按钮，即可创建多件优惠活动。

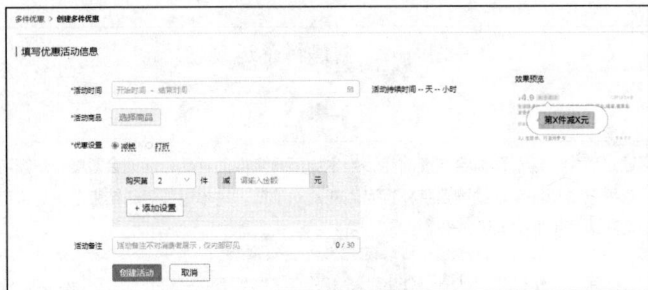

图9-6 创建多件优惠活动

从图9-6中可以看到，多件优惠的优惠类型可以分为两种不同的形式，分别为减钱和打折。

（1）减钱：在商品页中展示"第2件减×元"标签。

（2）打折：在商品页中展示"第2件打×折"标签。

另外，根据爆款产品的推广节奏，商家可以在多件优惠的阶梯设置中设置不同的阶段优惠力度。阶梯设置最多只能设置4个阶段，即多件优惠最多只支持5件商品。如果买家购买了6件商品，那么第6件商品是没有优惠的，必须全款购买。

> **提醒：**
>
> 需要注意的是，多件优惠活动针对的是一个订单，而不是多个订单。也就是说，买家如果分别多次对同一个商品下单，是无法享受多件优惠活动的。

9.4 限时限量购：快速提升商品转化率

限时限量购通过对折扣促销的产品货量和销售时间进行限定，来实现"饥饿营销"的目的，可以快速提升店铺人气和GMV。商家可以在拼多多管理后台的"店铺营销→营销工具"界面，点击"限时限量购"按钮进入其界面，点击"立即创建"按钮，如图9-7所示。

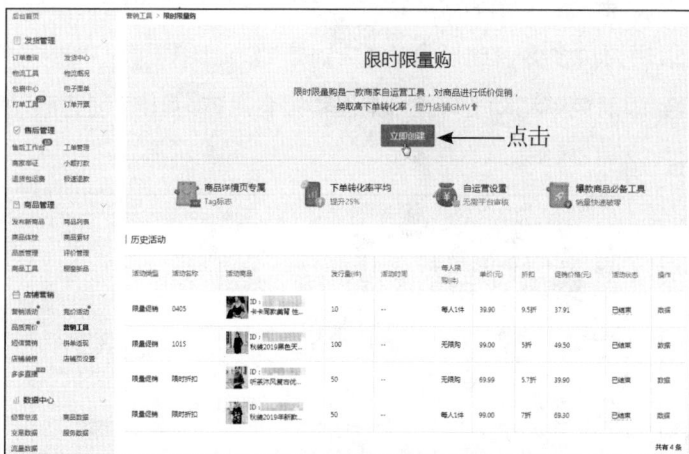

图9-7　点击"立即创建"按钮

执行操作后，进入"创建限时限量购"界面，设置活动类型、活动名称，并添加商品，点击"创建"按钮即可，如图9-8所示。创建限时限量购活动后，商家可以获得独有标签，吸引更多消费者点击。

图9-8　"创建限时限量购"界面

限时限量购的活动类型包括如下两种。

（1）限量促销：对一定数量商品进行打折销售，售卖完毕后恢复原价。

（2）限时促销：在规定时间内对商品进行打折销售，时间结束后恢复原价。

9.5 限时免单：迅速为店铺积累人气

限时免单活动是指买家在活动时间内购买指定商品，系统从成团订单中抽取一定数量的订单，返回与商品等价的平台优惠券，优惠券的资金成本由商家承担。商家可以进入拼多多管理后台的"店铺营销→营销工具→限时免单"界面，在此可以看到限时免单活动的概念、流程和报名入口，点击"创建活动"按钮，如图9-9所示。

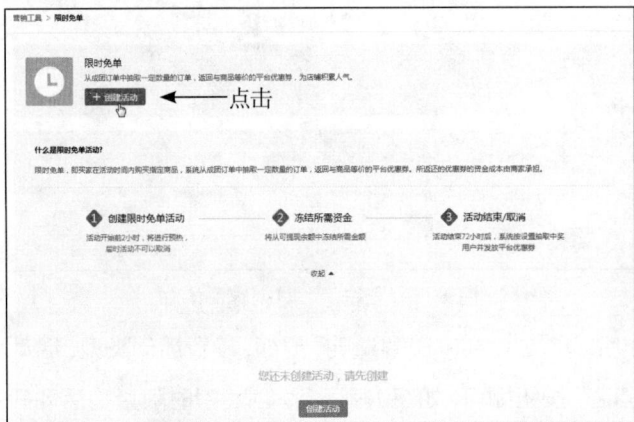

图9-9 点击"创建活动"按钮

执行操作后，进入"创建限时免单活动"页面，商家需要根据相关要求填写活动列表信息和进行免单设置，如图9-10所示。设置完成后，点击"创建"按钮即可。注意：对于参与限时免单活动的商品，拼多多并没有为其提供专区进行展示，而只会在商品的详情页面中显示活动标签。

活动结束72小时后，系统会按照商家的活动设置来抽取中奖用户，并向其发放平台优惠券，优惠券金额等于用户支付的订单金额。参与限时免单活动后，商品可以获得活动标签展示，增加转化率。同时，限时免单活动还可以吸引消费者多次下单购买，将其转化为店铺的忠实粉丝。

图9-10　"创建限时免单活动"界面

9.6　分享店铺：让主站经营更具优势

"分享店铺"是一个可以生成拼多多店铺链接的营销工具，可配置在任意渠道进行推广。商家可以进入拼多多管理后台的"店铺营销→营销工具→分享店铺"界面，系统会自动生成店铺链接，点击"复制链接"按钮，即可复制店铺分享链接，如图9-11所示。

图9-11　"分享店铺"界面

> **提醒：**
>
> 另外，商家也可以进入拼多多管理后台的"店铺管理→店铺信息→基本信息"界面，点击店铺名旁的店铺二维码，下载二维码进行分享。

商家可以通过微信公众号、朋友圈或快手等渠道，来分享或配置店铺链接，让店铺获得更多流量和订单，如图9-12所示。

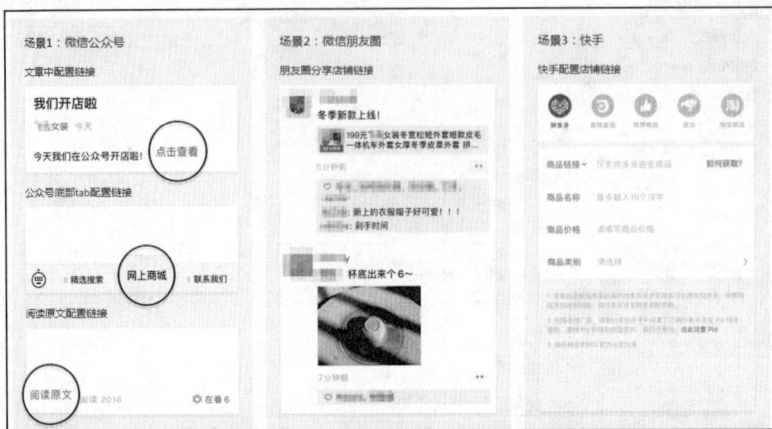

图9-12　"分享店铺"的推广场景

9.7　评价有礼：安全快速提升商品销量

评价有礼活动主要是通过给用户发放3元无门槛优惠券的形式，来鼓励用户发布优质的商品评价，为店铺积累评价内容，从而安全、快速地提升商品销量。商家可以进入拼多多管理后台的"店铺营销→营销工具→评价有礼"界面，点击"立即创建"按钮，如图9-13所示。

图9-13　点击"立即创建"按钮

执行操作后，进入"创建评价有礼"界面，❶填写相关的活动信息，包括活动时间、活动商品以及发行张数；系统会自动计算出活动预算金额，❷点击"去支付"按钮即可，如图9-14所示。

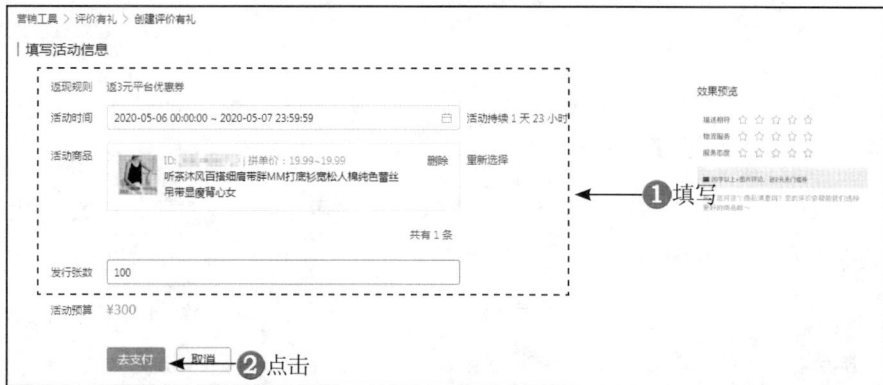

图9-14 创建评价有礼活动

注意：同一个消费者同一天在同一家店，最多只可享受1次评价有礼的平台优惠券。同时，商家可以自由控制开启或结束评价有礼活动，创建活动后在"评价有礼"界面点击"结束活动"按钮，即可结束正在进行的活动并立刻停止发券，剩余的券额将会返还至商家账户中。

创建评价有礼活动的好处如图9-15所示。

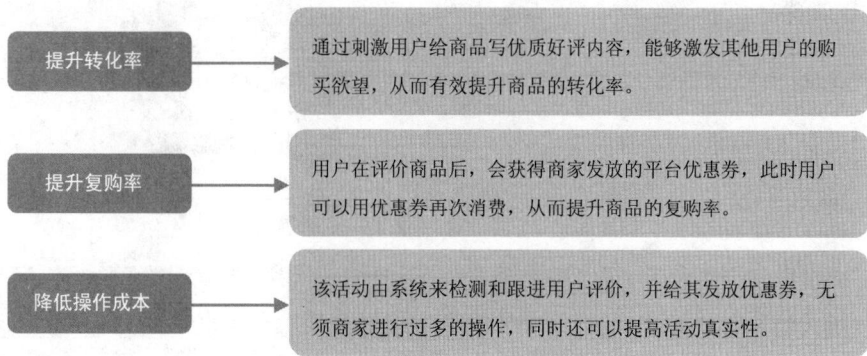

提升转化率	通过刺激用户给商品写优质好评内容，能够激发其他用户的购买欲望，从而有效提升商品的转化率。
提升复购率	用户在评价商品后，会获得商家发放的平台优惠券，此时用户可以用优惠券再次消费，从而提升商品的复购率。
降低操作成本	该活动由系统来检测和跟进用户评价，并给其发放优惠券，无须商家进行过多的操作，同时还可以提高活动真实性。

图9-15 评价有礼活动的好处

9.8 累计全网销量：增加商品的曝光量

商家可以使用累计全网销量工具绑定第三方平台店铺，来累计第三方店铺同款商品的销量，计算公式为"全网累计销量＝第三方平台销量＋拼多多已拼销量"。累计全网销量工具有助于提升商品权重和搜索排名，增加商品的曝光和流量，以及提升商品的转化率。

商家可以进入拼多多管理后台的"店铺营销→营销工具→累计全网销量"界面，进行第三方平台身份验证，来绑定第三方平台店铺，如图9-16所示。

图9-16 "累计全网销量"设置界面

绑定第三方平台店铺后，通常需要3~7天时间，才能看到累计全网销量。商家可以进入拼多多管理后台的"店铺管理→店铺信息→基本信息"界面，在"第三方平台店铺"选项右侧点击"累计全网销量"按钮进行查看，如图9-17所示。

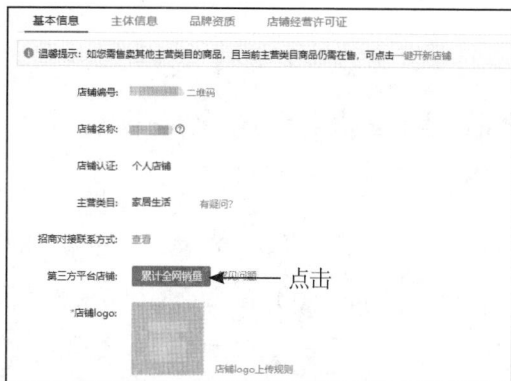

图9-17　点击"累计全网销量"按钮

9.9 花呗分期：降低消费者的购买门槛

商家使用分期免息工具后，买家在下单时即可使用花呗分期支付。商家可以进入拼多多管理后台的"店铺营销→营销工具→分期免息"界面，找到对应的商品，选择免息期数即可，如图9-18所示。

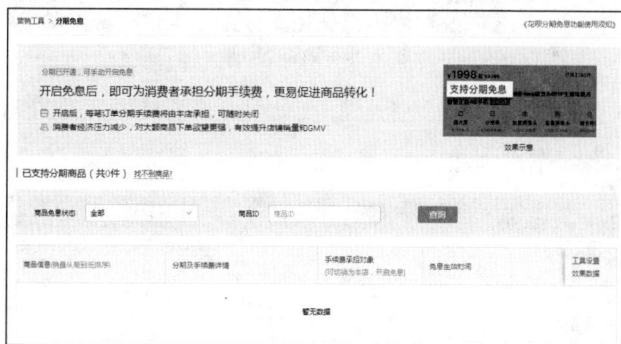

图9-18　"分期免息"工具设置界面

需要注意的是，虚拟商品、二手商品及库存保有单位最低价低于500元的商品不可设置分期免息。另外，若商家设置了免息规则，则需要自行承担分期手续费，同时平台不再收取0.6%的支付服务费，否则将由买家承担分期手续费。

9.10 多多直播：直播带货，转化神器

多多直播是拼多多重磅推出的直播平台，通过直播带货的形式为用户营造更加真实的"逛街购物"体验，同时还可以配合直播粉丝券和直播专属券等活动来大幅提升店铺的转化率。下面介绍在电脑端创建多多直播的操作方法。

步骤 1 进入拼多多管理后台的"店铺营销→多多直播"界面，点击"使用电脑端直播"按钮，如图9-19所示。

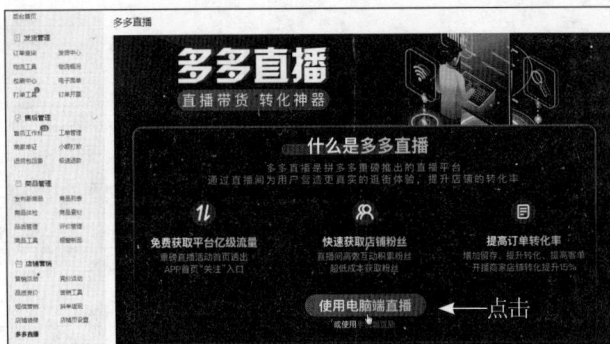

图9-19　点击"使用电脑端直播"按钮

步骤 2 进入"多多直播"主界面，在此可以查看往期直播内容、直播数据、商品数量等信息，点击"创建直播"按钮，如图9-20所示。

图9-20　点击"创建直播"按钮

步骤 3 弹出"创建直播"对话框，❶设置相应的直播封面、直播标题，添加商品并上传广告素材；❷点击"创建直播"按钮即可，如图9-21所示。如果商家还未下载OBS直播推流工具，那么需要先点击该页面下方的"操作步骤"选项区中的"下载地址"按钮，下载并安装OBS推流工具。

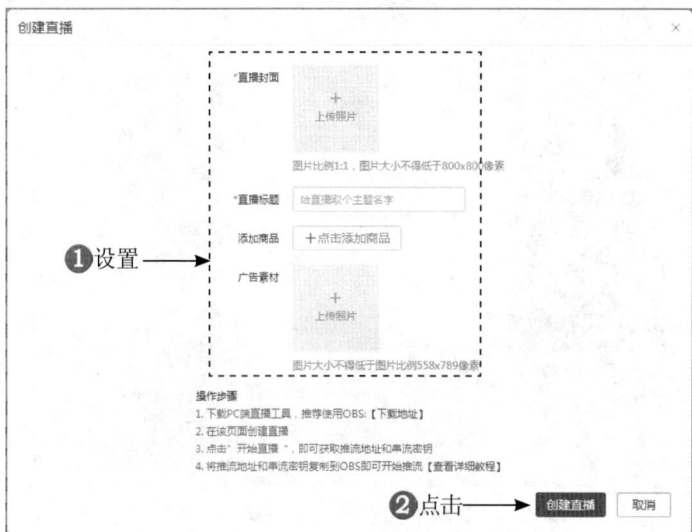

图9-21 "创建直播"对话框

步骤 4 创建直播间后，在"多多直播"主界面中选择相应直播内容，在操作栏中点击"开始直播"按钮，如图9-22所示。

图9-22 点击"开始直播"按钮

步骤 5 执行操作后，进入直播中控台，打开OBS推流工具，❶将中控台服务器地址及串流密钥复制到OBS中；将OBS设置好后，❷点击"开始直播"按钮并开启推流功能，即可开始直播，如图9-23所示。

图9-23 复制中控台服务器地址及串流密钥

下面介绍在手机端创建多多直播的操作方法。

步骤 1 打开拼多多商家版App，进入"工具"界面，在"营销"选项区中点击"多多直播"按钮，如图9-24所示。

步骤 2 进入"多多直播"界面，❶点击"创建直播"按钮；弹出"使用须知"对话框，认真阅读直播规范须知内容，❷选中相应复选框，如图9-25所示。

步骤 3 点击"确认"按钮，进入"创建直播"界面，❶设置相应的直播封面、直播标题，并选择商品；❷点击"创建直播"按钮即可，如图9-26所示。

步骤 4 商家也可以点击"一键复用上次直播信息"按钮，调用上次的直播设置，实现快速开播，如图9-27所示。

图9-24　点击"多多直播"按钮

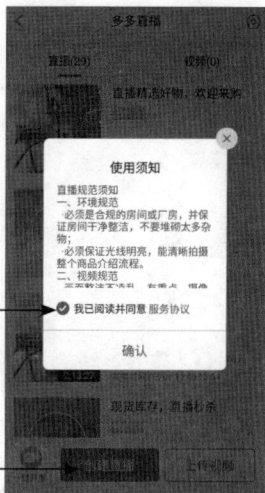

图9-25　阅读直播规范须知内容

图9-26　"创建直播"界面

图9-27　复用上次的直播信息

　　电脑直播的缺陷在于手动设置步骤较多，而且场地通常被限制在室内，但电脑直播的优势也非常明显，不仅可拓展性强，能够使用麦克风和摄像头等专业直播配件，而且画面清晰度比较高，同时还可以实现特效贴片装潢效果，适合有一定直播经验或熟悉电脑操作的商家使用。

　　对于新开播商家或不熟悉电脑操作的商家来说，则可以选择使用手机随时随地开播，但手机直播的可拓展性较差，清晰度较低，而且不能实现特效贴片装潢效果。

9.11 短信营销：让潜在买家不再流失

短信营销的场景非常多，包括活动预热、热销引流、个性化营销、导入手机号、新客转化、营销活动专属、潜在人群扩展、推广DMP营销、店铺关注券推广、店铺直播推广等，如图9-28所示。

图9-28 短信营销的场景

短信营销最主要的功能就是拉新引流和老客复购，对提升店铺ROI有很大的帮助。对于拉新引流来说，商家可以通过"导入手机号+精准引流"的方式，导入店铺的老顾客或粉丝，这些人群进店后下单付款的概率会更高；对于提升复购或老客召回来说，建议选择3个月以内的老客户，这些人群回购的可能性会更大。

商家可以进入拼多多管理后台的"店铺营销→短信营销"界面，在"场景营销"选项区中的"导入手机号"卡片上点击"立即创建"按钮，并根据自己店铺和商品的实际情况自定义短信内容。"导入手机号"功能主要适用于拥有私人手机号人群的商家，实现更加精准的营销。

> **提醒：**
>
> 商家可以将到店的客户按照年龄、消费次数、实际需求等条件进行细分，根据不同的人群来发送不同的短信内容。
>
> 一个月进店消费1次：唤醒类短信内容，引导客户进店消费。
>
> 进店消费3次的客户：关怀或活动打折短信，让客户产生兴趣。
>
> 进店消费4次以上的客户：对这些非常稳定的老客户，建议商家多发短信问候他们，同时可以发送一些新品推荐或者产品常识相关的短信内容。

9.12 先用后付：促进高转化的新工具

开启"先用后付"活动后，用户在下单时无须先付款，而是在收货满意后再扣款。活动中产生的坏账由平台承担，极大地降低了商家的资损风险。商家可以进入拼多多管理后台的"店铺营销→营销工具→先用后付"界面，找到对应的商品，点击"立即开启"按钮，这样对店铺内最高价在200元以内且符合活动要求的商品，即可成功设置"先用后付"活动，如图9-29所示。

图9-29 开启"先用后付"活动

"先用后付"活动极大地降低了用户的购物门槛，可以打消他们的疑虑，并增强购买意愿，从而提高商品转化率。需要注意的是，针对"先用后付"活动产生的订单，平台会收取2%的手续费。

第10章

竞价活动，首页捷径

拼多多的竞价活动是打造热销商品的有效方式，也是晋升首页以及热销资源位的一个便捷通道，能够帮助商家轻松获得百千万级的流量。对于那些刚上架的没有流量和销量的商品来说，竞价活动是一种很好的引流方式，可以让优质商品一步登上首页的顶级热销资源位。

要点展示：

了解竞价活动的主要优势、要求和报名流程
掌握竞价商品的寄样操作和相关注意事项
了解品质竞价活动和保持活动流量的技巧
掌握取消竞价报名与查看竞价结果的方法

10.1 首页竞价：解决小商家的运营难题

对小商家来说，报名竞价活动最大的难点在于，市场上的同款太少，甚至很多都没有同款，而且资源位也非常少。针对这些问题，拼多多对竞价活动进行了大幅升级，具体内容如图10-1所示，来帮助小商家提高报名通过率。

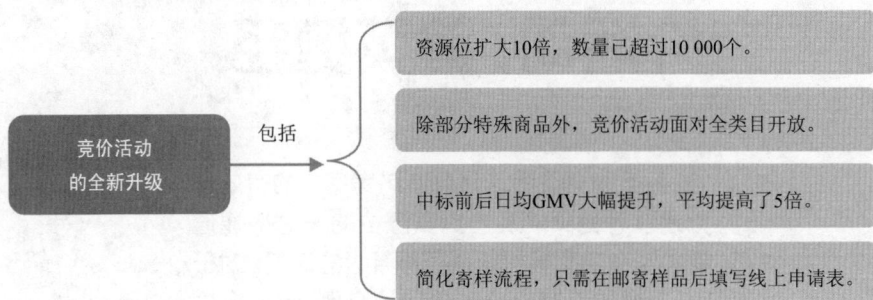

图10-1　竞价活动的升级改动内容

通过全新升级后，降低了小商家参与竞价活动的难度。竞价活动是指平台会定期从全网挑选出热销商品作为"参考商品"，并将其发布到竞价活动页面中，如果商家店铺中的商品有与参考商品样式、规格、材质等方面基本相同的商品，同时商家的报价更低，就可以通过参与竞价的方式，来快速获得大流量曝光，如图10-2所示。

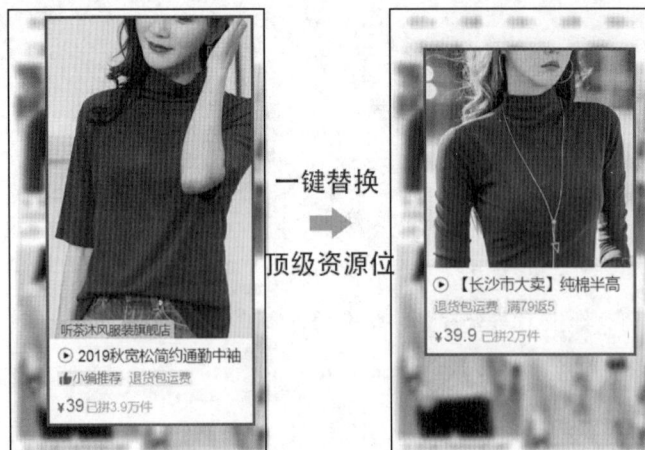

图10-2　竞价活动示例

竞价活动的主要优势如下。

（1）资源多：竞价活动不仅档期多，每周两期，而且资源位非常多，每期活动开放10 000+资源位。

（2）速度快：竞价活动不仅报名流程简单快捷，而且活动的审核速度非常快，最短9小时即可告知结果。

（3）效果好：竞价成功后，商品至少能够获得保底流量和个性化首页资源位，不仅可以免费增加商品的搜索权重，而且能够将首页流量精准导向目标人群，从而获得更高的转化率。

> **提醒：**
> 保底流量是指系统会将中标商品投放到多多赚大钱、多多果园等场景进行推广，推广费用由平台承担，相当于商家的商品中标后就能多享受一个渠道的推广效果。

（4）更省钱：商家只需将商品适度降价，无须花费额外的推广费用，即可换取资源位，同时ROI也会更高一些。

10.2 报名竞价：零销量也能轻松上首页

首页+资源位热销商品竞价面对所有商家开放，平台每周会在固定时间将所有资源位的热销商品放出去接受同款商品竞价。竞价活动的时间为周一13：00~周二11：00，以及周四13：00~周五11：00（遇节假日顺延）。报名竞价活动对店铺和商品有一定的要求，如图10-3所示。

商家只需完成单个竞价活动的报名，即可获得该竞价活动下所有参考商品的竞价参与权。下面介绍报名竞价活动的基本流程。

步骤 1 进入拼多多管理后台的"店铺营销→竞价活动"界面，在"活动商品列表"中设置合适的商品类目和店铺主营类目，点击"查询"按钮查询并选择相应商品，点击"立即竞价"按钮，如图10-4所示。

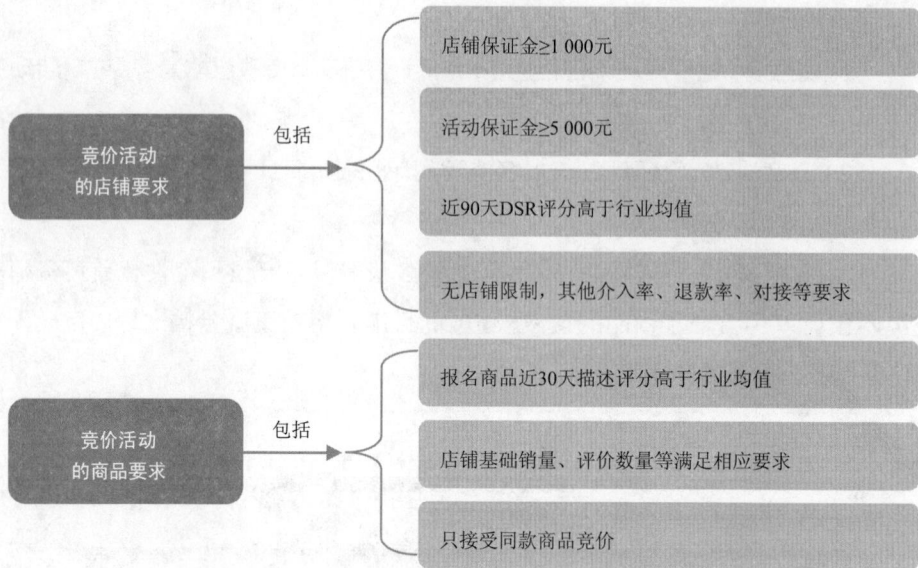

图10-3　报名竞价活动对店铺和商品的基本要求

图10-4　查询并选择相应竞价商品

步骤 2　执行操作后，进入"竞价活动详情页"界面，可以查看参考商品的主图、标题、活动名称、报名时间、昨日销量、商品ID、竞价起止价格、最低库存要求以及参与资格，如图10-5所示。

点击

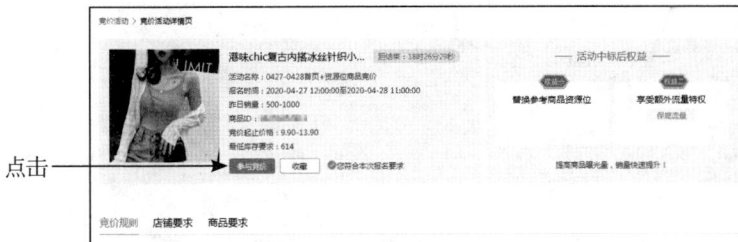

图10-5　“竞价活动详情页”界面

提醒：

商家在对报名竞价商品进行备货和报价时，可以参考商品的“最低库存要求”和“昨日销量”数据，来评估自己的日发货能力。

（1）最低库存要求：报名竞价商品的库存≥参考商品的最低库存。

（2）昨日销量：参考商品在资源位上前一日的产出情况。

步骤 3　如果商家发现自己不符合报名要求，那么可以切换至竞价活动详情页下方的“店铺要求”或“商品要求”选项卡，查看哪些资质没有达到报名要求，对店铺进行优化调整后，再参与后续竞价活动，如图10-6所示。

竞价规则　店铺要求　商品要求

资质名称	活动要求	你的资质
店铺近90天评价数量（仅统计有效评价）	报名活动时，店铺近90天评价总数需大于等于51	符合
店铺近90天描述评分（仅统计有效评价）	店铺近90天描述评分需>4.48分（使用2020-04-26的评分数据）	符合
活动保证金	报名活动必须先缴纳5000人民币及以上的保证金;	符合
活动生效后主动放弃次数限制	店铺90天内报名该类型活动且成功上活动后，主动取消次数超过4次不允许报名	符合
店铺近90天服务评分（仅统计有效评价）	店铺近90天服务评分需>4.54分（使用2020-04-26的评分数据）	符合
客服回复率	连续前3 天的5 分钟回复率均高于30%	符合
店铺领航员	店铺领航员大于等于活动要求的评分	符合
店铺近90天物流评分（仅统计有效评价）	店铺近90天物流评分需>4.54分（使用2020-04-26的评分数据）	符合

竞价规则　店铺要求　商品要求

资质名称	活动要求	你的资质
商品近期在资源位DSR表现	商品近30天不存在因dsr表现不佳被淘汰出资源位的情况	待检测
秒杀活动限制	已报名秒杀活动的商品，暂不能报名该活动	待检测
商品历史评价数量（仅统计有效评价）	活动报名时，各类目活动商品的历史评价（仅统计有效评价）最低要求如下：食品饮料大于0条；饰品首饰大于0条；饰品/流行首饰/时尚饰品大于0条 ……	
商品近30天描述评分	报名商品需符合所在商品三级类目最低要求	待检测
商品编辑中	报名时商品不能在编辑中状态	待检测
商品存在违规	活动期间商品不存在违规行为	待检测

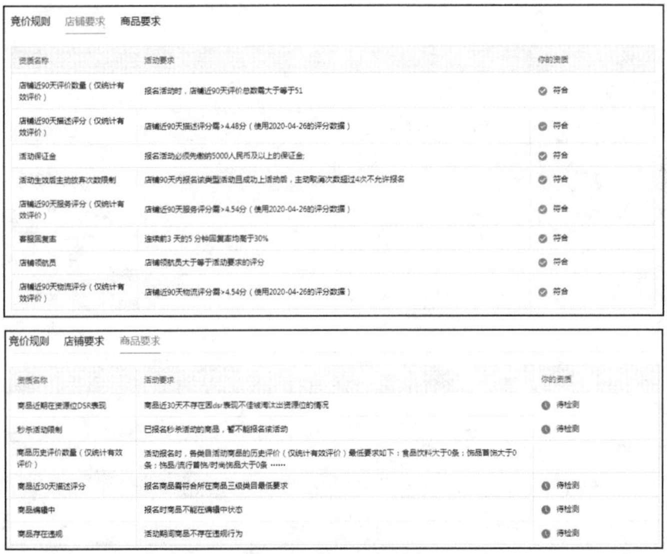

图10-6　查看报名竞价活动的资质要求

步骤 4　在“竞价活动详情页”点击“参与竞价”按钮，进入“填写竞品信息”界面，第一步为选择竞价商品，在“我的竞价商品”选项区中点击“选择竞价商品”按钮，如图10-7所示。

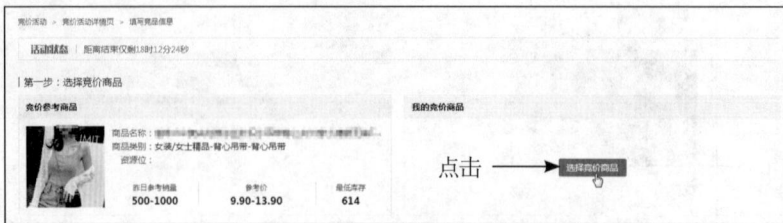

图10-7　点击"选择竞价商品"按钮

> **提醒：**
> 目前，竞价选标要求竞价商品 SKU 与参考商品热销 SKU 完全匹配，其他 SKU 允许有部分差异。对于参与竞价的商品 ID、库存、竞价价格、是否预售等信息，竞价商家必须如实提报。同时，平台会不定期抽检竞价成功的商品，一旦发现商品有描述不符的情况，将按《拼多多商品描述及质量抽检规则》进行严格处理。

步骤 5　弹出"选择竞价商品"对话框，❶商家可以在"可选"列表中选中相应商品，❷点击"确认选择"按钮即可添加竞价商品；❸商家也可以切换至"不可选"选项卡，查看不可选商品的具体原因，如图10-8所示。

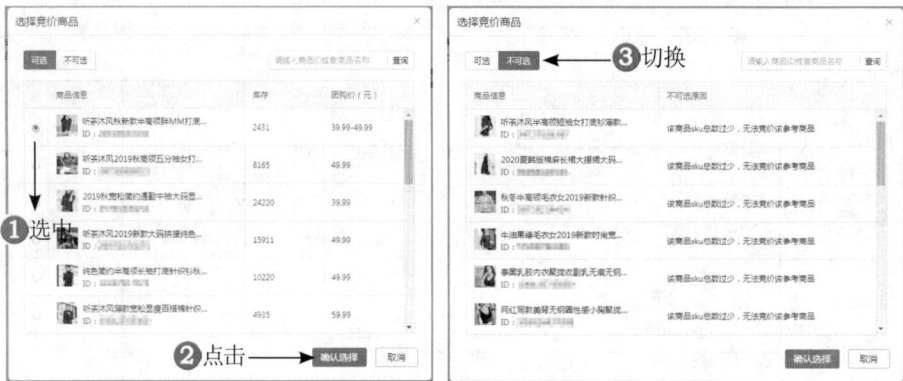

图10-8　选择竞价商品

步骤 6　添加竞价商品后，进入"第二步：匹配热销SKU"流程，在"竞价商品SKU"列表框中点击"选择同款sku"按钮，如图10-9所示。

> **提醒：**
> 非同款商品不能参与竞价活动，如女装不能竞价男装，鞋子不能竞价帽子，水果不能竞价零食，等等。

图10-9　点击"选择同款sku"按钮

步骤　7　弹出"选择竞价商品"对话框，❶选中相应的竞价商品SKU；❷点击"确认选择"按钮，如图10-10所示。

步骤　8　执行操作后，即可添加竞价商品SKU，如图10-11所示。商家可以用同样的操作方法，添加其他的竞价商品SKU。

图10-10　选择竞价商品SKU

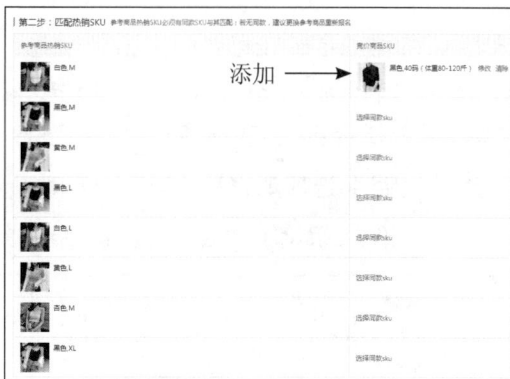

图10-11　添加竞价商品SKU

步骤　9　接下来进入"第三步：填写竞价价格、库存"流程，使用系统默认设置即可；最后进入"第四步：填写商家信息"流程，商家可以在此修改联系方式和QQ号码，确认无误后，❶选中"我已经阅读并且同意《活动报名须知》与《拼多多店铺推广软件服务协议》"复选框，❷点击"提交报名"按钮即可，如图10-12所示。

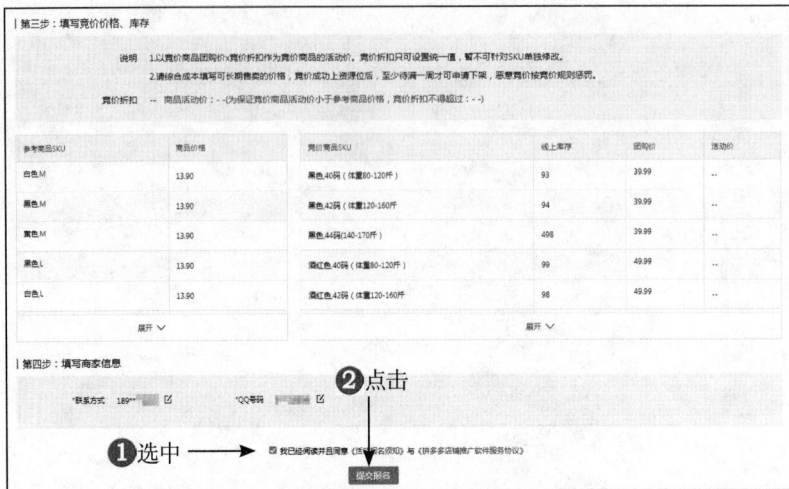

图10-12　填写竞价价格、库存和商家信息

10.3　竞价日历：关注活动收藏参考商品

商家可以订阅"竞价日历"，这样在活动开始时会通过短信的方式及时通知商家，从而避免错过竞价活动的报名时间。商家可以进入"竞价活动"界面，在"竞价日历"中选择即将开放的活动时间，点击"立即订阅"按钮，如图10-13所示。执行操作后，即可订阅当天的竞价活动，如图10-14所示。

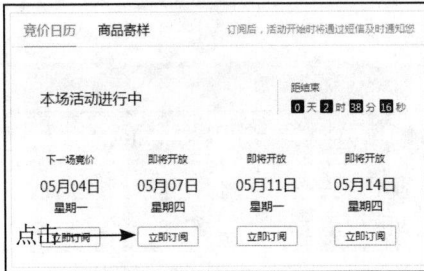

图10-13　点击"立即订阅"按钮

图10-14　订阅竞价活动

当商家在"活动商品列表"中，看到有同款参考商品时，也可以点击"收藏"按钮，将其收藏起来，便于筛选和对比其他参考商品，如图10-15所示。

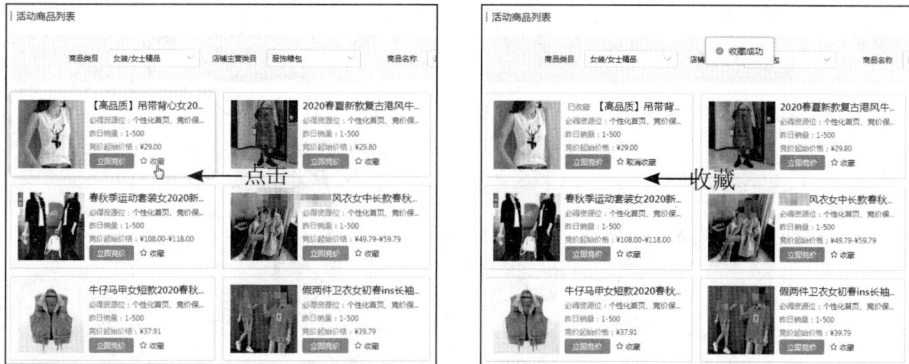

图10-15　收藏参考商品

> **提醒：**
>
> 下面介绍两种可以提高竞价成功率的方法。
>
> （1）关注预测商品：商家可以在空闲时间多看看系统的预测商品，这些商品都是由大数据测算出来的，准确率高达70%以上，而且能在看的同时获得积分。
>
> （2）提前寄样：商家看到有同款预测商品时，可以通过提前寄样来抢占先机，为获取热销资源位打下基础。

　　收藏参考商品后，商家可以在"竞价活动"界面切换至"商品收藏"选项卡，即可看到收藏的参考商品，点击"立即竞价"按钮，即可快速发起竞价，如图10-16所示。点击"收藏管理中心"或"查看更多"按钮，即可进入"竞价活动→商品收藏"界面，对比参考商品的参考价格、昨日销量等数据，来选择合适的商品进行竞价，如图10-17所示。

图10-16　"商品收藏"选项卡

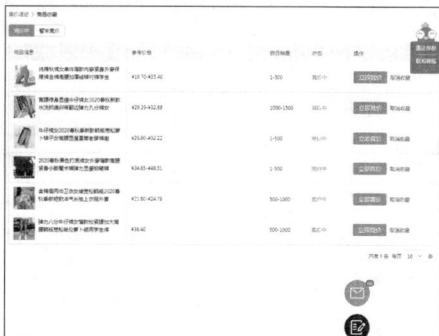

图10-17　"竞价活动>商品收藏"界面

　　另外，商家也可以点击"活动商品列表"右侧的"历史活动记录"按钮进入其界面，设置相应的商品类目、商品名称、竞价报名时间、店铺主营类目等筛选条件，来查看历史竞价活动的参考商品，如图10-18所示。

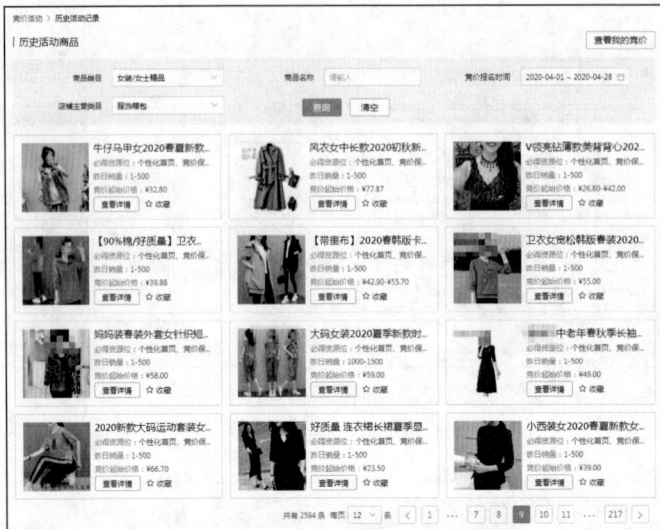

图10-18　"历史活动记录"界面

点击"查看详情"按钮，进入"竞价活动详情页"界面，在此可以查看历史竞价活动的详情信息，如图10-19所示。竞价活动只接受同款商品竞价。因此，如果商家在本轮竞价活动中没有找到可竞价的同款，那么可以关注后续的竞价活动，或者收藏一些历史竞价活动中的同款作为参考。

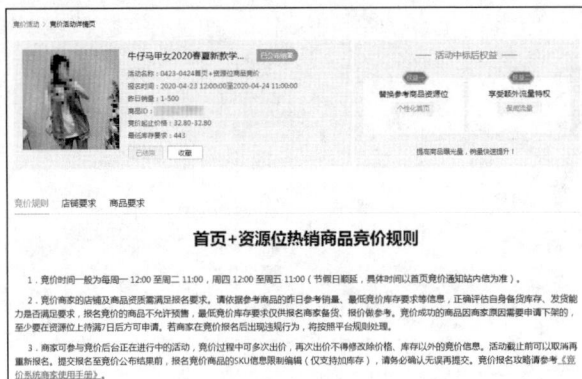

图10-19　查看历史竞价活动的详情信息

10.4　竞价寄样：别让你的寄样石沉大海

商家如果想要参与竞价活动或品质竞价，那么需要在报名活动之前，将竞标样品寄送给拼多多的"竞价+招标组"。需要寄样的竞价活动包括"首页+资源位热销商品竞价""9.9特卖竞价""砍价免费拿活动竞价"等,商家必须通过拼多多管理后台发起寄样申请,否则寄样无效。下面介绍具体的操作方法。

步骤 1 在"竞价活动"界面右侧的窗口中,切换至"商品寄样"选项卡,点击"寄样管理中心"按钮,如图10-20所示。

图10-20 点击"寄样管理中心"按钮

步骤 2 执行操作后,进入"寄样管理"界面,点击"下载寄样单"按钮,如图10-21所示。

图10-21 点击"下载寄样单"按钮

提醒：

除了平台规定的无须寄样的类目，其他商品参与首页竞价活动都需要提前寄样，否则竞价无效。商家可以在“店铺营销→竞价活动→寄样管理”界面中，查询寄样商品的状态。

步骤 3 下载寄样单，打开“寄样确认表”后，可以根据提示填写相应信息，如图10-22所示。

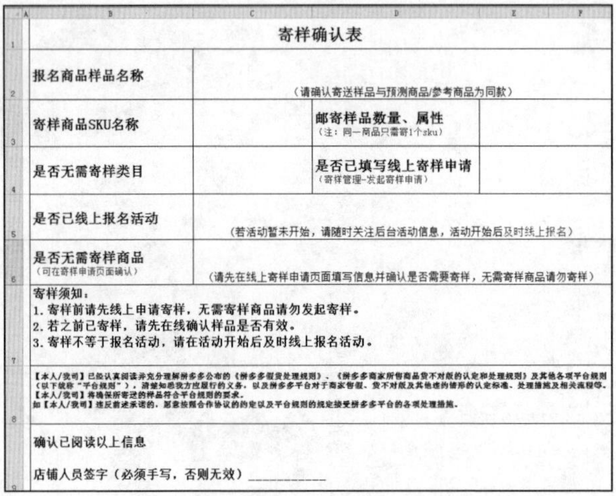

寄样确认表			
报名商品样品名称	（请确认寄送样品与预测商品/参考商品为同款）		
寄样商品SKU名称		邮寄样品数量、属性（注：同一商品只需寄1个sku）	
是否无需寄样类目		是否已填写线上寄样申请（寄样管理-发起寄样申请）	
是否已线上报名活动	（若活动暂未开始，请随时关注后台活动信息，活动开始后及时线上报名）		
是否无需寄样商品（可在寄样申请页面确认）	（请先在线上寄样申请页面填写信息并确认是否需要寄样，无需寄样商品请勿寄样）		
寄样须知： 1. 寄样前请先线上申请寄样，无需寄样商品请勿发起寄样。 2. 若之前已寄样，请先在线确认样品是否有效。 3. 寄样不等于报名活动，请在活动开始后及时线上报名活动。			
【本人/我司】已经认真阅读并充分理解拼多多公布的《拼多多假货处理规则》、《拼多多商家所售商品货不对版的认定和处理规则》及其他各项平台规则（以下统称“平台规则”），清楚知悉我方应履行的义务，以及拼多多平台对于商家售假、货不对版及其他违约情形的认定标准、处理措施及相关流程等。 【本人/我司】将确保所寄送的样品符合平台规则的要求。 如【本人/我司】违反前述承诺的，愿意按照合作协议的约定以及平台规则的规定接受拼多多平台的各项处理措施。			
确认已阅读以上信息 店铺人员签字（必须手写，否则无效）__________			

图10-22 寄样确认表

步骤 4 在“寄样管理”界面点击“发起寄样品申请”按钮，进入“发起寄样申请”界面，上方会显示寄样收件地址、需寄样活动以及寄样流程，❶商家可以在“商品ID”文本框中输入商品ID，❷点击搜索按钮🔍，如图10-23所示。注意：此处不能填写非本店的商品。

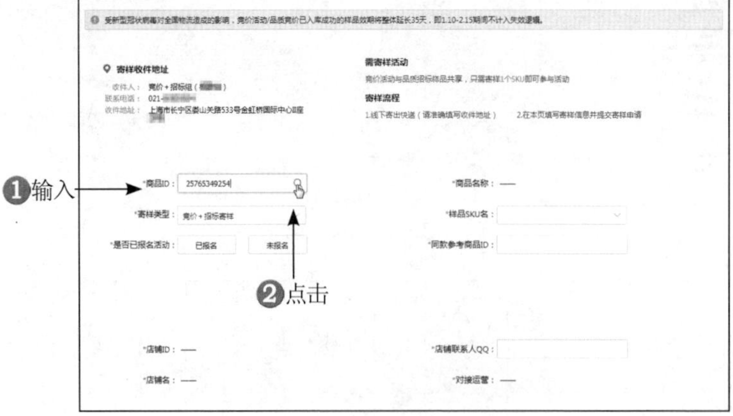

图10-23 输入“商品ID”

步骤 5 执行操作后，即可查出对应商品及店铺信息，如图10-24所示。如果商品不需要寄样，那么会有弹框提示该商品无须寄样。

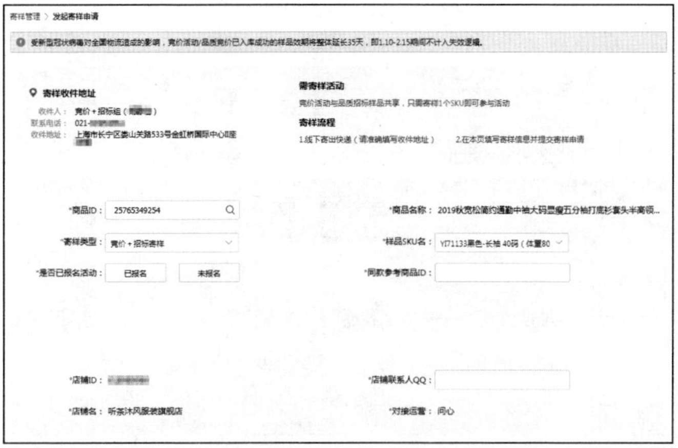

图10-24 查出对应商品及店铺信息

> **提醒：**
> 在报名竞价活动时，部分类目无须提前寄样，具体包括水产肉类 / 新鲜蔬果 / 熟食、酒类、饮料、乳制品、矿泉水 / 纯净水、米 / 面粉 / 油、调味品、花卉盆栽、厨房电器、大家电等。虽然这些类目的商品暂时不用提前寄样，但对基础销量和用户评价等要求会更高。

步骤 6 ❶接下来设置店铺联系人QQ、发货人姓名、发货人电话、快递公司、快递单号等信息；❷阅读相关的寄样协议内容，并选中"已阅读并同意以上协议"复选框；❸点击"提交申请"按钮即可完成寄样申请，如图10-25所示。注意：标注了红色星号的选项为必填设置，如发货人电话、快递单号等选项必须填写正确，否则"竞价＋招标组"的工作人员无法查询到对应的寄样记录，导致寄样品不能正常入库，最终被视为无效寄样，同时这些无效寄样的包裹会被清理掉。

商家确定自己的竞价商品需要寄样后，再把样品寄到页面中的收件地址处。寄样后商家要记住快递单号，并关注物流信息。通常情况下，商家在看到快递被签收后的2个工作日左右，即可到后台的"寄样管理"界面查看寄样结果，具体包括待寄样、已入库、已驳回、平台处理中、未收到货、已清理等状态。

如果商家在"查询结果"列表中看到寄样品的状态为待寄样、已驳回或者未收到货，那么商家要查看具体原因并及时进行处理，页面中也会有相关提醒。同时，商家要注意样品有效期，不要错过处理时间。

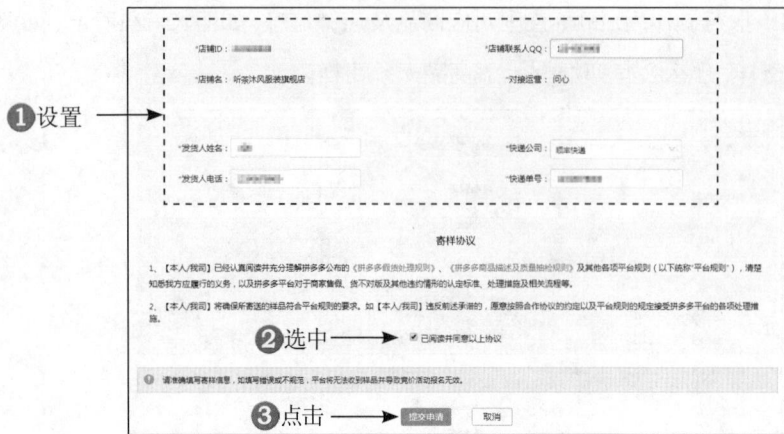

图10-25　点击"提交申请"按钮

> **提醒：**
> 样品入库后并不会自动报名，商家一定要记得及时主动报名竞价活动或品质招标活动。另外，如果拼多多的"竞价＋招标组"是在竞价活动截止的这一天才收到商家的寄样品包裹，那么可能会因为工作人员无法及时拆包、入库和确认样品，从而导致商家的竞价活动申请被驳回。

10.5　样品审核：清楚流程和注意的事项

当拼多多的"竞价＋招标组"签收样品后，商家应及时进入"寄样管理"界面查看寄样状态是否为"已入库"，如果确认寄样品已成功入库，那么商家应及时报名竞价活动，避免到期后包裹被清理，相关流程如图10-26所示。

在寄样过程中，商家还需要注意如下事项。

（1）注意样品数量。当同一个竞价活动需要寄送多个样品时，注意每个包裹最多只能放5件样品，同时在包裹中附上与样品一一对应的寄样单。另外，如果是不同寄样类型的样品，那么千万不能放在同一个包裹中寄出。

（2）确认样品与描述一致。商家在寄出样品之前，一定要认真核对样品，是否符合商品页面的描述，否则会产生违规行为，拼多多会根据《拼多多描述不符处理规则》对其进行处罚。

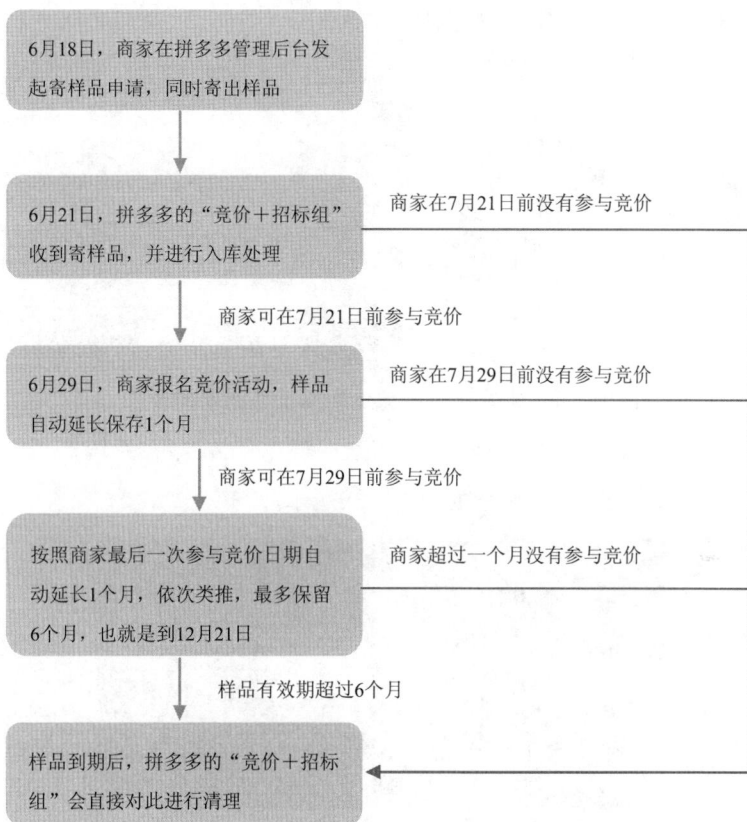

图10-26　寄样审核流程

（3）认真填写寄样单。商家要仔细填写寄样单中的信息，以便样品正确对应入库。否则，一旦商家的信息填写有误，就可能会导致平台无法核实样品来源，从而影响后续的活动报名。

（4）及时发起寄样品申请。如果商家寄出样品后，在拼多多的"竞价＋招标组"收到样品之前没有去后台发起寄样品申请，那么工作人员会将样品判定为"未知包裹"，同时直接将其清理掉，该样品也无法再参加任何活动。注意：商家只有在"寄样管理"界面的状态栏中，看到样品状态显示为"已入库"，这样才能确认寄样工作已完成。

（5）样品没有通过审核。当商家寄出的样品物流信息显示已被签收，如果超过3天系统仍然没有显示样品"已入库"状态，那么说明该样品没有通过寄样审核。

（6）未寄样的活动资格。当符合竞价选标要求的商家满足一定的条件时，即使没有寄样，也可能有成功竞价的机会，或者可以先参与竞价，再去安排寄样。具体条件包括但不限于以下几点，如图10-27所示。

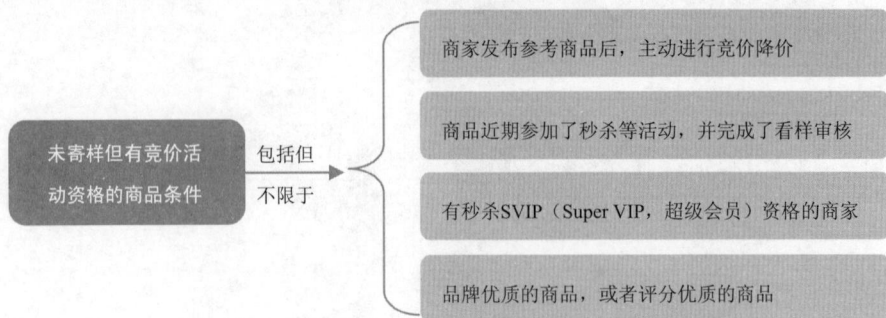

图10-27　未寄样但有竞价活动资格的商品条件

（7）测试商品是否需要寄样。如果商家在输入商品ID后，系统提示该商品无须寄样，就不需要进行寄样处理，如图10-28所示。

图10-28　弹框提示商品无须寄样

（8）寄样不可以撤销。如果商家发错了商品，导致审核未通过，或者寄样状态为"已驳回"，那么可以在后台查看处理方法，并重新发起寄样。

（9）寄出的样品不会退回。拼多多的"竞价+招标组"会从签收之日起，对样品保留一个月有效期。若商家超过1个月没有报名竞价活动，则工作人员会直接对样品进行清理。

提醒：

参加品质竞价活动替换上资源位的基本条件为：竞标商品在首页资源位中有同款。因此，商家需要多观察下场竞价活动的预测商品，一旦发现预测商品池中有自己店铺商品的同款，再去寄样和报名，避免做无用功。

商家在发起竞价寄样前，可以参考商品池中的同款商品，具体包括如下两类，从而减少不必要的寄样成本。

（1）系统预测商品池。

（2）每轮竞价发布的商品池。

10.6 品质竞价：继承百千万级流量曝光

很多商家由于产品成本和销量问题，错过了很多优质的活动资源，此时不妨参与品质竞价活动。该活动不用降价、无须销量要求即可参加，而且非常注重商品品质，其活动入口为"拼多多管理后台→店铺营销→品质竞价"，如图10-29所示。

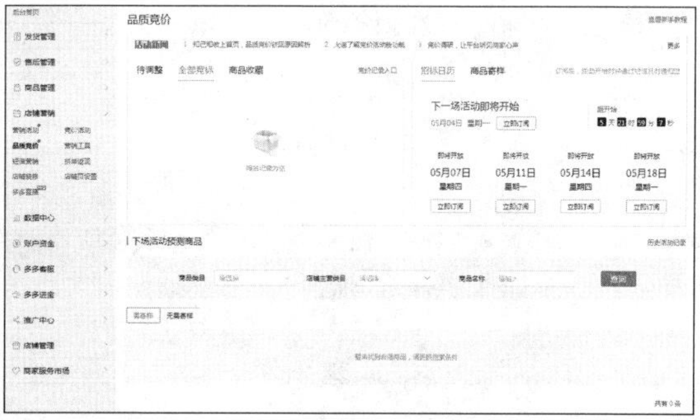

图10-29 "品质竞价"活动入口

> **提醒：**
> 在竞价的起止时间内，商家可以多次报价，但再次出价时只能低于上一次的报价，而且只支持修改折扣和调整库存，不可以修改商品ID、名称、有效期等信息。

品质竞价即同价格商品对比品质，当竞标商品能与参考商品做到同价，而且其品牌、质量要优于参考商品（见图10-30），获得更高的品质得分时，即可替换参考商品继承其百千万级的流量曝光资源，帮助商家迅速打造爆款。

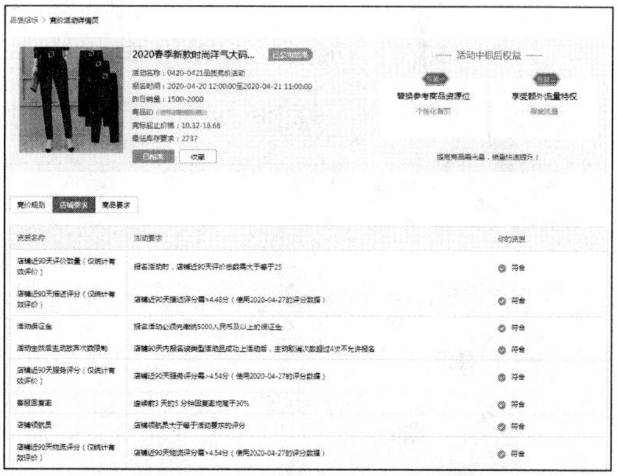

图10-30 "品质竞价"活动示例

10.7 商品守擂：牢牢守住你的流量宝座

在竞价活动报名截止的当天晚上，如果没有特殊情况，竞价成功的商品就可以替换参考商品的所有资源位，继承其24小时的流量，同时系统会发送相关通知给商家。在24小时之后，则会根据商品的点击率和转化率等表现来重新排序。

此时，对于初次登上参考商品资源位的竞价商品来说，在继承大流量的同时，也要通过优化自身的推广计划，来让流量达到稳固状态，并实现持续增长，相关策略如图10-31所示。

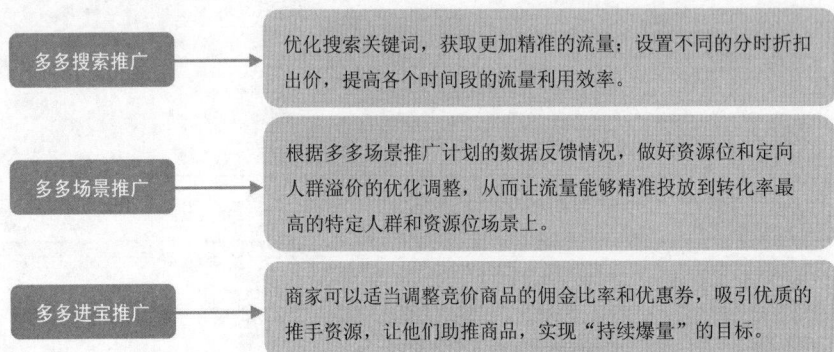

| 多多搜索推广 | 优化搜索关键词，获取更加精准的流量；设置不同的分时折扣出价，提高各个时间段的流量利用效率。 |

| 多多场景推广 | 根据多多场景推广计划的数据反馈情况，做好资源位和定向人群溢价的优化调整，从而让流量能够精准投放到转化率最高的特定人群和资源位场景上。 |

| 多多进宝推广 | 商家可以适当调整竞价商品的佣金比率和优惠券，吸引优质的推手资源，让他们助推商品，实现"持续爆量"的目标。 |

图10-31 优化竞价商品的推广计划

竞价商品的销售情况，除了与流量相关，同时还会受到商品自身的主图、详情页描述，以及基础销量、用户评价等因素的影响。因此，商家不仅要打造价格优势，还需要做好商品"内功"的优化，包括商品主图、详情页等，来突出商品的优势和卖点，如图10-32所示，这样才能增加商品的转化率。

另外，对于参考商品来说，如果被其他商品竞价了，那么此时商家可以从商品的成本方面进行综合考虑，来做出合理的防御策略，避免自己的商品被其他价格更低的同款商品替换掉。一旦资源位被同款商品抢占，就会极大地影响商品的自然流量。因此，商家要多留意系统的消息盒子，如图10-33所示。

一旦看到有其他商家以更低的价格竞标，就需要尽快参与竞价。商家可以在自己能够承受的价格范围内合理出价，并果断对自己的商品进行竞价，来保住资源位的流量。

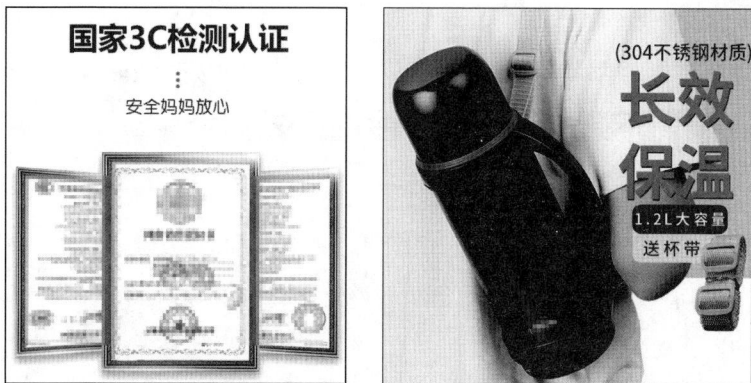

图10-32　商品"内功"的优化示例

图10-33　拼多多管理后台的消息盒子

同时，商家还需要注意不能产生恶意竞价行为，具体包括但不限于如下违反平台规定的行为。

● 虚报竞价信息。

● 出价后未遵守提报价格。

● 擅自下架竞价商品。

● 下架竞价对标的热销SKU、修改成团人数。

● 成功竞价后，对包邮地区进行随意删减。

针对上述恶意竞价的行为，平台会对商家做出如下处罚。因此，商家一定要以诚信经营为宗旨，并做到合规参与竞价活动。

● 从商家的账户余额（含保证金）中扣除5000元的违约金。

● 在产生恶意竞价行为后的30日内，禁止该商家参与平台的任何活动。

10.8 申请下架：取消竞价活动报名操作

如果商家的商品竞价成功并替换参考商品的资源位后，出于自身某些原因的考虑，需要申请下架资源位，那么至少要停留7天才能够进行申请，否则平台会根据相关的竞价规则对商家作出处罚。

如果商家提交竞价报名活动申请后，发现信息填写有误，那么可自行取消报名环节并再次报名。商家可以在"竞价活动"界面的"全部竞价"选项区右下角，点击"查看更多"按钮，进入"竞价活动→我的竞价"界面，即可在此看到已参与竞价的全部商品记录，在右侧操作栏中点击"取消报名"按钮，如图10-34所示。

图10-34　点击"取消报名"按钮

> **提醒：**
> 目前只支持在活动报名截止前取消报名。活动报名一旦截止，就不支持"取消报名"操作。

10.9 竞价结果：查看报名竞价后的结果

商家报名竞价活动后，无非有两种结果，即成功或者不成功，成功即可上资源位，不成功则再接再厉。当系统公布结果后，商家可以进入"我的竞价"界面的"已公布结果"选项卡中查看，如图10-35所示。

图10-35   "已公布结果"选项卡

● 在操作栏中点击"查看活动"按钮，可以进入"竞价活动详情页"查看活动详细内容，如图10-36所示。

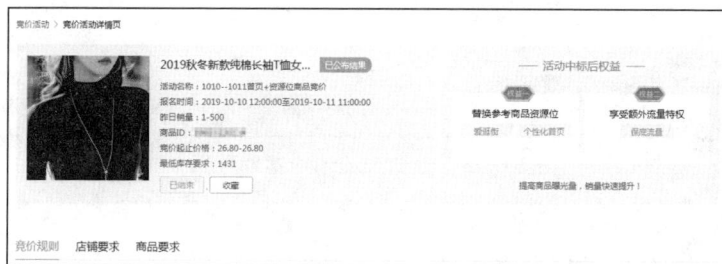

图10-36   竞价活动详情页

● 在操作栏中点击"报名详情"按钮，可以进入"填写竞品信息"界面，查看竞价商品的详细报名信息，如图10-37所示。

在"填写竞品信息"界面中，可以查看活动状态、竞价商品详情、竞价结果、匹配热销SKU、竞价价格与库存、商家信息以及竞价相关信息，如图10-38所示。商家可以通过对比，找到竞价不成功的原因所在。

图10-37   "填写竞品信息"界面

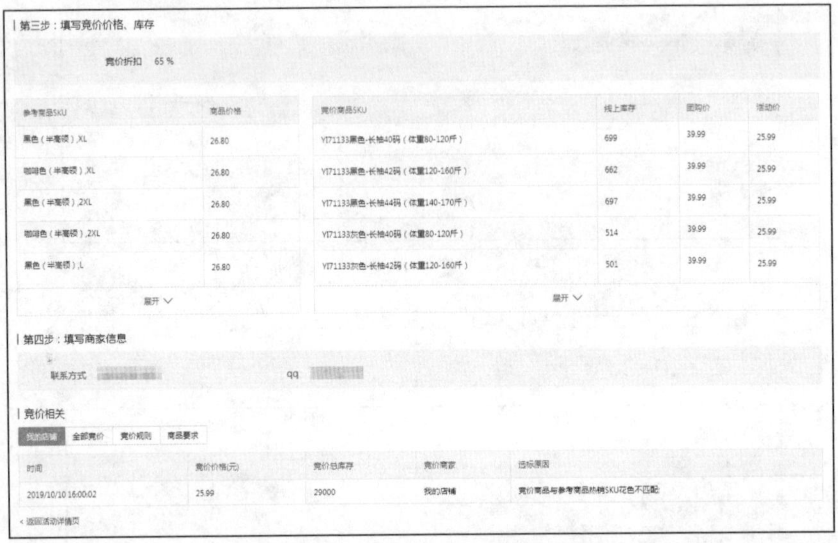

图10-38　分析竞价不成功的原因

商家只要参与了竞价活动，那么不管成功与否，系统都会通过消息盒子告知商家结果。在"已公布结果"选项卡的"竞价"一栏中，包括如下3种竞价结果状态。

（1）中标：表示商家成功竞标，商品被替换上资源位。商家中标后，要注意商品的库存，以及保证正常发货的能力，避免影响买家的收货体验。

（2）未中标：竞价失败，商家可以在"选标原因"中看到平台运营给出的反馈意见。

（3）流拍：没有商家中标。通常是由于参考商品出于特殊原因已从资源位上被淘汰掉了，导致竞价商品没有可替换的资源位，此时系统会做流标处理。

如果商家未中标或流拍，那么可以按照系统给出的相关原因进行针对性的优化，做好充足的准备工作，来迎接下一轮的竞价活动。

提醒：

竞价未中标的常见原因如下。

• 竞价商品的样品没有及时入库。

• 竞价商品与参考商品并不是同款，或者热销SKU匹配不一致。

• 竞价商品的品质或价格低于参考商品。

• 竞价商品处于预售或下架等异常状态中。